U0512595

非财富资本
与农业转移人口市民化

基于市民化意愿
与市民化能力匹配视角研究

黄国华 曹高明 涂海丽 ◎ 著

NON-WEALTH CAPITAL AND
CITIZENIZATION OF
AGRICULTURAL TRANSFER POPULATION

Based on the Perspective of Citizenization Willingness and
Citizenization Ability Matching

中国财经出版传媒集团

经济科学出版社
Economic Science Press

图书在版编目（CIP）数据

非财富资本与农业转移人口市民化：基于市民化意
愿与市民化能力匹配视角研究/黄国华，曹高明，涂海
丽著. -- 北京：经济科学出版社，2021. 11
　ISBN 978 - 7 - 5218 - 3225 - 9

Ⅰ.①非…　Ⅱ.①黄…②曹…③涂…　Ⅲ.①农业人
口 - 城市化 - 研究 - 中国　Ⅳ.①C924.24

中国版本图书馆 CIP 数据核字（2021）第 253878 号

责任编辑：杨　洋　赵　岩
责任校对：靳玉环
责任印制：范　艳

非财富资本与农业转移人口市民化
——基于市民化意愿与市民化能力匹配视角研究

黄国华　曹高明　涂海丽　著
经济科学出版社出版、发行　新华书店经销
社址：北京市海淀区阜成路甲 28 号　邮编：100142
总编部电话：010 - 88191217　发行部电话：010 - 88191522
网址：www. esp. com. cn
电子邮箱：esp@ esp. com. cn
天猫网店：经济科学出版社旗舰店
网址：http://jjkxcbs. tmall. com
北京季蜂印刷有限公司印装
710 × 1000　16 开　15.25 印张　300000 字
2022 年 2 月第 1 版　2022 年 2 月第 1 次印刷
ISBN 978 - 7 - 5218 - 3225 - 9　定价：62.00 元
（图书出现印装问题，本社负责调换。电话：010 - 88191510）
（版权所有　侵权必究　打击盗版　举报热线：010 - 88191661
QQ：2242791300　营销中心电话：010 - 88191537
电子邮箱：dbts@ esp. com. cn）

本著作是国家社科基金重点项目"新型城镇化升级与乡村振兴统筹发展视角的农业转移人口市民化研究"（编号：19AJL014）的阶段性成果之一，并得到东华理工大学专著出版经费支持。

前言

　　农业转移人口是我国流动人口的主体，农业人口向城市转移极大地释放了我国的人口红利，促进了城市经济的发展。提升农业转移人口市民化水平和质量，将会释放出巨大的市场购买力，能进一步推动经济发展，并有助于社会长期稳定。现阶段，我国户籍城镇化率比常住人口城镇化率常年低约16个百分点，而政府计划在2030年将两者差距缩小至10个百分点。这表明在未来十年我国既要解决农业转移人口新增群体的市民化问题，又要解决原农业转移人口中未市民化群体的存量问题。国家规定农业转移人口市民化遵循"自愿"原则，充分尊重农业转移人口自身意愿和选择；农业转移人口的"完全市民化"是其市民化能力与意愿有效匹配的结果。而据国家权威部门调查数据及部分学者微观调查数据显示：我国农业转移人口务工收入呈现持续增长态势，而农业转移人口的市民化意愿却停滞不前，甚至成回落态势。所以，农业转移人口要实现在城市"进得来""留得下""活得好"和"可持续"，实现真正意义上的"完全市民化"，就必须重视政府"制度赋能"的同时，大力促进农业转移人口的"自我增能"，注重市民化能力与市民化意愿的"有效匹配"。此处的"能"指转移人口的资本禀赋，本书特指转移人口的非财富资本禀赋。

　　但现有研究多关注政府"制度赋能"对转移人口市民化的影响，"自我增能"对转移人口市民化影响的研究略显不足；现有研究多分开讨论市民化能力和市民化意愿，较少将两者结合起来讨论"市民化匹配"问题；现有研究较少关注社交媒体这一新增社会变量对转移人口市民化的影响。所以，本书以农业转移人口为研究对象，以转移人口非财富资本禀赋为视角，依托教育部人文社会科学重点研究基地重大项目"新型城镇化过程中农业转移人口市民化关键问题研究"在六城市的农业转移人口调查数据，探讨人力资本、社会资本、社交媒体使用对转移人口市民化能力、市民化意愿和市民化匹配及进程的影响。其中,一般人力资本变量有受教育水平、技能水平、健康水平。社会资本主要探讨跨越性社会资本的影响,所取变量为熟人中市民数、同事中市民数、日常接触中市民态度,该三个变量的内涵为:跨越性社会资本所包含信任由大到小,在社会关系网络中位置由内到外。基于互联网技术而兴起的社交媒体,已成为转移人口获取市场和城市信息的主要渠道,是构建跨越型社会资本的主要方式。社交媒体使用与传统人力资本的有机结合,已成为农业转移人口的信息人力资本禀赋。

本书主要内容包含三个部分:理论分析、实证分析和对策。第一,理论分析。本书紧扣非财富资本禀赋这一关键词,以"区隔离融合理论""两阶段转移理论""人力资本理论""社会资本理论""家庭分工理论"为研究的支撑理论,就非财富资本禀赋对转移人口市民化能力和市民化意愿的影响进行了理论上的分析,指出了人力资本、社会资本以及人力资本与社会资本互动配合对转移人口市民化的影响机制。第二,实证部分。一是本书利用最小二乘法回归(OLS)、两阶段最小二乘法回归(2SLS)、分位数回归(QR)、倾向得分匹配(PSM)、Logit 回归等方法,以转移人口相对收入水平作为市民化能力的被解释变量,就非财富资本禀赋对转移人口市民化能力的影响进行了分析检验,并利用相对消费水平、城市安家落户能力自我评价、公积金获取和职业层级作为被解释变量进行稳健性检验,实证结果稳健性较好。二是利用 Logit 回归方法实证分析了转移人口非财富资本禀赋对市民化意愿的影响。本书将转移人口市民化意愿分为户籍转换意愿、职业转换意愿和心理认同意愿三个维度,利用"土地退出意愿"作为被解释变量进行稳健性检验,得出实证结果具有稳健性。三是实证分析了非财富资本禀赋对市民化匹配和进程的影响。对转移人口市民化能力和市民化意愿匹配结果进行了划分和统计,并比较了不同匹配结果群体的特征差异;利用二元 Logit 回归和多元无序 Logit 回归方法,就非财富资本对市民化能力和市民化意愿"完全匹配"的影响进行了分析检验;通过构建市民化进程指标体系,从另一角度测度了转移人口市民化进程。并应用 OLS、2SLS 回归方法、泰尔指数分解等方法,检验和分析了非财富资本禀赋对市民化进程的影响。第三,结合理论分析和实证分析的结果，本书从人力资本禀赋积累、社会资本积累、信息人力资本获取和利用、非财富资本禀赋积累和价值实现的外部环境建设四个方面提出了对策建议。

本书的主要结论有以下三个方面：

第一，非财富资本禀赋对转移人口市民化能力影响的研究结论。一是非财富资本禀赋和非财富资本禀赋投资增额对转移人口市民化能力有显著影响，特别是转移人口的人力资本禀赋作用尤为显著。二是社交媒体使用、受教育水平和技术水平既能直接影响市民化能力，又可以通过追加非财富资本禀赋投资对市民化能力形成间接影响。三是跨越型社会资本对市民化能力的影响取决于信任程度和转移人口自身互利性，那些文化程度高和劳动收入高的转移人口，更能得到跨越型社会资本的支持。四是使用社交媒体能显著提升农业转移人口的市民化能力，通过倾向得分匹配法控制内生性和选择性偏差后，这一结论依然成立；社交媒体联结的社会关系对市民化能力的影响不取决于社会关系规模，而取决于与社会关系网络互动强度，即互动双方间的信任程度对获取跨越型社会资本很重要；并且研究发现：转移人口利用社交媒体来获取跨越型社会资本支持时，个体拥有的互利性仍是关键。

第二，非财富资本禀赋对转移人口市民化意愿影响的研究结论。一是社交媒体的使用能强化转移人口的"职业转换意愿"，但会弱化其"身份认同意愿"和"农地完全退出意愿"；社交媒体使用形成的社会关系结构、规模和强度对转移人口市民化意愿的影响存在群体异质性差异。二是以公共服务供给为代表的社会因素是影响"户籍转化意愿"的关键，以个人相对收入和就业为代表的经济因素是影响"职业转换意愿"的关键，而"身份认同意愿"受个体非财富资本禀赋影响最为显著；即转移人口的非财富资本禀赋会显著提升转移人口对市民身份的认同，但对城市落户和非农生产意愿影响不显著。三是转移人口的相对收入对"户籍转换意愿"有抑制作用，高收入群体对农地未来价值更加乐观而更不愿意放弃农村户口；若以放弃农地作为城镇落户条件，高学历、高技能和高收入的转移人口可能会表现出非常谨慎与消极的态度。

第三，非财富资本禀赋对市民化匹配和进程影响的实证结论。一是转移人口"市民化匹配（完全市民化）"比例为 6.0%，转移人口缺乏市民化意愿是造成该结果的重要因素。二是提升市民化"非市民化匹配"转移人口人力资本积累、社会资本积累、资本禀赋投资、跨越性社会关系互动强度、市内迁移、社会福利供给水平以及鼓励其自主创业等，都可以促进"非市民化匹配"转移人口更好实现完全市民化。三是增加转移人口资本禀赋投资，提升转移人口人力资本积累，能有效促进"能力欠缺型不匹配"群体向"市民化匹配"转化。四是对于"意愿欠缺型不匹配"转移人口，重在提升其社会资本禀赋，重在加强其与弱社会关系群体间的交互强度和信任程度，重在加强其对社会福利（服务）的获得感和劳动保障程度。五是有序推进转移人口市民化的路径为："市民化匹配转移人口"＞"能力欠缺型转移人口"＞"意愿欠缺型转移人口"＞"非市民化匹配转移人口"。"市民化匹配"转移人口是城市的"准市民"，是优先安排市民化的对象；"能力欠缺型不匹配"转移人口是城市的"主动市民化群体"，其市民化实现重在提升人力资本积累，重在引导该群体向行政级别低的城镇流动，实现就近或就地市民化；"意愿欠缺型不匹配"转移人口是城市的"回避市民化群体"，其市民化实现重在提升制度供给改革，重在增加城市社会福利的获得感和满意度，重在加强与城市政府、社区和居民间的交互强度与信任度；"非市民化匹配"群体属于市民化的"困难群体"，重在制度供给的"兜底"，重在个人就业能力的培养，重在引导其就近或就地市民化。六是通过转移人口市民化的指标体系测度表明：农业转移人口市民化的总水平为 42.97，高于市民化能力和市民化意愿"完全匹配"的结果。七是经泰尔指数分解表明，个体受教育水平和基于个人信息人力资本的信息获取、处理能力是造成转移人口市民化水平差异的重要原因。

感谢武汉大学刘传江教授的谆谆教导，刘老师是一位睿智而又勤于思考的学者，是一位外表冷峻但内心具有相当温度的儒士。他对学术的执着与前沿研究的敏锐，总是让我们感到由衷的钦佩，其治学之道和为人处世让我获益良多。感谢武汉大学简新华教授、杨艳琳教授、成德宁教授、钟水映教授和杨冕教授在学术上的教导和生活上的关心。感谢同门赵晓梦、付明辉、覃艳丽、罗长福、龙颖桢等师妹和师弟，你们的协助与建议让我受益匪浅。感谢东华理工大学领导和同事对于此书出版给予的帮助和关怀。此外，我要特别感谢我的家人。打我记事起，母亲身体就不好，三次大手术更是严重摧垮了其身心。即便如此，年过花甲的父母还是拖着羸弱的身体，离开故乡到一个陌生的城市来帮我照顾下一代，其中艰辛我内心清楚。我特别要感谢岳母为我这个小家庭的付出，她是一个有着非常人生智慧的老人，勤劳且善于与人相处。我要感谢我的爱人的理解和支持，与你相处越久，越能领会到你的可爱之处。我还感谢我的妹妹和弟弟，在我遇到困难时，你们总是在第一时间伸出援手，你们的帮助让我温暖和感动。最后，我要谢谢一双活泼可爱的儿女，你们永远是我前进的动力与力量源泉。

最后，我要感谢这个时代。这是个伟大的时代，是一个可以让人去追求和实现梦想的时代。

目 录

第 1 章

导　论

1.1　研究背景与意义

1.1.1　研究背景

著名经济学家、诺贝尔经济学奖获得者斯蒂格里茨说过，"中国的城镇化和美国的高科技是 21 世纪带动世界经济发展的'两大引擎'"[1]。新型城镇化建设已成为推动我国经济增长和社会发展的重要力量，但同时我国新型城镇化建设也存在和面临诸多棘手问题。如何有效推进农业转移人口在城市的完全市民化，已成为新型城镇化建设的核心问题和一大难题。由于我国特有的户籍制度安排，乡城人口转移使原有的二元结构（农民、市民）向三元结构（农民、农业转移人口、市民）转变，农业转移人口成为一个夹在农民与市民中间的"两不像群体"。农业转移人口实现市民化一般要经历三个阶段："农村脱离""城市并入""城市嵌入"（杨菊华，2018）。农业转移人口在"农村脱离"与"城市进入"上已不存在明显的政治与制度障碍，可以在乡城间自由流动。但农业转移人口要实现在城市"留得下""活得好""可持续"却非易事，只有少数精英与幸运人

---

[1]　赵富洲. 农发行支持新型城镇化的探索与实践 [J]. 农业发展与金融，2014 (8)：29 – 31.

士可以获得城市户籍而永久留下来，从而成为城市居民中真正的一分子。那些未能获得城市户籍的农业转移人口只能游离在城市边缘，在城乡之间规律或不规律地反复迁移；而当个人进入劳动生命周期后期，返回农村成为众多农业转移人口的无奈选择。《2019 年国民经济和社会发展统计公报》显示：2019 年我国户籍城镇化率为 44.38%，常住人口城镇化率为 60.60%，户籍城镇化率滞后常住人口城镇化率约 16 个百分点；且近些年一直维持在 16 个百分点左右，尚未出现缩小弥合迹象。换言之，我国近 78.3% 农业转移人口常住城镇，却不能与市民平等享受公共服务及各种社会福利①。这一数字触目惊心，而数字后面所关联的社会现实问题更为严重。

幸运的是我国政府非常重视农业转移人口市民化问题。李克强总理在 2014 年提出"三个 1 亿人"问题，将"推进约 1 亿农业转移人口落户城镇"排在"三个 1 亿人"问题的首位。我国"十三五"规划（2016～2020 年）明确提出："健全农业转移人口融入城镇的激励机制，使更多农业转移人口能融入城镇。"② 党的十九大报告提出，"加快农业转移人口市民化，争取在 2020～2035 年间使人民生活更为宽裕，城乡区域发展差距和居民生活水平差距显著缩小"。③ 国家发展改革委出台的《2019 年新型城镇化建设重点任务》文件明确表示：全面取消城区常住人口在 300 万人以下 I 型大城市、中小城市以及小城镇的落户限制，全面放宽城区常住人口 300 万～500 万人 II 型大城市落户条件，调整和完善超大特大城市积分落户政策，大幅增加超大特大城市落户规模以及精简积分项目④。2020 年《2020 年新型城镇化建设和城乡融合发展重点任务》又提到，"全面放开 500 万人以下

---

① 国家统计局. 中华人民共和国 2019 年国民经济与社会发展统计公报 [EB/OL]，2020 - 02 - 28.

② 中华人民共和国中央人民政府. 中华人民共和国国民经济和社会发展第十三个五年规划纲要 [EB/OL]，2016 - 03 - 17.

③ 习近平. 决胜全面建成小康社会夺取新时代中国特色社会主义伟大胜利——在中国共产党第十九次全国代表大会上的报告 [EB/OL]，2017 - 10 - 27.

④ 国家发展改革委. 关于印发《2019 年新型城镇化建设和城乡融合发展重点任务》的通知 [EB/OL]，2019 - 04 - 08.

城市落户条件,推动城区常住人口 300 万 ~ 500 万人城市取消重点人群落户限制"①。现实中,农业转移人口市民化推进异常困难。据来自国家统计局的权威数据显示:我国 2019 年农民工总数量达到 2.908 亿人,比上年增加 241 万人,增长 0.8%;其中,"80 后"超半数,在第三产业就业者超半数;农民工月收入均值为 3962 元,增长 6.2%;进城农民工为 1.350 亿人,只有 40% 认为自己是流入城镇的本地人,这一比例比 2018 年提高 2 个百分点;2019 年,城镇居民可支配性年收入为 42359 元,农民工年收入均值达到 47544 元,高于城镇居民可支配性收入②。这些数据表明,农民工务工收入与城市职工同化程度在不断提升,甚至某些人力资本禀赋和社会资本禀赋高的农民工工资收入已高出城市居民,这说明我国农民工应对市民化的成本支付能力在不断增强;但农民工愿意在城市长久居留意愿和落户意愿较为薄弱,对城市的心理认同度较低,农民工的市民化意愿并未随收入增长而有效提升。较高收入有助于促进农民工市民化进程,较低市民化意愿将抑制农民工市民化进程。有些农业转移人口凭借自身能力和外在运气在城市留了下来,但却与农村和农业保持着千丝万缕的联系,其内心并不愿意永久留城和变更自身农村户籍身份。有学者借助微观调查数据证实,约 76% 农民工不愿意在城市定居(唐宗力,2015),约 78% 农民工不愿意在城市落户(欧阳慧等,2019)。而按照《国家人口发展规划(2016 - 2030 年)》提出的目标,到 2030 年,我国常住人口城镇化率将达到 70%,户籍城镇化率将达到 60%③。要完成这一目标,在未来 10 年内必须大步加快农业转移人口的市民化进程,既要大力提升户籍城镇化和常住人口城镇化比例,又要积极缩小和弥合两者之间的差距。农业转移人口市民化遵循"自愿"原则,是农业转移人口主动选择和主动参与的结果。所以,推动农业转移人口市民化,既需要政府营造有利外部

---

① 国家发展改革委. 关于印发《2020 年新型城镇化建设和城乡融合发展重点任务》的通知 [EB/OL],2020 - 04 - 03.

② 国家统计局. 2019 年农民工监测调查报告 [R/OL],2020 - 04 - 30.

③ 国务院. 关于印发国家人口发展规划(2016 - 2030 年)的通知 [EB/OL],2017 - 01 - 25.

环境，更需要转移人口具有充分的市民化能力和高涨的市民化意愿。

依据"两阶段理论"，农业转移人口市民化过程中受到"人力资本""社会资本""权力资本"和"财力资本"的约束。农业转移人口在农村拥有的土地、房产等物质资本都难以转移和变现，农业转移人口原有的农村物质资本（农房、农地、农具等）对其市民化作用有限；而农业转移人口较少拥有类如股票、债券等金融资本，更因二元户籍制度约束在城市缺乏权力资本支持。所以，农业转移人口要实现完全市民化，无法从农村型的物质资本、金融资本和城市权力资本获得足够支持，而只能依赖于个人及家庭的人力资本和社会资本等非财富资本禀赋的支持。人力资本、社会资本以及基于信息技术的信息人力资本构成了农业转移人口非财富资本禀赋的内容，农业转移人口的非财富资本禀赋是其获得城市物质资本及金融资本的基础，是农业转移人口实现完全市民化的重要因素。所以，本书专注于研究非财富资本对农业转移人口市民化能力、市民化意愿和市民化进程的影响。

1.1.2 研究意义

1. 学术意义

（1）本书认为"授人以鱼不如授人以渔"，"自我增能"是实现农业转移人口完全市民化的关键。此处"能"指农业转移人口非财富资本禀赋，是个体一般人力资本、信息人力资本和社会资本的有机综合。只有通过"自我增能"，农业转移人口才能实现"城市进得来""留得下""活得好"和"可持续"。故此，本书从"非财富资本禀赋"视角来研究农业转移人口市民化问题，注重从"自我增能"层面探讨个体非财富资本积累对市民化的影响，并在一定程度上兼顾政府"制度赋能"下宏观环境对转移人口市民化的影响。

（2）本书认为"完全市民化"是较强的市民化能力和高涨的市民化意愿充分完全匹配的结果；提升市民化能力与市民化意愿相匹配的程度，才是促进农业转移人口可持续市民化的有效途径。故此，本书从"市民化能力"和"市民化意愿"两个层面，探讨非财富资本禀赋对农业转移人口市民化的影响；另基于现有文献缺乏"市民化能力"与"市民化意愿"匹配研究这一事实，本书将尝试探讨"市民化能力"与"市民化意愿"的匹配，将匹配类型分为"市民化匹配""能力欠缺型不匹配""意愿欠缺型不匹配"和"非市民化匹配"四种类型，并实证检验非财富资本禀赋对转移人口提升市民化匹配结果的影响。基于"市民化意愿"与"市民化能力"的相匹配来探究和测度农业转移人口市民化进程，比通过构建指标体系分维度来测评农业转移人口市民化进程，可能更能反映农业转移人口完全市民化的真实情况。

（3）本书增添了社交媒体这一新增社会变量对农业转移人口市民化影响的分析。基于"社会信息化"平台在城乡中的普及，社交媒体作为一种新增社会变量对推进农业转移人口市民化的作用尚未得到足够关注。本书认为：在社会信息化大背景下，社交媒体成为计划和市场以外的第三种获取配置资本的方式，社交媒体对那些缺乏市场和计划来调动和配置资源能力的农业转移人口而言尤为重要，基于信息技术而兴起的社交媒体使用，促进了转移人口信息人力资本的形成与积累。此外，社交媒体是农业转移人口在流入地获取市场和城市信息、拓展城市型人力资本和跨越型社会资本的重要途径。所以，社交媒体既是一种促进个体资本积累的途径，同时会熟练使用社交媒体也是个体资本禀赋的一部分；熟练且频繁使用社交媒体，是个体获取市场和城市信息资源、拓展个人社会关系规模、提升社会关系网络质量、增强知识和经验积累的重要影响因素。本书将社交媒体使用作为一个核心解释变量，探讨和实证了其对市民化能力的影响机制、影响方向和影响程度，并证实检验社交媒体使用对"市民化意愿""市民化匹配"的影响。社交媒体使用为农业转移人口异质性群体（代际差异，一般人力资本禀赋差异）间存在的市民化差异，提供了一种新的可能解释。这为市民化后续研究，或是新型城镇化研究，可能提供了一个新的视角，即从社会信息化视角去研究转移人口市民化。

另外，本书是国家社科基金重点项目"新型城镇化升级与乡村振兴统筹发展视角的农业转移人口市民化研究"（编号：19AJL014）的阶段性成果之一，并得到东华理工大学专著出版经费支持。

2. 现实意义

（1）农业转移人口市民化是政府的政治使命，是社会主义制度的必然要求。在以前"工业优先，城市优先"的年代，农村、农业、农民为服务国家的发展战略作出了巨大的贡献。在较长一段时间内，我国对农村的公共产品供给严重缺乏，农民被禁锢在农村与农地上难以动弹，政府并通过工农产品价格的"剪刀差"，从农业与农民手上拿走相当一部分收益来支持工业发展与补贴城市居民生活。在一定程度上，我国工业与城市最初是在以牺牲农业、农村、农民利益为代价的基础上发展起来的。改革开放以后，大量农村剩余劳动力由农村流入城市，拿着低于城市居民的劳动收入，从事着城市居民不愿从事的脏、苦、累的工作，其社会保障明显低于城市居民标准。这种由农民、农民工、市民构成的"新三元结构"如果长期存在，必然会违背我国社会主义发展愿景，进而影响人民群众对中国共产党的信任。

（2）农业转移人口市民化是促进经济高质量发展的重要途径。人口是影响社会经济发展的基础变量。随着低生育率与老龄化的到来，劳动人口数量将减少，劳动人口抚养比不断上升，劳动力数量与劳动力结构对区域经济与产业的影响日益显著；乡城人口转移，可以创造资源的重新配置效率，可以提升劳动参与率，增强区域与城市潜在增长率（蔡昉，2016）。农业转移人口市民化对城市和农村经济发展都有利。对城市而言，农业转移人口市民化既可以增加城市劳动力供给以利于企业生产，又能够增加城市消费来拉动经济增长。对于农村而言，农业转移人口市民化可以释放出更多农地来实现农业规模化经营，并且智力回流有利于推进乡村振兴的步伐。

（3）农业转移人口市民化有利于消弭社会潜在矛盾和维持社会长期稳定。中国特色社会主义已进入新时代，人民日益增长的美好生活需要和不平衡不充分的发展之间的矛盾已上升为我国社会的主要矛盾。农业转移人口离开生养自己的故乡，在陌生的城市中默默地付出辛劳、汗水，在获得经济报酬的同时推动着城市经济建设与社会发展。但农业转移人口无法平等享受城市居民所享有的相关公共服务与发展红利，在养老、住房、医疗、子女教育等方面都面临诸多困难。而一旦身体与精力难以承受城市工作与生活的压力，他们只能选择脱离城市返回农村。农业转移人口建设城市而不被城市接纳，虽是一个过渡时期的特有现象，这种现象随着制度改革与社会进步会逐渐消亡，但这一过程可能较为漫长，并可能会积累巨大的社会矛盾，继而导致社会不同阶层之间、不同群体之间的分割、排斥或对抗，最终成为影响社会稳定的不安定因素。美国社会学家、经济学家米尔斯认为：因占有社会紧缺资源的不同，可以将社会成员分为强者与弱者；弱者总会抱有反对、愤慨、仇视强者的情绪，强者与弱者的隔阂与关系紧张孕育着社会冲突的火种①。所以，加快推进农业转移人口市民化进程，是减少社会对立、实现和谐社会的必然要求。

所以，本书可以丰富农业转移人口市民化理论，为政府制定农业转移人口市民化的促进政策提供参考。

1.2　研究目标与研究内容

1.2.1　研究目标

本书将非财富资本禀赋理解为：可以在生产中作为"资本"来运用的人类素质和社会关系的总和。本书的主要目的就是研究个体非财富资本禀赋［一般人力资本、信息人力资本（社交媒体使用）和社会资本］对农业转移人口实现"完全市民化"的影响，探讨农业转移人口"自我增能"的相关有效路径。而"完全市民化"是农业转移人口市民化能力和市民化意愿高度"市民化匹配"的结果。本书研究目标具体包含以下四方面。

（1）厘清农业转移人口不同非财富资本禀赋对市民化能力的影响机制、影响方向和影响程度，尤其重点关注社交媒体使用对市民化能力的影响。具体包含以下几个方面：一是一般人力资本、社会资本和社交媒体使

---

① C. 赖特·米尔斯. 权利精英（第 1 版）［M］. 尹宏毅，法磊，译. 北京：新华出版社，2016：12 - 15.

用等非财富资本禀赋是否提高了农业转移人口市民化能力，非财富资本禀赋对市民化能力的影响机制是什么？二是非财富资本禀赋对不同转移人口群体市民化能力的影响是否存在异质性？三是社交媒体使用下，强、弱社会关系规模和强度对农业转移人口市民化能力有何种影响？

（2）厘清不同非财富资本禀赋对农业转移人口市民化意愿各维度的影响，同样重点关注社交媒体使用对市民化意愿的影响。具体包括以下几个方面：一是非财富资本禀赋对农业转移人口市民化意愿的各维度（户籍转换意愿、职业转换意愿、身份认同意愿、土地退出意愿等）的影响如何？二是非财富资本禀赋对农业转移人口市民化意愿影响是否存在群体间差异？三是社交媒体使用下社会关系结构、规模和强度对农业转移人口市民化意愿有何影响？

（3）厘清非财富资本禀赋对农业转移人口市民化能力与意愿"完全（或有效）匹配"的影响，寻求"市民化（或有效）匹配"的提升路径。具体包括以下几个方面：一是不同群体的市民化匹配结果如何，以及异质性群体的匹配结果是否存在显著性差异？二是个体资本禀赋对提升"有效匹配"（即"市民化匹配"）的影响，由此寻求"非市民化匹配"及"不匹配"向"市民化匹配"的转化路径。三是通过构建综合指标体系，测算农业转移人口市民化进程，并就非财富资本禀赋对市民化的影响的稳健性进行再检验，且利用泰尔指数来评判各因素对市民化水平影响的程度大小。

（4）兼顾探讨其他因素对农业转移人口市民化能力、市民化意愿和市民化进程的影响。包括政府"制度赋能"（土地流转、劳动保护、公共服务供给）、转移人口"人口学特征""迁移特征""就业特征""家庭人口与土地经济化"等。

1.2.2　主要内容

本书共有8章。第1章为"导论"部分，第2章和第3章为"理论基础和理论分析"部分，第4章、第5章和第6章为"实证分析"部分，第7章为"对策"，第8章为研究结论与展望。

第1章为"导论"。该章介绍了"研究背景""研究意义""研究目标与研究内容""研究方法"和"研究思路"。明确未来 10 年是我国农业转移人口市民化的"黄金期"和"关键期",明确"自我增能"是农业转移人口在城市"进得来""留得下""活得好"和"可持续"的关键和有效途径。

第 2 章为"文献综述"。一是基于西方移民理论脉络,对国外有关移民社会融合文献进行了回顾与梳理。二是从"市民化主体""市民化内涵""市民化维度""市民化水平测度""市民化影响因素"等几个方面,对国内相关文献进行了回顾与梳理。三是对国内外研究进行归纳与述评,并提出现有研究的不足。

第 3 章为"农业转移人口市民化理论与非财富资本对市民化影响的理论分析"。一是阐述了"区隔离融入理论""两阶段转移理论""人力资本理论""社会资本理论"与"家庭分工理论"的内容,并分析了理论的适用性。二是分析了人力资本、社会资本以及两类资本配合互动对农业转移人口市民化的影响。

第 4 章为"非财富资本对农业转移人口市民化能力影响的实证分析"。一是就非财富资本禀赋对市民化能力影响进行了理论分析。二是通过基准模型,借助微观调查数据,利用最小二乘法(OLS)和两阶段最小二乘法(2SLS)估计了非财富资本禀赋对市民化能力的影响。三是采取置换被解释变量进行了稳健性检验,并使用分位数回归方法,探讨了非财富资本禀赋在不同分位点的影响差异,并估计和检验不同代际、不同人力资本群体的市民化能力差异。四是就非财富资本禀赋对市民化能力影响机制或渠道进行了分析。五是使用倾向得分匹配法(PSM)就社交媒体使用对市民化能力影响进行稳健性检验,并就使用社交媒体与"强社会关系""弱社会关系"互动强度对市民化能力影响进行实证分析。

第 5 章为"非财富资本对农业转移人口市民化意愿影响的实证分析"。主要探讨非财富资本禀赋对农业转移人口城市落户意愿、非农生产职业转换意愿和市民身份认同意愿的影响。一是理论分析了非财富资本对市民化意愿的影响。二是将市民化意愿分为"户籍转换意愿""职业转换意愿"和"身份心理认同转换意愿"三个维度,并利用 Logit 回归估计非财富资本对市民化意愿三个维度的影响,利用"土地退出意愿"置换被解释变量进行稳健性检验。三是实证分析使用社交媒体与"强社会关系"和

"弱社会关系"互动强度对市民化意愿的影响。

第6章为"农业转移人口市民化匹配和市民化进程分析"。重在探析非财富资本提升"市民化匹配"的有效途径。一是对市民化能力与意愿匹配的内涵进行界定，对市民化匹配结果进行分类。二是就异质性群体匹配结果及差异性进行对比分析。三是探讨非财富资本禀赋对农业转移人口"市民化匹配"的作用，寻求提升"市民化匹配"的路径。四是构建市民化综合指标体系并测度市民化水平，并利用最小二乘法（OLS）、两阶段最小二乘法（2SLS）和分位数回归（QR）估计非财富资本禀赋对市民化水平的影响，以检验估计的稳健性，并比较两种市民化进程测度结果差异，并利用泰尔指数分解，评判各变量对市民化进程的影响大小。

第7章为"促进农业转移人口市民化的相关建议"。主要依据前面章节的理论分析和实证结论，从农业转移人口非财富资本禀赋的"自我增能"角度，并结合政府对农业转移人口"制度赋能"，来提出通过农业转移人口非财富资本禀赋积累来推进农业转移人口市民化的相关建议。

第8章为"研究结论与展望"。该章简要归纳研究结论和提出研究之不足，并从"新生代农业转移人口市民化能力提升""老生代农业转移人口城市退出""城市群发展与转移人口就近市民化""乡村振兴与农民工市民化协调发展"对未来相关研究提出展望。

1.3 研究方法

1. 文献研究法

文献研究法就是根据研究目的，通过搜寻文献来获得具有针对性的资料，从而能够全面且准确地把握所要研究问题的一种方法。本书的研究目的是明晰非财富资本禀赋对农业转移人口市民化的影响，寻求提升转移人口"完全市民化"的路径。为此，本书以"农业转移人口""农民工""流动人口"等为主题词，与"市民化""城市融合（融入）""社会融合""资本禀赋""人力资本""社会资本"等关键词进行资料检索。资料来源于

SCIE、SSCI 等外文数据库、知网数据库、公开出版的学术著作、政府部门
颁发的文件。文献阅读为本书后续研究提供理论支撑和方法借鉴。

2. 调查法

调查法就是根据研究目的，走近、走进研究对象，通过访谈、问卷填
写、随旁观察等方法，有目的且系统地获取研究对象资料的一种研究方
法。笔者积极参与武汉大学经济发展研究中心开展的"新型城镇化建设中
有关农业转移人口关键性问题调查"，调查组于 2016 年下半年至 2017 年
上半年在东中部六城市展开实地调查走访。通过调查走访，既获得了宝贵
一手资料，又加深了对农业转移人口群体由外而内的了解。本次调查走
访，为本书提供了数据与素材支撑。

3. 定性研究法

定性研究法就是根据研究目的，运用归纳与演绎、分析与综合、抽象
与概括等方法对所获资料进行思维加工，从而将事物本质和内在规律予以
清晰展现出来的研究方法。本书对我国农业转移人口市民化研究现状与研
究不足、政策供给与未来愿景进行了归纳：依托相关理论，就非财富资本
禀赋对农业转移人口市民化的影响机制、影响方向和影响程度进行了判断
和理论分析。定性研究为本书提供了研究思路和理论支撑。

4. 定量研究法

定量研究法又称"数量研究法""统计研究法"，指根据研究目的，
利用宏观或微观调查数据，对研究对象某些因素间的数量关系进行分析研
究，以认知和揭示因素间的相互关系、变化规律和发展趋势，进而提升对
事物的正确解释和预测的一种研究方法。本书借助微观调查数据，利用
Excel、SPSS、Stata 等软件，对研究对象的相关因素进行了统计描述和群
体间比较；使用最小二乘法（OLS）、两阶段最小二乘法（2SLS）、"分位
数回归（QR）""倾向得分匹配（PSM）""二元和多元 Logit 回归"等方
法，对所建立的计量模型进行了估计与实证检验。定量研究法为本书研究
提供了数据判断和检验。

1.4 研 究 思 路

本书思路遵循"问题导向",其研究路线为问题提出—理论解析—数据支撑—实证分析—解决对策。具体技术路线如图 1-1 所示。

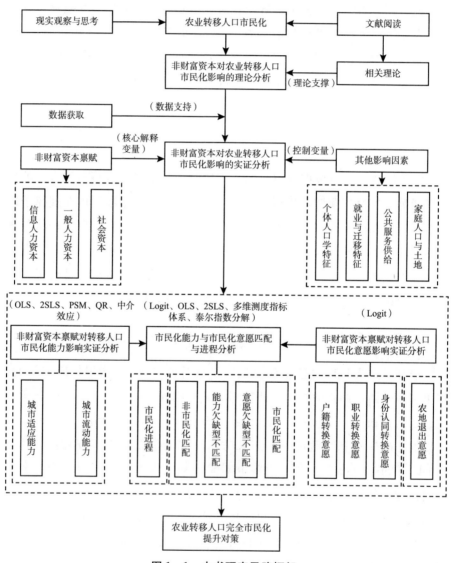

图 1-1 本书研究思路框架

（1）坚持"问题导向"来确定选题及研究目的。"问题导向"就是以现实关键、重大问题的解决为研究起点，从实际出发，实事求是思考问题产生的根源和问题解决的有效途径。我国户籍城镇化率与常住人口城镇化率之间近年来一直存在近 16 个百分点的差距，而政府计划将在 2030 年将两者差距缩小到 10 个百分点，即未来我国农业转移人口市民化既要解决新进入城市转移人口市民化增量问题，还要解决原有农业转移人口中未市民化群体的存量问题。但是，目前宏观和某些微观调查数据都显示，农业转移人口市民化能力随经济增长和社会发展而不断提升，但转移人口留城和落户城市意愿却在不断下降。基于农业转移人口市民化遵循"自愿"原则，要实现"完全市民化"，即在城市"留得下""活得好""可持续"，不但需要政府通过"制度赋能"以营造出有利于转移人口市民化的外部环境，更需要农业转移人口自身努力来实现"自我增能"。基于以上认识和思考，明确了本书选题和研究目的。

（2）寻求研究问题的"理论支撑"。揭示"研究问题"的内在本质和发展规模，需要一定理论予以支撑，就如建房需要稳固的钢梁框架一样。为此，大量相关文献资料的阅读非常重要。基于国内外有关移民人口、农业转移人口、农民工与流动人口的文献研究，清晰了"转移人口市民化"研究常用的理论、研究范式、研究方法和有关研究结论。文献阅读中对现有研究前沿问题进行归纳，对现有研究的贡献和不足作分析和总结。在文献阅读和归纳基础上，明确本书所需理论、研究要点和需要解决的主要问题。围绕"非资本禀赋"和"农业转移人口市民化"两大关键词，本书对相关理论将予以筛选，构建本书的理论框架。本书将就非资本禀赋、市民化能力、市民化意愿、市民化匹配等内涵予以界定，就非资本禀赋对转移人口的市民化能力、市民化意愿和市民化匹配的影响，予以理论分析与探讨。

（3）寻求研究问题的"数据支撑"。学术研究需要重视定性分析和定量分析结合，需要重视对理论假设的验证。所以，本书将使用武汉大学"农业转移人口调查数据库"有关数据进行实证分析。

（4）重视研究问题的"实证分析"。基于理论分析，构建非财富资本禀赋影响农业转移人口市民化能力、市民化意愿、市民化匹配与进程的计量模型。借助微观调查数据，利用 SPSS、Stata 等统计与计量分析软件，采用 OLS、2SLS、Logit、QR 和 PSM 等分析方法，对非资本禀赋对转移人口市民化能力、市民化意愿、市民化匹配与进程的影响进行了实证检验，并对不同转移人口影响异质性进行了分析和讨论。

（5）重视研究问题的"解决对策"。结合理论解析和实证分析结果，充分考虑建议在具有可操作性与可适用性的基础上，从农业转移人口人力资本禀赋积累、社会资本积累、信息获取与利用能力提升和非财富资本积累与价值实现有利外部环境构建等几个方面提出了相关对策与建议。

1.5 本章小结

本章旨在揭示本书选题的现实背景、研究意义、研究方法以及研究思路。基于"问题导向"，未来 10 年内，我国既要解决新增农业转移人口的市民化问题，还要解决城镇原常住人口中部分转移人口的市民化问题。而要实现在城市"进得来""留得下""活得好"和"可持续"，农业转移人口"自我增能"是关键。所以，本书以农业转移人口非财富资本禀赋为视角，以"增能"为目的，以市民化有关理论为支撑，思考和设计本书所需方法和研究思路。

第**2**章

文 献 综 述

2.1　国外相关研究

不同于我国农业转移人口市民化的多阶段路径，国外此类研究则多聚焦于外来移民的文化适应与社会融合，并由此形成一系列相关学说与理论。

"种族关系循环"理论。科学分析移民的社会融合问题，最早源于美国芝加哥学派。该学派代表性学者帕克和伯吉斯（Park & Burgess，1969）提出了"同化"和"种族关系循环"理论。同化指具有差异性的个体或群体间相互渗透和融合的过程，个人或群体在同化过程中会相互分享各自的过去和经验，并相互得到与保留对方的记忆、情感以及态度，并通过分享历史与经验而结合在一起。"种族关系循环"理论指任何群体间交往需要经历接触、竞争、适应、同化四个阶段，同化是"种族关系循环"的结束阶段。竞争是最初不稳定接触的结果，群体间因抢夺稀缺优势资源而形成一种紧张的相互敌意与不信任的竞争关系，对抗与竞争后的和解导致形成稳定的群体间不平等关系和社会结构，少数移民群体将较长时间内对这种不平等关系与社会结构予以屈服与接受认可。稳定的群体结构和群体关系，最终都会被日益频繁的跨群体社会交往所破坏，最终少数群体被东道国大多数群体的主流社会所同化，少数群体的种族特征消失，种族界限模糊。

"社会距离"理论。史布坦和科宛（Shibutan & Kwan，1965）拓展和延伸了帕克的"种族关系循环"理论，提出了"社会距离"理论。出于社会秩序需要，人们被加以分类并赋予相应符号，而每一符号都与一定的预期行为和待遇相关联，以便以常规和能预测的方式与他们主要群体以外的陌生人和熟人交往。即一个人在社会上所获得的待遇，取决于"他被定义的方式"，取决于不同群体或个体间的社会距离，而不取决于"他是什么"。而且社会距离一旦建立与制度化，群体间的等级秩序往往具有持久性，那些最容易得到和利用优势稀缺资源的群体将获得竞争优势，少数群体将被迫接受现实，承认自身低人一等，只有极少数资本禀赋丰厚群体能实现向上的社会流动与经济平等。

"同化过程"理论。"种族关系循环"理论和"社会距离"理论都存在难以实践操作和假设检验，最早解决这一问题的是戈登（Milton Gordon，1964）。戈登提出了完整的移民社会融合分析框架，其同化多维度概念非常适合对移民社会融合研究进行实践操作与假设检验（Alba & Nee，1997）。戈登（1964）认为，移民社会融合是移民与移入地居民共同作用的结果，东道国中产阶级的文化模式代表了移民文化适应的方向与最终结果。戈登的社会融合涉及文化、行为、关系以及经济、政治、心理、身份等多个维度。此后，诸多学者开始从多维度来诠释了移民城市融合内涵。埃尔伯和讷尔（Alba & Nee，1997）将社会融入定义为种族特质及伴随的文化和社会特征衰退的过程。社会融入含有多个维度，包括文化融合、经济融合、居住融合、社会关系融合，而职业流动与经济融入是移民社会融合最重要的指标之一。恩泽格尔（Entzinger，1985）认为移民在流入地存在四个维度上的融入问题，即社会经济融入、政治融入、文化融入以及移入地主流社会对移民的排斥与接纳。移民社会融合的多维度性，最终被学界所认可。

"多维动态融入"理论。有学者认为，戈登的社会融入理论对文化适应理解是狭隘的、静态的、过于同质化的，没有考虑流入地主流社会群体异质性，没有考虑社会融入中宿主文化的动态变化。此外，职业流动与经济同化作为社会同化的关键维度也没有提到，导致同化的因果机制也未作解释（Alba & Nee，1997）。为此，甘斯（Gans，1979；1992）在移民静态社会融入概念上加入时间概念，将社会融入变成动态概念，指出代际是种群变化的动力，每一代都面临着不同的社会与民族，具有各代独特的适应模式。法约尔和弗雷（Falyer & Frey，1994）也证实，移民群体的社会发展背景代际差异在其社会适应与社会流动中起重要作用，第一代与第二代移民可能在阶级来源、种族构成、移民动机和对美国的接受程度存在根本差异。

"多元化同化"理论。上述"种族关系循环"理论、"社会距离"理论以及戈登的"同化过程"理论，都属于"一元性同化理论"。即移民文化适应是单一形式的，指移民抛弃自身文化接受东道国主流社会文化的唯一过程。但随着人口流动的全球化浪潮到来，不同种族间的文化适应变得越发重要，"一元同化理论"已难以满足现实社会的需要。诸多学者开始从多元性文化适应角度探讨移民融合问题，贝利（Berry）就是其中之一。贝利（Berry，1997；2005；2010）认为，移民文化适应是文化和心理变化的双重过程，涉及多种形式的相互适应形式，同化只是其形式之一。文化适应具有多样性，具体可以分为同化、融合、分离和边缘化，同化与融合是两个具有不同内涵的概念。当移民放弃原有文化，以移入地主流社会群体文化取而代之，其策略为"同化"。当移民以既重视与保留自身原有文化，又积极与移入地群体开展对话交流，这种策略为"融合"。当移民既放弃原有文化，又不愿意学习移入地文化，其策略为"边缘化"。当移民保留原有文化，但拒绝学习移入地文化，该策略为"隔离"。移民在移入地的文化适应包含了群体层面和个体层面两个维度的转变。在群体层面，移民要经历社会结构、经济基础、意识形态、文化习俗的改变；在个体层面，移民要在价值观、情感、符号、行为方式、态度、认同上改变，如学习对方的语言、分享彼此的食物偏好、穿着群体特有的服饰、采取群体独有的社交互动形式。个体层面与群体层面的文化适应相互独立。积极参与移民自身文化与东道国主流社会文化的移民，具有最为积极的心理幸福感，最为容易适应与融入学校与社区；而那些不接触任何一种文化的移民，最难以适应与融入流入地社会；采取分离与同化策略的人介于两者之间。贝利的四种文化适应取向代表了不同的社会心理与行为结果，融合通常被认为是最佳的文化适应策略，它的文化适应难度低，移民能获取更高的自尊，具有更亲近社会的行为和积极的幸福感（Leong，2014）。周明和班克斯通（Zhou M. & Bankston，1994）通过分析美国新奥尔良地区越南第二代年青移民的文化适应，得到了与贝利同样的发现。那些坚持越南传统家庭价值观，坚持了职业道德与高度参与社区活动的越南学生，往往具有更明确的大学学习计划，且能获得高分，具有与社区期望一致的价值观与行为模式；而那些民族文化的"背叛者"（同化策略者），往往既被民族社区所抛弃，又不被东道国主流社会群体所接纳，他们多为当地下层阶级所同化。有学者认为，研究移民文化适应时，也要关注东道国主流社会群体文化适应态度，这两者态度可能是不一致的。群体间对对方的刻板印象、认知偏见、零和竞争态势、优质资源感知匮乏都有可能导致群体间的文化适应偏差（Rohmann et al.，2006；Van & Breugelmans，2012；Bryant et al.，2015），而这种偏差将给青少年移民带来极大的心理痛苦与紧张。现实中，大多数移民倾向于融合，但东道国主流社会群体则更倾向于同化（Leong，2014），那些偏离了流入地主流社会群体文化的移民群体，其生活与工作幸福感不高，与宿主的社会交往质量较低，这会强化他们对于自身民族文化的认可与维护，加强对本民族的认同感（Entzinger，1985；Ward & Geeraert，2016）。

"区隔离融入"理论。部分学者观察到受自身因素及流入地政府与社会影响，移民在流入地存在向不同阶层融入可能。为此，有学者在移民研究"经典移民融合理论"的基础上提出了"区隔离融入理论"。基于移民自身资本禀赋差异，以及东道国社会提供的机会差异，部分移民向上流动而成功融入社会，而另一些移民则会向下流动而进入社会的底层，融入社会下层阶级（Portes & Zhou，1993）。就算在自身族群文化及宿主文化环境下成长出来的第二代移民，其结果也既可能融入主流社会，又有可能永久贫困与永久成为下层社会成员（Alba & Nee，1997）。现实中，东道国不同阶层的群体对移民态度存在差异。受教育程度较高、经济条件较好的中层阶级宿主，更倾向于排斥移民的态度；而受教育程度高、经济条件好的上层阶级宿主，则更倾向于接纳移民的态度（Leong，2014）。

资本禀赋与移民社会融入理论。移民资本禀赋对其移民定居、就业和社会流动的影响研究日益受到学者们的重视，其中尤以移民人力资本和社会资本为多。布尔迪厄（Bourdieu，1986）认为，移民一般意义上会拥有经济资本、文化资本和社会资本三种形式的资本。经济资本指移民拥有的物质资产与收入，文化资本指移民拥有的象征性资本，这可以体现在口音和行为上，也可以表现在教育制度化上，具有包括语言、技能、健康与教育水平；社会资本指一个人可以利用的社会网络规模和类型，当社会网络能导致移民接触到拥有更多资源和知识的人时，社会网络才是最有效的。而且社会网络是动态的，需要不断地投入资源与时间加以维护。普特南（Putnam，2007）将社会资本定义为社交网络，以及相关的互惠和信赖性准则。社会资本实质是人与人之间带有善意的关系，而信任、合作规范和团体内的联系都可以看作对社会资本的弹性定义（Knack & Keefer，1997）。

　　有学者认为移民个体拥有的社会资本与人力资本对其融入东道国非常重要。社会资本为移民提供住宿、工作、信息和情感支持，且已可能发展为促进移民形成永久性定居的关键因素（Portes & Zhou，1996）。移民的社会网络由原始社会关系构成的强社会关系和流入地居民构成的弱社会关系组成，弱关系对移民在流入地跨越社会距离而融入主流社会具有重要作用（Granovetter，1973），但弱关系的建立非常困难（Deumert et al.，2005）。人力资本对于移民社会融入非常重要。珀特斯和周明（Portes & Zhou M.，1993）认为当前的美国就类似一个"沙漏型经济社会"，中间职位减少，两端阶层不断膨胀，大量处于底层社会或接近底层的劳工移民后代更难实现向上的流动。因为中间职位点过于稀缺，进入高层需要大量人力资本和丰富高质的社会资本，这对于第二代移民而言都难以具备，第二代移民面临着被排斥在外的风险。埃尔伯和讷尔（Alba & Nee，1997）认为，劳工移民与人力资本移民具有完全不同的路径。劳工移民往往集中居住在少数群体聚集社区，而人力资本移民则会迅速过渡到东道国主流社会群体居住区居住，不太可能以密集的定居模式聚集。科尔曼（Coleman，1988）和普特南（Putnam，1995）都认为社会资本具有替代性，如果移民拥有高水平的社会资本，可以弥补移民的经济资本的不足。社会资本可以充分缓解经济资本不利的潜在影响，而充分的流动是移民个体获取和维持社会资本的关键。有学者认为，家庭移民在东道国劳动力市场找到工作与他们的教育水平及拥有的社会关系密切相关（Farley & Frey，1994），如果移民的社会网络具有多样性，就可以为其搭建更多的对外联系桥梁，从而建立诸多的对外弱关系（Ryan et al.，2008）；而这些弱关系可以轻易帮助移民建立对外新的联系，增强移民社交自信，便于他们更容易地与他人沟通（Granovetter，1973）。

有学者认为，移民家庭及移民社区所具有的社会资本对移民个体同样具有重要作用。周明和班克斯通（1994）认为家庭不是孤立单个个体的总和，而是包含家庭内部关系及外界强加给家庭的外在关系的有机体。家庭和社区的社会资本可以帮助第二代移民产生向上流动的人力资本，从而产生优于当地主流群体同龄人的表现。当移民在东道国融入遇到挫折而形成幸福感负面影响时，移民社区的开放交流与家庭内积极关系可以帮助其缓解（Ward & Geeraert，2016）。在移民社会，一定条件下，社会资本可能比传统人力资本对年轻移民成功更重要（Zhou & Bankston，1994）。因为在困难条件和破坏性因素频发的弱势移民社区，移民家庭常面临年轻移民被东道国社会的弱势群体同化的风险。为此，移民家庭有意保持其民族传统的价值观，通过种族社区融入创造一种社会资本形式，使移民家庭能够得到来自其他家庭及移民宗教与社会团体的持续支持与指导。与社区互动强的家庭能得到更多的指导与帮助，与社区联系密切的人会得到更多的支持与控制，增加其社会经济向上的流动性（Zhou & Bankston，1994）。但如果移民只是完全依赖移民社区的社会网络来获取所需资源，那么就可能使移民限制在特定的种族范围内，反而难以形成向上的社会流动，并且会加剧社区群体内的竞争与对抗。

有学者认为，个体拥有的社交能力对其经济融入与社会流动有重要影响。大卫（Deming，2017）提出社交能力是年轻人在劳动力市场获得成功的重要因素，且随着时间推移，社交能力对获得高收入越来越重要，工作的智力含量越高，提高社交能力对收入带来的正面效应越大。赫克曼等（Heckman et al.，2018）认为提升教育对于能力大小不一的个体具有不同的市场效益与非市场效益。提升个体受教育水平，能使能力低的人比能力高的人获得更多的非市场效益，使能力高的人比能力低的人获得更多的市场效应。

国外学者进行了有关中国农业转移人口市民化问题的研究。正发生在中国大地上的乡城人口流动吸引了诸多国外学者兴趣。奈特和昆迪拉卡（Knight & Gunatilaka，2010）对中国农业转移人口的幸福感分析表明，在城市定居的农业转移人口家庭幸福感要低于农村家庭，而造成这种结果的原因是农业转移人口对于城市与自己的错误预期。农业转移人口往往对城市生活与工作有过高的预期，产生过高的预期源于信息掌握的不全面与不现实的参照对象，潜在转移人口往往将城市居民作为预期比照对象，并且高估自身能力。农业转移人口在城市不如意的生活条件和不愉快、不稳定的就业性质压抑了移民的幸福感，从而得出比农村居民更低的幸福感。农业转移人口不愿意返回农村老家，因为他们觉得下一代一定会过得比自己更幸福，而且大多数农业转移人口相信将来的城市生活比农村生活会给他们带来更多的幸福感，这种幸福感的变化比预期收入变化更敏感。

2.2 国内相关研究

2.2.1 市民化主体与市民化过程

（1）市民化主体。我国学者对市民化的研究，经历了从"农民市民化"到"农民工市民化"再到"农业转移人口市民化"的多次转变。黄祖辉教授（1989）在《农村工业化、城市化和农民市民化》一文中提出"为从根本上解决我国城乡二元结构的矛盾……应逐步使农村的非农产业和转移劳力向在农村发展或新建的城市聚集，使农业转移劳力变为市民"。刘传江（2004；2007）认为我国市民化问题具有农民—农民工—市民的两阶段中国化路径，所以应研究的是农民工市民化，而不是农民市民化。这一观点锁定农民工是市民化的主体，学术界也普遍认可，此后研究农民工市民化就取代了农民市民化。随着城市化和工业化的推进，农村进城务工的人群中还有大量失地农民和随迁的非务工经商人口，以及就地城镇化或就近城镇化人口。于是，我国在 2009 年 12 月中央经济工作会议上正式提出农业转移人口市民化概念。此外，学术界还聚焦于不同亚群体的市民化研究（李培林，1996；王春光，2001、2010；陆学艺，2002；白南生，2003；刘传江，2004、2007、2008、2010、2014等）。王春光（2001）从代际认同角度提出"第一代农村流动人口和新生代农村流动人口"，刘传江（2004）根据生育政策和成长环境，将农民工分为第一代和第二代农民工。新生代或第二代农业转移人口成为当前研究的热点。

（2）市民化过程。市民化过程也就是农业转移人口实现市民化需经历的阶段。文军（2004）认为农民市民化需要经历"非农化""城市化"和"市民化"三个阶段，"非农化"实现职业从农业生产向非农生产的转变，"城市化"实现农村社区向城市社区的转变，"市民化"实现农民身份向市民身份的转变，"市民化"在三个阶段中最为漫长和复杂。刘传江（2007）认为农民工市民化需要经历"农村退出""城市进入"和"城市融入"三个阶段，"农村退出"和"城市进入"已不存在限制和障碍，但农民工因无法穿透"隐形户籍墙"而难以真正融入城市。董莉和董玉整（2017）认为农业转移人口市民化需要依次经历"农民—农民工—城市居民—城市市民—城市公民"四个阶段，每推进一个阶段，农业转移人口所拥有的社会权利都有所增加。杨菊华（2018）认为农业转移人口市民化需要经历"脱域""并入"和"嵌入"三个阶段。其中"并入"阶段是市民化实现的具体过程，这个过程漫长而艰难；"嵌入"则是市民化的具体结果。无论将市民化分为几个阶段，农业转移人口市民化都是复杂且需阶段性推进的系统工程，其过程漫长且艰辛。

2.2.2　市民化内涵与市民化水平测度

（1）农业转移人口市民化内涵。农业转移人口市民化由"农业转移人口""市民"和"化"三个部分组成。"农业转移人口"是一个具有中性意义的称谓，其第一次出现是在2009年12月中央经济工作会议上。会议提出"要把解决符合条件的农业转移人口逐步在城镇就业和落户作为推进城镇化的重要任务"。农业转移人口涵盖的群体比农民工要广泛。杨菊华（2018）认为农业转移人口最少涵盖以下四类人群：第一，适龄且具有劳动能力的进城务工经商的农村劳动力，也就是一般意义上的农民工；

第二，随农民工一起进城但不务工经商的随迁人口，如随子女入城的老人和随父母进城入学的孩童；第三，因政府依法征地而导致家庭人均耕地少于 0.3 亩的失地人群；第四，一些已就近城镇化或就地城镇化人群。"市民"是农民的相对群体，是农业转移人口想成为的对象，是城镇资源的支配群体。文军（2004）认为市民不是一般意义上在城市居住的居民，而是指拥有"市民权"的社会成员，他们身份自由和充分享有市民权利。"化"是指农业转移人口向市民转化的过程，也反映了转化的具体结果（刘传江，2007），表明了农业转移人口与市民这两个群体间异质性消融和同质性形成的过程与程度。所有对市民化内涵的诠释，都认同市民化是农业转移人口向市民化转化的过程，但不同在于具体转化了什么。文军（2004）认为市民化是身份、地位、价值观、社会权利以及生产生活方式等由农民向市民的转化。郑杭生（2005）认为农民市民化是农民身份与职业的转变过程中，发展出与城市居民相匹配的能力和素养，实现生存方式、生活方式、思维方式和身份认同向现代性的最终转变。赵立新（2006）认为农民市民化是农民在户籍、地域空间、劳动产业和文化理念的转化，其中生活与生存方式、思维方式、行为习惯和社会组织形态的变化是市民化的核心内容和最高判断标准。刘传江（2007）认为市民化是农民工在生存职业、社会身份、自身素质和意识行为向市民转化的过程和现象。陈丰（2007）认为市民化是农民工获得与市民同等的身份和权利过程，在这一过程中实现生活方式、行为方式、思想观念的转变和与市民同等社会权利的享有。王兴周和张文宏（2008）认为农民工市民化涵盖职业转换、社区转换、身份转换与市民权获得、生活方式转换与城市性积累，市民化目的不单单是为了增加拥有城市户籍的农民工数量，而是追求城镇居民数量与质量的同步提升。郧彦辉（2009）将市民化解释为"农民工获取市民基本资格，形成市民基本能力与素质以适应城市工作和生活的过程"。申兵（2010）认为农民工市民化是农民工在城市实现职业和社会身份的双转变，享有城市居民相等的福利或公共服务是市民化的核心。魏后凯和苏红键（2013）认为农业转移人口市民化以城镇户口获得为基础，是实现政治权利、社会保障、劳动就业和公共服务等方面与市民无差别享有为目的，并在思想、社会认同、生活方式上逐步融入城市的过程。

杨菊华（2018）认为农业转移人口市民化是农业人口向城市市民转换的历程，最终结果是市民身份与市民待遇的获得以及形成与市民身份相匹配的特质。从上述市民化内涵诠释可以得知：第一，市民化具有多维度，职业身份和社会身份转换是市民化的基础；第二，市民权和社会权利的获得是市民化的核心，与市民身份相匹配的城市特质养成是市民化的困难之处；第三，强调社会增能和自我赋能是实现农业转移人口市民化的重要力量。

（2）市民化的维度。市民化内涵的宽泛性演绎出市民化的多维度性。刘传江、徐建玲（2007）认为，农民工市民化不但包括农民工户籍的变动（即由农村居民转变为城市居民）、产业转换（农业生产转换为非农生产）和地域转移（农村居住向城市聚集），更重要的是农民工的生活理念、思想意识、思维方式、行为习惯和社会组织形态都发生了巨大改变，故农民工市民化涵盖了生存职业（农业生产转向非农生产）、社会身份（农民工转向市民）、自身素质与意识行为四个层面的转化。刘传江、董延芳（2014）将农民工市民化划分为农民工生存职业市民化、意识行为市民化、社会身份市民化、自身素质市民化四个维度。魏后凯、苏红键（2013）将农业转移人口市民化分为政治权利、公共服务、经济生活与文化素质四个维度。苏丽锋（2017）通过就业市民化、收入市民化、消费市民化、社会保障市民化、居住市民化、身份市民化六个维度构建了我国流动人口市民化指标体系。杨菊华（2018）认为农业转移人口市民化应包含角色身份、公民权利、行为模式和价值取向四个维度，角色身份包含户籍身份和职业身份的获得，公民权利包含社会保障、公共服务享有与政治权利获取，行为模式涵盖生活方式、社会参与和社会网络构成，价值取向涵盖思想观念、思维方式和城市认同，前两维度反映公共政策的包容性和接纳性，后两维度则更为隐蔽地反映个人表征和市民资质；四个维度中，价值取向最难以实现，因为个人价值取向深植于个体社会化过程中逐渐习得的最深层次的人生哲学中。

（3）农业转移人口市民化水平测度。学术界充分利用国家官方统计调查数据（如全国人口普查数据、农民工与流动人口监察数据等）和科研院所自行组织调查所得的相关数据，对我国农业转移人口的市民化水平进行了测度。刘传江和徐建玲（2007）对农民工市民化程度进行测度，结果表明新生代农民工市民化进程为 50.23%，老生代农民工市民化进程为 31.30%。刘传江和董延芳（2014）采取层次分析—模糊综合评价法，利用 2009 年 1100 份武汉市农民工调查样本进行了两代农民工市民化进程测度。测度结果显示，第一代农民工市民化进程为 53.7%，第二代农民工市民化进程为 55.3%；第一代农民工的生存职业市民化进程与意识行为市民化程度高于第二代农民工，社会身份市民化进程与自身素质市民化进程低于第二代农民工。王桂新等（2008）采用综合赋权法，对各一级指标及其下二级指标平均赋权，利用 2006 年上海市 1026 份调查数据测算了上海外来农民工的市民化水平。经测算，上海市农民工市民化程度均值为 54%，居住条件市民化均值为 61.5%、社会关系市民化为 58.2%、心理认同市民化为 56.1%、经济生活市民化为 54.4%、政治参与市民化为 34.8%；居住条件市民化水平最高，农民工政治参与水平最低。魏后凯和苏红键（2013）利用国家权威部门发布的统计年鉴数据，采取专家赋权法给各指标赋权，测度了我国农业转移人口市民化的水平，并提出了有关农业转移人口市民化的推进路径。经测算，农业转移人口市民化率为 40.7%；政治权利市民化最低，为 37.2%；经济生活市民化最高，为 50.8%；公共服务市民化与文化素质市民化分别为 45.2% 与 43.1%。苏丽锋（2017）利用 2014 年国家卫计委流动人口动态监测调查数据，采取算术平均法给予指标赋权。经测算，中国流动人口市民化程度为 43.2%，六个维度的融入程度依次为就业市民化 55.5%、收入市民化 53.6%、消费市民化 52.3%、身份市民化 42.6%、居住市民化 37.4%、社会保障市民化 17.0%，社会保障市民化程度最低。徐延辉和龚紫钰（2019）从社会质量视角来审视农民工的市民化，通过 2016 年在厦门、深圳、苏州、东莞四个城市所获 1291 份有效问卷，测度出农民工市民化进程为 56.3%，其中生活保障和就业方式两个维度的市民化水平较高，两者分别为 76.5% 和 71.1%，社会关系、经济生活和心理认同三个维度上的市民化水平都较低，分别为 38.4%、44.5% 和 49.6%。另有部分学者构建了测度指标体系，但未进行测度（郧彦辉，2008；周皓，2012）。总体而言，我国农业转移人口仍处于市民化"并入"阶段，依然处于"半市民化"态势。但分维度看,农业转移人口在收入与消费维度市民化有明显提升,但社会关系、社会权利等维度市民化提升有限。

2.2.3　农业转移人口市民化的影响因素研究

(1)城乡二元制度的影响。城乡二元制度是计划经济时期的产物并被遗留下来,它是国家为服务城市工业优化发展战略和限制农村人口在城乡自由流动而设立的"城乡分割、城乡有别"的制度体系。城乡二元制度将居民身份区分为农民与市民,并界定两者不同的利益关系。城乡二元制度具有城乡二元性、偏城性与城乡分割性(黄锟,2011)。城乡二元制度随农民进城而在城市内产生新的二元结构,即城市户籍人口与农业转移人口新二元结构(李春玲,2007;陆铭,2011)。城乡二元制度是多种制度的复合体,它以城乡二元户籍制度为基础,先后嵌入了劳动就业制度、社会保障制度、生育计划制度、义务教育制度、城市住房制度等多种制度。这种以户籍制度为基础的城乡二元结构,是农业转移人口市民化的主要制度障碍(李涛和任远,2011)。城乡二元制度中的户籍制度将居民身份按户籍地分为农民与市民,农业转移人口户籍身份为农民;与市民相比,农业转移人口的市民权是不完全的,即不享有与市民平等的就业权、教育权、居住权、社会保障权与政治参与权等;在现有二元结构下,农业转移人口市民化待遇大都停留在纸面上,待遇不完全、不可持续、不稳定且难以操作(王春光,2010)。城乡二元制度中的就业制度使农业转移人口只能在次属劳动力市场就业,就业渠道狭窄、不正规,工作环境、职业环境与生存环境远差于城市户籍人口。二元就业制度歧视使农业转移人口从事城市户籍人口不愿从事的"3D"(dangerous、dirty、demanding)型工作,造成农业转移人口成为城市的"边缘人"。农业转移人口的"边缘人"身份,又降低了自身市民化预期的净收益,弱化了农业转移人口市民化意愿与动力(黄锟,2011)。农业转移人口市民化问题是城乡二元结构的延伸(邓大松和胡宏伟,2007),现有城镇化进程始终无法打破城乡二元结构导致的户籍、社会保障、社会福利等制度分割,城镇化带来的红利难以被农民与市民公平共享,阻滞市民化的顺利进行(陈云松和张翼,

2015）。有学者认为，户籍制度对农业转移人口市民化的影响已不显著（李春玲，2007；刘传江，2008；王春光，2010；黄锟，2011；盛亦男，2017；柳建坤，2017），而社会保障、劳动权益、公共服务对农业转移人口城市融入具有显著影响（王桂新和胡健，2014；谢勇，2017；李叶妍和王锐，2017；韩俊强，2017）。城乡二元制度对农业转移人口城市融入的阻碍，主要源于粘连在户籍制度上的社会福利与保障制度尚未剥离。这些嵌入户籍制度中的保障制度与公共服务功能，构成了农民工市民化进程中的"隐形户籍墙"，导致农民工存在人力资本、财力资本、社会资本、权利资本四类资本的缺失与不足，进而弱化了农民工市民化的意愿与能力（刘传江，2009、2013）。城乡二元制度改革缓慢，是造成农业转移人口"半市民化"的根本原因（陈丰，2007），仅通过单一改革户籍制度本身来实现形式范畴上农业转移人口市民化是不够的，需要解决农业转移人口市民化的可持续要素与关键要素（齐红倩和席旭文，2016）。改革户籍制度，推进农业转移人口市民化，关键是逐步剥离嵌入户籍制度中的福利待遇、社会保障与公共服务功能（张国胜，2009；邓大松和胡宏伟，2007；黄锟，2011）。

（2）农业转移人口人力资本的影响。姚先国（2006）认为，劳动者的社会地位，一是来自制度保护，二是来自人力资本存量的多寡。如果个人人力资本不足而仅依靠制度保护和救助，弱势群体依然难以摆脱淘汰的命运。刘传江（2013）认为，农民工因自身及国家对其人力资本投入不足，进城后主要从事"3D"型工作，农民工在城市陷入"低素质—低收入—低人力资本投入"的恶性循环，"先天积累"与"后天形成"的不足，致使农民工自我发展和市民化能力难以得到有效提升。杨菊华（2016）提出，提升人口流入前的人力资本，强化流动后的工作经验积累，对流动人口全面融合至关重要。李春玲（2007）认为较高的教育水平有助于流动人口经济收入增加和社会积累，有助于实现完全市民化。王竹林（2010）认为农民工市民化的实现程度依赖城市定居生活的物质资本、城市社会参与的权利资本、城市发展能力获得的人力资本以及城市融合的社会资本等因素。张文宏和周思伽等（2013）提出，人力资本、家庭环境、工作状况对农民工社会融合影响较大。李培林等（2012）研究发现，农民工人力资本对城市融合影响主要来源于工作技能，农民工社会融合的经济—社会—心理—身份四个层面不存在递进关系，新生代农民工较老一代农民工在文化程度、工作技能等方面有较大提高，但仍处于整个社会结构的底层，游离于城市制度之外。蔡昉（2016）研究发现，受教育程度的提高不仅可以提升劳动者的劳动生产率与收入水平，使个人享有更多的发展权，而且还对社会有积极的正向溢出效应。杨菊华（2016）提出"健康公平"概念，认为流动人口的健康公平与社会融入互为因果，具有明确的互生性，健康公平是社会融入的前提与保障。王春光（2010）认为流动人口在流动中存在"健康损耗"，流动人口在初流入时，健康水平一般高于流入地居民。但超常的工作强度、糟糕的生活环境、基本休息权利的缺失，使流动人口流入一段时间后，其健康水平一般比本地居民差。何雪松等（2010）、聂伟和风笑天（2013）都证实农民工精神健康状况欠佳降低了农民工对城市的认同感。但也有学者提出了不同的结论。叶俊焘和钱文荣（2016）研究发现，教育水平与职业培训对农民工在城市的经济融合的影响不显著。从上述内容可以看出，农业转移人口在成长阶段接受的学历教育、从事工作以来所积累的工作经验与劳动技能以及拥有的身心健康，对个体在城市的融入具有影响。

（3）农业转移人口社会资本的影响。社会资本实质上是一种社会资源，即个体从制度中可以获得的资源以及个体层面的社会关系网络可以提供的资源。赵延东、王奋宇（2002）通过社会资本对流动人口经济融入影响研究发现：社会资本对流动人口经济融入的影响要大于人力资本，原始社会资本对流动人口的经济融入影响甚微，而进城后形成的新型社会资本对经济融入影响显著。刘传江和周玲（2004）研究提出，制度资源（契约型社会资本）对农民工就业具有更加重要的影响，社会网络关系（关系型社会资本）是社会资本的过渡形态，随着社会市场化发展与市民社会不断推进，最终会被契约型社会资本所替代。曹子玮（2003）将流动人口的社会网络分为初级关系网络与次级关系网络，初级关系网络以血缘、亲缘、乡缘关系为主，次级关系网络以业缘为主。研究表明，初级社会网络在社会融合中逐渐失效，次级社会网络成为农民工获取资源的主要来源，并有效提升农民工的经济融入。任远和陶力（2012）将社会资本分为由血缘、亲缘、地缘、乡缘等关系构成的初级社会资本和由与流入地居民、社区、组织与政府关系形成的本地化社会资本；研究提出，初级资本不利于本地化资本的形成，本地化资本对农民工城市融入产生显著正向作用。王春光（2010）认为，流动人口社会融入差，主要源于缺乏与城市社会亲密、频繁的交往。乡城流动人口日常交往严重内倾化，近27.19%的乡城流动人口从不与流入地居民交流，近80%的乡城流动人口从不去或较少去公共场所，与城里人交往较多的乡城流动人口只有17.73%。社会资本匮乏已严重影响流动人口融入当地社会。武岩和胡必亮（2014）将农民工在城市获得的新型社会资本进一步分为情感性社会资本与工具性社会资本。我国农民工的工具性社会资本存在严重缺失，滞后了农民工市民化进程。农民工的社会资本对经济收入具有重要影响，农民工收入差距来源于其所拥有的社会资本不同所产生的信息效应与生产率效应差异。拥有新型社会资本与关系网络的农民工能更容易到达发达地区的劳动力市场，获取高于一般农民工的经济收入，并同时提升了自身的人力资本。冯伟林和李树茁（2016）按社会资本的层次，将其分为宏观社会资本与微观社会资本：宏观社会资本主要是社会群体中与社会组织特征相关的信任、社会网络与社会规范等相关的一些要素；微观社会资本主要是个体的关系网络及个体间的资源互惠关系。微观社会资本对农民工市民化作用较弱，宏观社会资本能有效促进农民工市民化进程。有学者研究发现，社会参与和社会交往对农业转移人口市民化影响不一，社会参与有助于市民化，社会交往阻碍市民化。刘建娥（2010）分析发现，流动人口参与流入地组织与政府组织的活动严重不足，这不但增加了城市居民对流入者的歧视，还因相互间缺乏沟通互动，影响两者间文化与心理的融合。王胜今和许世存（2013）研究提出，参与选举活动能增强转移人口的市民化意愿，参加生育卫生活动能增强转移人口的接纳感受，参加公益活动有助于转移人口的市民化决策。转移人口与城里人的关系交往，表现出明显的推拉二重效应，对转移人口社会融入具有弱化作用。叶玲（2016）认为，农民工应积极参加当地社区、组织与政府举办的各类活动，以增强与当地居民、组织与政府之间互信。对于上述情形可能的解释是社会参与各类活动由组织与政府主办，这类活动具有公益性与无歧视性，能增强流入地组织与政府对农业转移人口的了解与认识，增强了两者之间的互信程度，使农业转移人口可以获得更多、更好的制度资源，提升了新型社会资本的质量。社会交往则是农业转移人口与城市居民的私下互动，这种互动具有私密性与态度倾向性，在交往中会强化农业转移人口与城市居民的隔阂与偏见。宋月萍和陶椰（2012）从转移人口与流入地居民互动视角分析了流动人口在流入地的隔阂与排斥，研究发现，社会交往中，经济地位高市民因两者存在"互补性"，对转移人口表现出"宏观接纳，微观排斥"；经济地位低市民因两者存在"替代性"，对转移人口表现出"群体性排斥，个体性接纳"。

2.3　现有研究的贡献与不足

2.3.1　国外相关研究的贡献与不足

国外有关移民社会融入的研究开展较早，为移民及流动人口在流入地社会融入的研究提供了从概念到范式上的借鉴。第一，清晰了社会融入概念的内涵，虽然移民社会融入的概念未完全统一界定，但对社会融入概念的内涵实现了由模糊到清晰的转变。第二，构建了相对稳定的社会融入分析框架。移民社会融入分析框架经历了从无到有，虽然分析框架在动态变化，但主体框架稳定。第三，丰富了社会融入理论。社会融入从"一元性同化"发展到"多元性文化适应"，研究范式从"直线融入"向"曲线融入""区隔离融入"转变。第四，提出了相对稳定的社会融入多维度评价体系。社会融入维度从单一维度发展到多维度，社会融入从文化适应发展到经济、社会、政治与文化等多维度融入，但文化适应是移民融入流入地主流社会群体的关键指标。第五，关注资本禀赋对移民在流入地社会融入的重要性。移民拥有的个体资本禀赋及家庭资本禀赋，对其融入流入地主流社会群体有重要作用，人力资本与社会资本对移民在劳动力市场成功与社会流动有积极作用。第六，提出了较为明确的移民社会融入评价的参照体。移民在流入地的融入参照对象是流入地中产阶级，劳工移民，特别是处于底层或接近底层的年轻移民被流入地底层阶级同化的风险较高，人力资本移民更受流入地政府所欢迎，也更容易融入当地主流社会群体。国外对移民社会融入研究的一般路径为：第一，通过统计与调查数据，揭示出移民在流入地存在社会融入困难；第二，揭示出文化同化和经济同化对移民在流入地实现社会融入的重要性；第三，研究的最终落脚点还是放在个体人力资本和社会资本禀赋上，特别是个体及移民群体的社会资本对其在流入地实现社会融入的重要性。

国外移民社会融合的相关理论和经验做法虽然可以借鉴，但也要看到其移民融合和我国农业转移人口市民化存在的本质上的不同及其存在的不足。第一，移民社会融合是单一阶段问题，即移民到公民的问题；而基于我国户籍制度及其他相关制度约束，我国农业转移人口市民化具有多阶段性路径特征，农民和市民处于路径的两端，在中间还夹杂着农民向农民工转换、农民工向常住居民转换、常住居民向市民转换的多个阶段，而且存在乡城间来回往复流动的问题。第二，我国农业转移人口存在异地市民化和就地就近市民化两种不同途径，这点国外相关文献研究不多。第三，移民社会融合需要解决的是种族或地域的文化冲突，文化冲突体现在世界观与价值观的差异，是一种文化根源的差异，种族移民文化冲突已成为西方社会稳定的重要威胁因素；我国市民化中的文化冲突则表现为城乡间的生活方式和行为方式上的差异，属于末节上的差异，是可以通过相互间的模仿、引导和规范加以适应和调整。所以，我国农业转移人口市民化，重在对市民权的获得和城市性的积累。虽然，国外文献对我国农业转移人口市民化研究存在不足，但西方移民社会融合的理论依然可以借鉴：第一，转移人口市民化与移民社会融合一样具有多维度性；第二，转移人口与移民一样具有异质性，都突出强调群体的异质性分析；第三，西方移民社会融合研究落脚点多重视人力资本与社会资本的作用及其积累，非财富资本禀赋对我国农业转移人口市民化具有同等重要性；第四，我国市民化进程如果持续滞后，同样会使我国社会产生不稳定因素。所以，西方移民社会融合的相关理论和促进措施可以借鉴。

2.3.2 国内相关文献的贡献与不足

1. 国内相关研究的贡献

农业转移人口市民化研究受到我国经济和社会学术界诸多学者的关注。通过对我国有关农业转移人口市民化及城市融入文献的整理与分析可以发现，国内文献对农业转移人口市民化的研究，无论是研究的广度，还是研究的深度，都作出了非常大的努力，取得了丰富的成果。

（1）明确和拓展了农业转移人口市民化的内涵。农业转移人口市民化内涵具有宽泛性，农业转移人口市民化涉及从外到内的全然转变，其涉及劳动与就业、社会网络与关系交往、权益保障与公共服务享有、文化认同与生活适应、情感认同与身份认同的全然转变。第一，劳动与就业市民化。农业转移人口劳动与就业转变既是职业类型横向变化，又指向职位层次的纵向变化。横向上，职业身份由农民转变为工人或服务者，职业工作空间由农村移到城市，工作环境由开放转变为封闭，工作方式由灵活转变为机械而强制，职业类型由农业生产（第一产业）转变为非农生产（第二产业与第三产业），由管理者变成被管理者。农业转移人口面临工作地点、工作内容、工作方式、工作环境、工作管理等的变化，需要农业转移人口从身体、心理、劳动技能上去重新适应。纵向上，则强调农业转移人口在某一职业上的层级高低。职业无高低之分，职位则高低有别。如果农业转移人口一直徘徊在职业的底层，而无向上流动进入高层次职位的渠道与可能，这种职业融入一定是低层次的。职业融入应在横向与纵向都处于畅通状态，农业转移人口与城市居民在职业与职位上，具有平等的进入、上升与退出的机会。第二，社会关系网络市民化。随着农村退出、城市进入，农业转移人口的社会关系面临重构。社会关系实质是一种契约型关系，是人们在社会交往中所形成的互助、守望式的契约关系。进城前，农业转移人口的社会关系以"血缘""地缘"为主。社会关系网由核心层（家庭）、中间层（家族）、外围层（老乡与朋友）所构成，结构稳定而有序，同质性高且极其富有张力，社会关系网成员基于心理契约在生产与生活中为他人提供相应保障。进城后，农业转移人口的社会关系网络发生了形与质的变化。形态上，社会关系网外围层（老乡与朋友）可能会剥落而重构，中间层（家族）和核心层（家庭）会弱化，社会关系网由闭环变成开环。实质层面，社会关系以"业缘"为主，依据与自身所属组织的工作契约关系，获取相应社会保障。农业转移人口社会关系市民化涵盖两个方面的内容：一是网络的异质性高，社会交往对象中具有较多城市居民和知识文化水平高的人士，它代表交往广度大；二是网络活跃度高，与城市居民交往频率较高，即有交往深度。广度与深度之乘积，就是交往效度。第三，社会保障市民化。社会保障上，我国实行的是城乡双轨制。城乡居民社会保障差异主要体现在保障深度上，城乡居民在医疗保险、养老保险上的保障深度差距很大。在农村，医保报销比例低，报销限制多，报销程序复杂。土地是农民最大的社会保障，农村多实行土地养老与养儿防老，社会养老是辅助；在城市，市民享有就业、失业、工伤、医疗、生育以及住房等保障，就业是市民最大的社会保障，城市居民实行的是社会化养老。在这些基本的社会保障外，城市居民还在子女入学、交通出行、社会救助等社会福利与公共服务享有方面存在差异。所以，社会保障市民化就是实现农业转移人口与市民享有无差别的社会保障、社会福利及均等化的公共服务。第四，文化与生活市民化。文化是人类的精神活动的产物和结晶，它是人们在长期的生活过程中所形成的精神与思想，具有相对稳定性与可继承性。文化包含了风土人情、习俗习惯、宗教信仰、价值理念、生活方式与思维方式等。农业转移人口在农村生活时间越长，就越难以接受城市文化与城市生活。农村生活与城市生活截然不同，两种不同的生活环境，演化成不同的生活方式与习惯。在农村，因为处于熟人圈，工作圈就是生活圈，在"社会显微镜"下每个人及其家族都会被他人观察和评判（Zhou & Bankston，1994）。乡村族群的观察与评判将促使家庭成员约束自身行为。在城市，工作圈与生活圈可以完全脱离，城市生活更多来自规则、规范等条例制约与自我控制。农业转移人口生活方式融入就是对城市生活方式的适应，对城市生活中所应遵循的规范、规则的认可。第五，情感认同与身份认同市民化。心理上对流入地城市及市民身份的认同，是农业转移人口城市融入的重要内容。从心理上，对流入城市投入以情感，具有较高的认同感，认同自己与市民的无差别。对于城市情感认同与身份认同，关键在于农业转移人口对于城市文化的接纳。

（2）从不同视角构建了农业转移人口市民化的多维度评价指标体系。市民化具有多维度性。国内学者对于市民化维度划分有两条线。

一是借鉴国外学者研究成果，如戈登（1964）的结构性融入与文化性融入二维度模型或恩泽格尔（1985）的经济融合、政治融合、文化融合、身份认同四维度模型，从经济、社会、政治、心理层面来划分。国内学者对城市融入维度的划分有三维度（田凯，1995；李树茁等，2011；叶俊焘和钱文荣，2014 等）、四维度（王桂新，2008；张文宏和雷开春，2008、2013；任远，2010；杨菊华，2010、2015；李培林和田丰，2012；魏后凯等，2013 等）、五维度（周皓，2012；田明和彭宇，2014 等）、六维度（杨聪敏，2014 等）与八维度（杨黎源，2007 等）如表 2 - 1 所示。

表 2 - 1 农业转移人口市民化维度汇总

维度数	维度内容
三维度	社会心理融合、制度融合、日常生活行为融合（王春光，2008）；状态融入、行为融入、态度融入（郇彦辉，2009）；文化融合、社会经济融合、心理融合（李树茁等，2011）；生存融合、社会交往融合、心理认同（叶俊焘和钱文荣，2016）
四维度	生存职业、社会身份、自身素质、意识行为（刘传江，2008）；政治融合、经济融合、公共权益融合、社会关系融合（王桂新，2008）；文化融合、心理融合、身份融合、经济融合（张文宏和雷开春，2008）；自我身份认同、对城市的主观态度、与市民的互动、感知的社会态度（任远和乔楠，2010）；居住与生活、健康与安全、就业与收入、满意度与信心度（刘建娥，2010）；经济融入、社会融入、心理融入、身份认同（李培林和田丰，2012）；经济生活、公共服务、文化素养、政治权利（魏后凯和苏红键，2013）；经济融合、行为融合、心理融合、身体融合（陈云松，2015）；角色身份、公民权利、行为模式、价值取向（杨菊华，2018）
五维度	家庭经济、日常生活、与当地居民的关系、生产劳动、社区认同（风笑天，2004）；社会适应、文化适应、结构融合、身份融合、经济融合与城市定居（周皓，2012）；居住市民化、基本社会公共服务市民化、市民化意愿、市民化能力及市民化行为（王晓丽，2013）；经济融合、社会融合、心理融合、制度融合、空间融合（田明和彭宇，2014）；经济融合、关系融合、制度融合、心理融合、社区融合（宋国恺，2016）；经济生活、社会关系、就业方式、生活保障、心理认同（徐延辉和龚紫钰，2019）

续表

维度数	维度内容
六维度	职业融合、政治融合、民生融合、文化融合、关系融合、身份融合（杨聪敏，2014）；就业市民化、收入市民化、社会保障市民化、消费市民化、居住市民化、身份市民化（苏丽锋，2017）
八维度	风俗习惯、婚姻关系、工友关系、邻里关系、困难互助、社区管理、定居选择、安全感（杨黎源，2007）

二是从农业转移人口的市民化能力与市民化意愿来划分。刘传江（2007）认为，农民工市民化，应是有效市民化。有效市民化包含市民化意愿与市民化能力的匹配，而市民化程度等于市民化意愿与市民化能力的乘积。刘传江和董延芳（2014）认为农民工市民化涵盖生存职业、意识行为、社会身份与自身素质四个方面的市民化。张建丽等（2011）和王晓丽（2013）都认为农民工市民化涵盖了城市居住市民化、城市基本公共服务市民化以及农民工的市民化意愿、市民化能力和市民化行为五个维度。苏丽锋（2017）提出就业市民化、收入市民化、社会保障市民化、消费市民化、居住市民化、身份市民化。融入维度多元性源于城市融入内涵的丰富性与融入过程的复杂性。城市融入既是结果，也是过程，这个过程既要实现迁移人口外在（身份、职业、生产关系、社会关系、行为等）形式的转变，又要实现人内心（情感、观念、意识）部分的转化。

（3）基于不同数据和市民化测度指标体系，测度了我国农业转移人口市民化进程，农业转移人口市民化测度结果相对一致。农业转移人口市民化测度指标体系构建时，对指标的选择较为宽泛，具有多样性特点，部分指标之间存在重叠。比如，在经济市民化的指标中，收入水平是最为常见的一个指标，有学者直接采取农业转移人口经济收入绝对值（杨菊华，2013），但部分学者采取农业转移人口与市民两者的收入比值（刘传江和程建林，2008；魏后凯和苏红键，2013）。虽然各学者在构建市民化测度指标体系时选择的指标具有多样性，但也存有一些共性的指标。经济市民化中多选择"经济收入""经济消费""职业层级"等；社会关系市民化，选择较多的指标有"工作中城市居民的数量""与城市居民交往频率"

等；政治市民化包含"是否参加各种党团组织""是否参加工会"等；心理市民化较多采取的指标包括"对自我身份的认同""对流入地城市的认同度"。在指标赋权方面主要有等值赋权（刘传江和程建林，2008；王桂新，2008；郧彦辉，2009；张斐，2011；苏丽锋，2017 等）、专家赋权（魏后凯，2013 等）、层次分析法赋权（周密等；2012；何军，2011；刘传江和董延芳，2014；许光，2017 等）、因子分析法赋权（张文宏和雷开春，2008；杨菊华，2010；李培林，2011；田明，2014 等）等。研究所用数据来源也具有多样性，有国家统计局数据（魏后凯和苏红键，2013 等）、卫计委流动人口动态监测调查数据（杨菊华，2013；王晓丽，2013；苏丽锋，2017 等）以及高校与科研团队一手调研数据（刘传江和程建林，2008；刘传江和董延芳，2014；王桂新等，2008；周密等，2012；许光，2017；徐延辉和龚紫钰，2019 等），但市民化测度结果差异性不大，整体表明农业转移人口市民化水平不高（见表 2 - 2）。

表 2 - 2 　　　　　　　　　　市民化指标赋权法与测度结果值

指标权重赋值	
等值赋权法	刘传江（2008）；王桂新等（2008）；郧彦辉（2009）；张斐（2011）；苏丽锋（2017）
专家赋权法	魏后凯、苏红键（2013）
层次分析法	周密等（2012）；何军（2011）；刘传江和董延芳（2014）；许光（2017）
因子分析法	张文宏和雷开春（2008）；杨菊华（2010）；李培林和田丰（2011）；田明（2014）

市民化水平的测度结果		
年份	作者、数据来源及有效样本量	市民化水平
2008	王桂新，课题组 2006 年上海市调查数据（1026 份）	54%
2008	张文宏和雷开春，课题组上海白领新移民调查问卷数据（600 份）	42.94%
2008	刘传江和程建林，课题组 2005 年武汉市调查问卷数据（436 份）	第一代，42.0%；第二代，45.5%

续表

	市民化水平的测度结果	
年份	作者、数据来源及有效样本量	市民化水平
2011	张斐，中国人民大学 2010 年新生代农民工调查数据（1595 份）	新生代，45%
2011	张建丽等，课题组大连调查数据（300 份）	新生代，25.7%
2012	周密等，课题组城市调研数据，沈阳（287 份）、余姚（296 份）	新生代，73%
2013	魏后凯和苏红键，《国家统计年鉴》（2012）、《中国人口和就业统计年鉴》（2012）、《2011 年中国农民工调查监测报告》、国务院发展研究中心课题组（2011）调研数据	39.56%
2013	杨菊华，国家卫计委流动人口社会融合专题调查与流动人口动态监测社区调查数据（12939 份）	45%
2013	王晓丽，2011 年中国流动人口动态监测数据（100801 份）	47.8%
2016	鲁强和徐翔，中国综合社会调查（CGSS）（386 份）、《2010 年国民经济和社会发展统计公报》《2010 年中国统计年鉴》	50.2%
2016	陈浩和葛亚赛，苏州与常熟调查问卷数据（462 份）	失地农民，46.7%
2017	苏丽锋，2014 年全国流动人口动态监测数据（200937 份）	43.2%
2017	许光，广东、浙江、上海、山东、湖南 5 省份的 2013 年调查数据（2610 份）	新生代，39.2%
2019	徐延辉等，厦门、深圳、苏州、东莞 2016 年调查数据（1291 份）	44.5%

（4）我国农业转移人口市民化瓶颈在于横亘于城乡之间的二元户籍制度及其与之粘连的其他制度安排。对城乡有别的二元户籍制度实现实质性的改革，是实现转移人口完全市民化的基础。二元户籍制度及其与之粘连的其他制度安排是农业转移人口实现身份转换的主要障碍，将户籍制度回归于纯粹的人口登记与管理功能是城乡二元制度改革的第一步，剥离粘连在户籍制度上的社会保障、社会福利和公共服务功能，才是城乡二元制度改革的核心。由于我国社会资源分配方式已由体制内分配为主转变为市场分配为主，农业转移人口通过自身努力，完全可以从市场获得更多社会

资源，真正阻碍农业转移人口实现身份转换的是制度资源。制度性资源依然与户籍存在若明若暗的关联，拥有户籍身份成为农业转移人口公平地与市民享有城市社会保障、社会福利与公共服务的一道难以逾越的门槛。城乡二元制度改革的步伐整体上是滞后的，与社会对其急切需求存在严重脱节与不协调，制度改革应该再快一些。

（5）非财富资本禀赋对农业转移人口市民化的作用开始受到关注。户籍制度改革的重点及实质，在于隔断相关福利与公共服务供给与户籍的粘连，但这一过程是缓慢的。诸多学者认识到个人禀赋对农业转移人口市民化的重要性，而人力资本与社会资本是农业转移人口市民化的重要推动力。个体受教育程度的提升，不单可以提高劳动力的生产效率与生产技能，增加劳动收入，使个体拥有更多更好的发展权，还会对社会产生更多的正向溢出效应。人力资本与社会资本相互影响、相互促进。较高文化素质与技术水平，可以为农业转移人口创造更多更好的就业机会与成长空间，获取高于一般农业转移人口的经济收入与社会地位，提升其对于未来的预期与信心，享有更多的社会资源，能更好地融入城市。拥有高层次社会资本的农业转移人口，其社会网络具有更多社会资源接入口，网络异质性与网络质量好于一般农业转移人口，个体依托社会网络能获取更多有用信息；而丰富社会资源的享有有利于农业转移人口的市民化。农业转移人口参与流入地政府、社区及社会组织举办的各类公共活动，有利于增强群体间的相互信任，帮助农业转移人口获得更多的制度资源，提升农业转移人口市民化意愿与动力。如果农业转移人口与城市居民的社会交往以市场性交易互动为主，在交往中缺乏情感交流和信任，必将导致两者间因缺乏了解和信任而容易形成对立关系。所以，需要政府、社区和社会组织更多营造转移人口与市民非市场性交互机会，让两个群体可以在平等、友好的交互氛围中增加了解和信任。

2. 国内现有研究存在的不足

通过对现有文献的阅读和梳理，感受到国内现有研究中存在着一些不足。

第一，现有研究多关注政府"制度赋能"对农业转移人口实现市民化的影响，对农业转移人口"自身增能"对完全市民化影响研究略显不足。当前阻拦转移人口市民化的制度性障碍，随着经济发展和顶层重新设计会瓦解消融。未来农业转移人口市民化的主要障碍，是城市高质量发展下对劳动力在质量上需要与供给的不匹配，是转移人口市民能力和市民化意愿的不匹配。所以，通过资本禀赋提升来对农业转移人口予以"自我增能"，是未来推进农业转移人口完全市民化的有力途径。此外，基于农业转移人口金融资本缺乏，以及土地和农房等物质资本的不可转移性，人力资本和社会资本等非财富资本才是农业转移人口实现完全市民化的重要因素。

第二，社会关系网络异质性有助于农业转移人口市民化，但对如何提升社会关系网络异质性仍研究不足，特别是对社交媒体这一新增社会变量对农业转移人口市民化影响的研究存在不足。另外，现有研究更多关注互动对象（个体或组织）对农业转移人口市民化的影响，很少研究互动手段或方法对农业转移人口市民化的影响。当今社会，网络社交媒体成为诸多人互动交流的主要手段，成为转移人口获取市场和城市信息的主要渠道，成为个人拓展跨越型社会资本的主要方式，社交媒体使用已成为转移人口的个人信息人力资本禀赋。个体间的互动已由原来实体空间转入虚拟空间，个体交流的对象成倍增加，互动频率明显增强，个人的社会关系异质性大幅度提高。而这种新增社会变量对转移人口的"增能效应"尚未得到足够重视。所以，探讨社交媒体使用对转移人口市民化的影响具有理论新意和现实必要。

第三，"完全市民化（有效市民化）"是市民化能力与市民化意愿高度均衡相匹配的市民化，而现有研究较少去关注市民化能力与市民化意愿的匹配。现有的一些研究表明，农业转移人口的市民化能力在不断提升，但其市民化意愿却在不断消退，这种现象应引起学者重视。通过分析农业转移人口非财富资本禀赋对其市民化能力、市民化意愿以及能力与意愿匹配的影响作用，可能会为本书寻找到一些有利于实现"完全市民化"的手段和途径。

2.4 本章小结

本章主要是对与国内外相关文献进行的阐述与归纳，并在此基础上简述了笔者的一些体会和见解。第一，对国外有关移民社会融合的理论的脉络进行了梳理，对有关理论进行了介绍。第二，对农业转移人口市民化内涵、市民化过程、市民化维度、市民化水平测度以及资本禀赋对市民化影响的有关研究文献进行了梳理与归纳。明确了市民化是农业转移人口从农民身份到市民身份转变的过程，在此过程中实现市民权和社会权利的充分享有，并不断积累形成与市民身份相匹配的城市性特质。市民化最终目标是实现农业转移人口与城市居民在身份与权利上的平等，实现两者间在生活方式、行为意识、价值取向上的相互认同，公平、平等共同享有经济与社会发展红利；明确了我国市民化具有完全不同于移民社会融合的多阶段性路径特征，我国转移人口市民化进程需要经历农民—农民工—城市常住居民—城市市民的多阶段转变，每一次的转变都伴随着能力和社会权利的变化；明确了市民化具有多维度性，从外在来看涵盖职业身份和社会身份的转换，从内在来讲则涵盖行为意识和价值取向的转换。第三，通过文献阅读与梳理，本书也得出三点体会。一是明确了"政府赋能"和"自我增能"对市民化的重要性，通过提升农业转移人口非财富资本禀赋来实现"自我增能"，才是未来解决农业转移人口市民化的根本途径。二是要关注社交媒体使用这一个新增社会变量对农业转移人口"自我增能"的影响。借助网络和智能手机，社交媒体使用已深深影响到人民的生活与工作，社交媒体使用已不仅仅是一种信息技术和交互平台，更是成为影响个体资本禀赋积累的重要因素。从一定意义上来讲，社交媒体使用已成为个体资本禀赋的一部分，是个体除市场和计划外获取配置资源的第三种途径，是农业转移人口获取市场和城市信息的主要途径，是农业转移人口拓展跨越型社会资本的重要渠道，熟练使用社交媒体已成为个体的一种资本禀赋，即信息人力资本禀赋。三是农业转移人口在城市要实现的是"完全市民化"，是个人市民化能力和个人市民化意愿高度均衡"完全匹配"的市民化，如果只关注市民能力或市民化意愿的任何一方，都有失偏颇。

第 **3** 章

农业转移人口市民化理论与非财富资本对市民化影响的理论分析

3.1　农业转移人口市民化理论

3.1.1　区隔离融入理论

区隔离融入理论（segmented assimilation theory）是在以帕克和戈登为代表的西方古典移民融入理论基础上演化而来的。古典移民融入理论是一种线性融入理论，指移民单向地向流入地主流社会群体的同化过程，而区隔离融入理论则提出移民因个体特征（如人力资本或社会资本）和融入背景（如流入地语言、经济水平、制度等）不同而呈现多样性，有些移民会融入主流群体，有些则会被流入地下层阶级所同化。区隔离融入理论重视自身人力资本禀赋和拥有流入地跨越型社会资本对外来人口融入当地主流社会的重要性。

持区隔离融入观点的人认为流入地针对移民通常有三种态度，而移民在流入地身份认同具有"弱""双文化""强"三种族群身份特征（Portes et al.，2012）。当移民流入地对移民社会接受程度低时，移民会被雇主消极对待，被视为不合适的劳动力，或只能从事一些卑微的工作，流入地居民对移民偏见会加重，移民只能从事一些低廉的工作，并聚集在深陷贫困的社区，移民聚集的族群社区无法提供更多的资源和社会资本来支持移民群体。当移民流入地允许移民，但不鼓励移民，也没有对移民有深刻的刻板印象，移民可以凭借个人资本实现在流入地的成功。而当流入地鼓励移民，并给予移民法律与物质援助时，移民可以创造出可能高于当地人的成就。移民的"弱族群身份"是指一些具有强人力资本的移民，受到流入地带有善意的良好接待，他们对自身族群文化越来越不认可，民族或种族的身份显著减弱，他们接受流入地主流社会群体文化与行为规范，自身微弱的族群身份与在流入地成功正相关（Portes & Rumbaut, 2001）。"双文化"身份则指移民在族群社会资本支持下维持自身原有文化的群体内身份，又对更大社会中主流社会文化的认可与接纳。强族群身份指移民因族群特征（如语言、肤色、宗教等）受到流入地主流社会的排斥与歧视，而形成一种强烈的族群身份认同。而强族群身份认同与低人力资本相结合时，移民最容易被流入地的下层社会所同化（Portes & Rumbaut, 2001；Rumbaut, 1994、2004；Ward & Geeraert, 2016；Candelo et al., 2017）。所以，强族群身份融入是一种向下的同化过程。

区隔离融入理论一大特点就是承认移民资本禀赋其融入当地社会主流群体的重要性。移民在流入地融入，不可能仅仅是融入主流社会群体这一种情况。那些自身资本禀赋不足且缺乏群体资本禀赋支持的移民群体，更容易滑入流入地社会的底层。移民根据自身特征与流入地背景不同，可能会发生向上流动被主流社会同化，也可能形成向下流动被下层社会同化。当移民在流入地融入不理想，而又无法找到实现流动的途径与方法时，移民往往会强化自身原有文化和种族身份特征，强化种族群内身份，对流入地政府、组织及主流群体采取谨慎、对抗与排斥态度。当移民能在流入地立足，将会促使移民弱化其种族身份与种族特征，并通过购买住房实现与当地主流社会的空间同化，以便自身及家人能具有更明显的当地主流社会文化特征，以便更好融入当地主流社会。

西方区隔离融入理论，适用于中国农业转移人口市民化研究的分析。第一，中国农业转移人口与西方国家移民一样具有多样性。移民的多样性与异质性是产生区隔离融入的重要原因，不同的种族与民族所带有的肤色、语言、宗教信仰、家庭观念等特征，以及个体具有的人力资本存量及人力资本潜力的差异，导致不同种族、民族移民群体融入差异，即使是同一民族与种族群体内部也有个体的融入差异。中国农业转移人口虽然不存在种族差异（肤色差异），但却存在民族（少数民族与汉族）与地域（东部与中西部、北方与南方）差异，如语言、饮食、服饰、宗教信仰等。在同一群体内部同样存在个体间的差异性，如受教育程度、技术水平、健康水平、语言学习能力、交际能力等。与西方存在第二代移民问题一样，中国也存在新生代转移人口问题。第二，我国城市与城市居民也存在多样性。我国城市具有多种分类方式，按行政级别可划分为直辖市与特别行政区、副省级城市、一般省会城市、副中心城市、一般地级城市等；按地域可以划分为东部沿海城市与内陆城市；按城市内常住人口（连续居住超过6个月）可以划分为：常住人口50万人以下的小城市、常住人口在50万~100万人的中等城市、常住人口在100万~500万人的大城市、常住人口在500万~1000万人的特大城市和常住人口在1000万人以上的超大城市①。我国城市具有多样性，城市的居民群体同样具有多样性。我国城市居民从一般意义上来讲，城市市民的分层及各阶层自身具有的特点，导致城市居民对农业转移人口市民化具有不同的态度，而这种态度源于农业转移人口市民化对自己带来的是机遇还是竞争。如果农业转移人口市民化有利于自己，则持支持与接纳态度；如果农业转移人口市民化不利于自身，则持敌视与排斥态度。因为农业转移人口、城市以及城市居民三者都具有多样性，所以农业转移人口市民化，不会是线性融入，而应该是区隔性融入。即农业转移人口可能融入于城市中层社会，也可能被下层社会所同化，成为城市新贫困群体。农业转移人口在流入城市属于何种结果，不单单是由户籍制度决定，个体及身处群体的资本禀赋非常重要。

因为转移人口、市民及城市的多样性，所以农业转移人口市民化具有以下特征：

第一，城市普通工薪阶层是农业转移人口市民化的主要目标群体。一个正常的城市社会应具有橄榄型的人口结构，即位于中间阶层的工薪群体（准中产阶级）占绝大部分，位于两头的精英阶层与弱势阶层所占比例较

---

① 国务院关于调整城市规模划分标准的通知：国发〔2014〕51号。

小。普通工薪群体是城市的主要群体,是城市的大多数人,他们所具有的文化代表着城市的主流文化,他们拥有稳定的工作与稳定的住所,对城市身份具有高度的认同感。同时也对城市环境持有高度的敏感性与警惕性,有积极维护自身身份与地位的心理,同时在利益受到威胁和挑战时能够联合起来抗争。所以,农业转移人口市民化,就是要成为城市的工薪阶层。城市工薪群体最大的特点就是拥有稳定的就业与稳定的住所,所以一些城市发放外来人口居住证时,就是将"合法稳定就业"与"合法稳定居住"作为申请居住证的基本条件。从这一点来看,农业转移人口市民化,首先需要解决其稳定就业和稳定居住问题,而稳定就业是稳定居住的基础。

第二,部分农业转移人口存在成为城市新贫困群体的可能。国务院2014年颁布的《进一步推进户籍制度改革的意见》进一步明确了户籍制度改革的方向,统一了户籍性质,取消了农业户口与城市户口,统一为居民户口;明确中小城市放开落户限制,严格控制大城市和特大城市人口规模,改进500万人口以上特大城市的落户政策,积极完善与推进积分落户制度[1]。2020年,政府进一步规定"全面放开500万人以下大城市落户条件,督促取消常住人口300万人以下城市的落户限制"[2]。但侯慧丽(2016)认为,积分制本质上仍是以户籍为基础限制外来人口对本地资源的使用,对依附于户籍上的各种福利未有任何影响,甚至是强化了户籍的门槛作用[3]。2016年1月1日,国务院发布的《居住证暂行条例》正式实施,我国户口迁移迎来重大政策改变。有学者认为,城市虽然没有农业户口与城市户口之分,但城市劳动力市场对于城乡整合的实际程度,尚受制于农民获得居住证与实际享有居住证权利的资格条件(屈小博,2016)[4]。

---

① 国务院. 国务院关于进一步推进户籍制度改革意见[EB/OL],2014 - 07 - 30.

② 国家发展改革委. 关于印发《2020年新型城镇化建设和城乡融合发展重点任务》的通知[EB/OL],2020 - 04 - 03.

③ 蔡昉,张车伟. 中国人口与劳动问题报告. NO.17:迈向全面小康的共享发展[M]. 北京:社会科学文献出版社,2016:95 - 107.

④ 蔡昉,张车伟. 中国人口与劳动问题报告. NO.17:迈向全面小康的共享发展[M]. 北京:社会科学文献出版社,2016:80 - 92.

不是所有的农业转移人口都能在城市获得"合法稳定就业"与"合法稳定居住"的，部分农业转移人口因个人资本禀赋不足，只能通过次级劳动力市场实现就业，就业不稳定和收入的不充足，导致他们多住在城乡结合部、城中村、棚户区、地下室与工棚中，居住的自然条件差，周围社会环境复杂，与城市主流群体存在空间隔离，可能存在被城市下层社会同化的风险。特别是新生代农业转移人口，进城务工具有多目的性，获取经济收益已不是其唯一目的，甚至已不是主要目的。新生代转移人口对自己原有文化认同度低，对融入城市成为市民的期望高，希望能够得到城市主流社会的认可与接纳，成为城市中产阶级的一员。当新生代转移人口缺乏市民化的机会，或市民化预期遇到外在障碍难以实现时，乡城两种文化与两种身份的冲击将对新生代转移人口带来巨大的心理压力与心灵创伤。其原始身份认同将内卷而得到强化，不愿意回流农村而存在被城市底层社会同化的可能，成为城市贫困新成员。

第三，通过非财富资本禀赋积累来提高个体及群体流动性能力是转移人口市民化的关键。农业转移人口与城市主流社会群体存在工作职业距离与居住空间距离，而要缩小与消融两者距离，只有通过流动来实现，即从非正规劳动力市场向正规劳动力市场流动，从外来人口聚集区向城市中产阶级聚集区流动。农业转移人口流动能力提升要依靠资本禀赋提升，关键标志就是其受教育水平（Zhou & Bankston，1994）。另外，政府相关政策的改善与优化，以及城市主流群体态度的转变也很重要。

第四，农业转移人口市民化能力与市民化意愿在不同城市间也存在差异。我国城市间存在的一大差异，是城市社会福利和公共产品的供给差异，而这与城市经济发展水平密切相关。部分城市经济发展水平高，与市民化关联的社会福利和公共产品供给充足，农业转移人口趋之若鹜。而部分城市经济发展相对落后一些，与市民化相关联的社会福利和公共产品供给数量与质量有限，农业转移人口市民化意愿不高。前者主要是沿海城市和内地的一些超大城市、省会及部分中心城市。不同城市的市民化成本不同，转移人口可以通过流动来匹配到适合自身市民化能力的城市。

所以，应关注农业转移人口自身非财富资本禀赋对挣脱区隔离约束而向上流动的可能性，关注转移人口市民化群体的异质性差异，关注流入城市与市民态度对转移人口市民化的影响。

3.1.2 两阶段转移理论

国外移民社会融入具有单阶段性，而我国农业转移人口市民化具有明显的多阶段性。刘传江认为，基于二元户籍制度的阻碍，我国农民工市民化，无法通过一步转移完成。需要经历农民到农民工，再从农民工到市民的两阶段转移。农民工是介于农民与市民的中间群体，是我国二元户籍制度与农业人口转移结合所产生的一个过渡性群体，最终将随着社会与经济发展而消亡。农民工在市民化进程中将面临"双重户籍墙""三环节梗阻"与"四资本缺失"等一系列问题（见图3-1）。

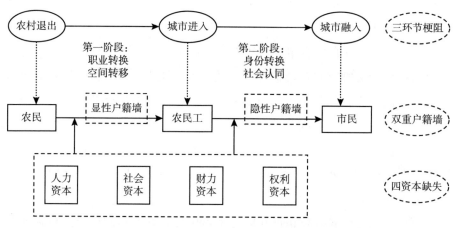

图3-1　农业转移人口市民化"两阶段转移理论"

资料来源：刘传江. 迁徙条件、生存状态与农民工市民化的现实进路［J］. 改革，2013 (4)：83-90.

农民从农村退出，进入城市成为农民工，这是第一个阶段。这个阶段，农民工需要突破现行户籍墙的阻碍，也就是跨越户籍制度对居民流动的约束。这种约束已基本不存在，农民可以顺畅地在农村与城镇往返流动。农民工进入城镇，并不等于融入城镇，还需要穿越横隔在农民工与市民之间的隐形户籍墙。隐形户籍墙衍生于显性户籍墙，具有排他性与倾向城市性。只有少数农民工依靠自身能力及运气，能成功突破显性户籍墙而成为市民。

农民工市民化需要经历三个阶段：农村退出、城市进入、市民化，而每个阶段都需要面临诸多障碍。在农村退出阶段，农民工可能面临土地流转与农地占用补偿等制度性要求；在城市进入阶段，要面临二元户籍制度与二元劳动力市场就业制度等的现状；在城市融合阶段，会面临公共产品与服务不平等、不均衡供给的差别性对待。

农民工需要四大资本来助推其市民化进程。资本拥有量的多与寡，决定了农民工市民化进程的快与慢。农民工的人力资本普遍不足，缺乏应有的文化教育与技能培训，使农民工只能选择在次级劳动力市场就业，从事着低工资、高强度的工作。从而陷入"低素质—低收入—低人力资本投入"的恶性循环，人力资本积累极其缓慢。由于缺乏与流入地市民有效的接触，农民工进入城镇后的社会关系网仍以血缘、乡缘为主，社会关系网络的异质性差，基于社会关系网能运作的资源层面低、能量少。农民工同样面临财力资本缺失，无法依托自身及家庭收入及其财力储备，完成个人及家庭的市民化过程。农民工无力承担市民化所需成本，这既源于农业收入对其市民化支撑的乏力，也是其人力资本与社会资本缺失导致的后果。权利资本的缺失使农民工无法与流入地居民一样，公平普惠地享受国家与政府给予的经济权利、社会权利与政治权利。权利资本缺乏，使农民工无法获得表达与主张权利的机会与渠道，而这进一步加深了市民与农民工在权利资本享有上的不平衡。

"两阶段转移理论"提出了个体具有的资本禀赋对其市民化的重要影响，这为本书从个体层面分析资本禀赋（主要包括文化资本和社会资本）对农业转移人口市民化影响提供了理论支撑与分析指南。本书认为：隐形户籍墙的难以穿透，既是"制度赋能"约束的结果，也是转移人口"自身能力"不足所致。我国所有城市并未完全关上外来人口获取市民权资格的大门，只是这道大门打开程度存在差异。有的城市门开得小，门槛高，低人力资本难以进入；有的城市门开得大，门槛低，甚至是零门槛，高人力资本不屑或不愿进入。如果转移人口能按自身条件去择城而入，市民权资格的获取，应不成问题。现实问题是转移人口偏好流入能力所不及的城市，造成这种情况有现实原因。市民权获取门槛高的城市，经济发展水平往往较高，经济规模量也较大，劳动力市场活跃。这对资本禀赋欠缺的转移人口，具有非常大的吸引力。因为资本禀赋欠缺，导致他们在其他城市更难获得稳定和适当的工作机会，这些城市的工作机会被资本禀赋高于他们的本地人和其他转移人口所占有。另外，刘传江关于"农民工市民化＝市民化意愿×市民化能力"的这一概念，可以为本书所借鉴，本书可以从市民化意愿和市民化能力两个维度来展开分析，分别探讨转移人口资本禀赋，对这两个维度以及两个维度匹配结果的影响。其中，市民化意愿指农业转移人口愿意市民化的一系列主观态度及行为的表达；市民化能力指农业转移人口实现在城市合意生活的可行能力的综合，这种可行能力既包括经济上的自由，也包括对差异性社会及文化的接纳与适应，但经济自由是关键。市民化意愿和市民化能力相匹配，才能体现出农业转移人口市民化的有效性。

3.1.3 人力资本理论

斯托波和斯科特（Storper & Scott，2009）认为，个人拥有的人力资本是通过个人在教育、培训、在职学习与广泛的社会化过程中创造形成的，具有匹配性和互补性的个体间互动也可以形成人力资本。人力资本的内涵也就是人的能力，就是通过一系列人力资本投资活动而形成的各种能力的总和，它包括个人的身体健康、知识与技能、道德与品质（张凤林，2011）。在现代人力资本理论的创立中，西奥多·舒尔茨（Theodore Schultz）、雅各布·明塞尔（Jacob Mincer）和加里·贝克尔（Gary Becker）三位学者作出了重要贡献[1]。舒尔茨（Schultz，1990）认为发展中国家农业的落后与农民的贫苦源于其农业人口质量的低下，而政府要提升农业生产效率与实现农民增收，最好的途径就是通过投资来改善农民的人口质量，包括对农民教育的投资与身体健康的投资，通过多形式的人力资本投资，

---

[1] 张凤林．人力资本理论及其应用研究（第3版）［M］．北京：商务印书馆，2011：36，转引自 Huggett M.，G. Ventura & A. Yaron，2007，"Source of lifetime inequality"，NBER Working Paper，No. 13224，Jury.

实现社会总福利增进和社会不均等程度同步减低的可能。明塞尔提出，在
自由选择的前提下，个体间的收入分配格局，由基于个人收益最大化目标
所采取的差异性人力资本投资决策所决定。但将人力资本思想升华成一般
理论基础和构建人力资本分析的一般框架的是贝克尔①。贝克尔借助经济
学中供求分析框架，搭建了以人力资本禀赋为导向的收入分配模型。对需
求方来说，人力资本投资的边际收益率决定了投资额，边际收益随人力资
本投资增长呈递减态势，形成一条从左至右的凹形曲线；对供给方来说，
市场融资成本决定了人力资本投资供给，人力投资越多，市场融资机会需
求增长而导致融资成本越高，故人力资本供给曲线斜率基本为正②。

　　个体的人力资本积累包括先天自然赋予的机能，也涵盖后天知识与技
能的习得。依照生命周期理论，个体人力资本具有动态性，它能不断积
累，但同时也在不断消散，人力资本对个体带来的收益也是动态变化的。
格特等（Huggett et al.，2007）对风险人力资本收益模型的研究显示：个
体人力资本收益曲线随年龄增长呈现驼峰形状，刚步入劳动力市场时人力
资本收益较低，随着人力资本积累和劳动工作时间比例的提高，收入会增
加，但人力资本会贬值，投入到生产新人力资本的时间减少，收入会下
降。当一段时间内没有进行人力资本投资时，个体收入的变化则很大程度
上取决于其他因素对人力资本的冲击程度。由格特等的研究还可得知以下
几点。第一，个体人力资本收益差异来自三个方面：（1）个体人力资本
存量大小，它取决于个体学习能力和投入学习的时间量；（2）个体投入
的劳动工作时间，即个体有效投入到实际生产中的劳动时间；（3）外来
因素对人力资本的冲击，如工作环境的影响。第二，个体学习能力对于初
始人力资本很重要，个体学习能力成型于年轻时代，所以学习能力差异是

　　① 张凤林. 人力资本理论及其应用研究（第3版）［M］. 北京：商务印书馆，
2011：41-42，转引自 Huggett M.，G. Ventura & A. Yaron，2007，"Source of lifetime in-
equality"，NBER Working Paper，No. 13224，Jury.

　　② 张凤林. 人力资本理论及其应用研究（第3版）［M］. 北京：商务印书馆，
2011：44，转引自 Huggett M.，G. Ventura & A. Yaron，2007，"Source of lifetime inequal-
ity"，NBER Working Paper，No. 13224，Jury.

个体初始人力资本差异的重要来源，而初始人力资本对个人一生带来的实际效用大于初始财富的效用。第三，个体人力资本积累所投入时间成递减态势。个体进入劳动力市场就业后，其用于人力资本积累的时间随临近退休而逐渐趋于零。第四，人力资本收益受外在因素冲击而有所不同，即同样人力资本存量在年龄、工作时间、工作环境的不同，因而产生收益差异性。

由此，本书将人力资本禀赋理解为个体拥有的知能、体能和技能的总和，是可以在生产中作为"资本"来运用的人类素质的综合。人力资本对个体收入的影响要考虑结合外在因素的影响，且基于人力资本理论内涵的宽泛性，本书将社交媒体使用作为一种信息人力资本加入人力资本的范畴内来分析。信息人力资本就是传统人力资本、互联网络信息交互平台和信息获取能力的有机结合，它是利用信息交互平台来对信息获取和信息价值利用的能力。社交媒体使用既是一种人力资本，又是一种影响人力资本积累的工具。按照人力资本定义，人力资本包含了各种有利于提升个人工作效率和生活质量的技能，而社交媒体的使用符合这一特点。但人力资本积累依赖学习能力和学习时间，学习能力又受学习方式的影响。所以，社交媒体使用对个体人力资本的影响，来自学习方式转变下学习能力的变化，对个体投入学习的时间有影响。此外，个体劳动收益受人力资本存量影响外，还受"有效劳动时间"的影响。而基于智能手机上的社交媒体，可能会影响个体"有效劳动时间"投入。从这个角度而言，社交媒体使用不当，可能会对个人劳动收入产生负向影响。

3.1.4 社会资本理论

土地、物质资本与劳动力是传统经济学中经济增长的三种基本投入要素，但随着人们研究发现，即使拥有最好的自然资源、最新的生产设备、富有素养的劳动者和管理理念，也不一定能有较高的生产力，除非人们在生产中能畅通自由且带有诚意与善意地交流与分享他们的工作（崔巍，2017）[①]。

---

① 崔巍. 社会资本、信任与经济增长（第 1 版）[M]. 北京：北京大学出版社，2017：3.

人们生活在不同的群体中，相互之间的交往、接触、模仿、支持、鼓励、接纳与排斥，都会对其形成无形的影响，良好的人际关系，成为人们提高劳动生产力的必要条件。人们普遍希望工作与生活在一种可以相互信任、相互依托的环境中，人们共享信息与资源，相互协作完成共同的目标。相对于物质资本与人力资本，学者愈发重视基于群体间信任与协作而对经济与社会产生的正向影响，即包含着信任和资源的社会资本对于经济发展与社会进步的重要性，日益得到学者的研究重视。

社会资本是一个内涵宽泛的概念，诸多学者对社会资本的内涵进行过诠释（Bourdieu，1986；Coleman，1988；Putnam，1995、2007；Sanders & Nee，1996）。布尔迪厄（1986）提出，社会资本是由与公民的信任、互惠和合作相关的系列态度和价值观构成的。布尔迪厄将个人所具有的资本分成三类：经济资本、文化资本与社会资本。社会资本来源于一个人可以利用的社交网络的规模与类型，是无形与有形资源的总和，是可以被个人利用以实现自己的目标和提升自身社会地位的个人关系，是人们通过参与群体组织而逐渐积累起来的机会与优势，是社会网络内个人成员或群体所拥有的实际与潜在资源的总和。在科尔曼（Coleman，1988）看来，社会资本不同于一般的物质资本。社会资本内生于社会成员之间，而不是产生于社会成员本身与社会物质资本中，社会资本是嵌入人际关系中的一种公共产品，是人们从社会关系和社会纽带中获得的有价值的资源。普特南（Putnam，1995；2007）将社会资本解释为人际关系与社会网络，以及由此产生的互惠和可信赖性准则，信任是社会资本的先决条件。普特南认为，当个体周围生活的人越多样化，群体内的信任就越少，多样化的环境会导致群体间缺乏信任；而当社会建立密集的水平关系网络时，公民间信任与公民规范都将会得到加强。桑德斯和讷尔（Sanders & Nee，1996）提出，社会资本是基于个人与家庭可以动员起来的具有善意的社会关系，其核心是信任。别人对自己的信任是一种宝贵的资源，是社会资本的关键来源。社会资本的影响力来自社会关系所具有的信息、影响力与群体团结。社会资本是行动者基于社会关系获得的有形与无形资源的总和，是行动者在其社会关系结构中位置所起的作用。社会资本具有替代性，可以对其他资本起到补充作用，个体可以通过优越的社会关系来弥补财力资本与人力资本的不足。社会资本是一种长期存在的资产，通过投资和建立外部关系网络，个体与集体可以增加其社会资本，从而能以信息获取、权力和群体团结的优势来获取更大的利益。个人或群体通过投资于内部关系，可以增强社会关系的集体特性与集体行动能力。瑞恩（Ryan，2016）认为社会关系网络涵盖强度（强联系、弱联系）、内容（种族内部、种族外部）和方向（横向联结、纵向桥接）三个维度，移民需要时间和机会去拓展社会网络来弥合社会距离，而纵向的桥接关系会带来大量可靠的社会资源。但简单建立跨越社会距离的联系不能主动获得社会资源，信任和互利是释放资源的必要条件。

综上所述，信任和社会网络是个体社会资本的主要内容。个人能调动的社会资本量，取决于其在社会关系网络中的位置，而这种位置又取决于个人背景所拥有的物质资本与人力资本水平。社会资本所包含的社会关系是动态的，不是静止的，随着参与者的需要因环境的变化而变化（Morgan，1990）。社会资本需要不断投入加以维持与更新，个体与群体的社会资本可以随着投资加以积累，实现数量与质量的双重提升（Sanders & Nee，1996）。社会资本具有替代性与补充性，良好而充裕的社会资本可以弥补个体物质资本与文化资本不足（Putnam，2007）。

本书将社会资本理解为社会关系网络规模及包含的信任关系，是可以在生产中作为"资本"来运用的人类社会关系的总和，互利性和信任是社会关系网络中资源获取的前提。社会关系网络，分为与同质性群体联系形成的强关系，以及与异质性群体联系而形成的弱关系。强、弱社会关系都蕴含了大量的社会资源，而信任和互利是个体从这两种关系中获取社会资源的必要条件。信任建立在双方深入了解基础上，所以加强个体与社会关系网络中关系人的互动强度，有利于双方信任的建立。此外，社会关系网络中的社会资源不是免费的，社会资源的传递和交换，往往以互利为前提。而是否具有互利性，则可能更多从对方具有的资本禀赋来加以判断。基于这种认识，本书认为，人力资本或文化资本不同的转移人口，其所能获得的社会资源不一样，那些人力资本或文化资本与物质资本丰富的人，则可能获得更多来自他人的社会资源的帮助。这种社会资源包括工作机会的直接提供，也可能是一些有益于工作与生活的建议和支持。本书在考虑人力资本或文化资本与社会资本对转移人口市民化影响的同时，引入社交媒体使用这种新增社会变量。社交媒体使用可以拓展个体社会关系网络规模，可以增强个体与关系人之间的联系强度，并可以利用社交媒体的虚拟性去搭建更多的桥接社会关系。社交媒体使用可以全面影响社会关系网络的结构、规模和强度三个维度，进而对转移人口市民化产生影响。

3.1.5 家庭分工理论

家庭的考虑和决策，是理解家庭人口转移与市民化的关键。家庭分工是家庭基于家庭成员资本禀赋来实现家庭竞争优势最大化的理性决策，其主要表现在家庭成员间因资本禀赋差异而形成的代际分工和性别分工。

1. 家庭代际分工对转移人口市民化的影响

以代际分工为基础的"半工半耕"结构的再生产模式是我国现阶段农户的家庭基本特征（贺雪峰，2014），它使家庭不同代际人口的资本禀赋存量、家庭角色、外出务工目的、迁移方式都呈现不同；且基于家庭收益最大化，导致不同代际具有不同的工作方式与生活方式。农民工原始农村型人力资本不具有转移性，即务农经历下形成的生产经验和技能在务工时价值归零。农民工从农民变成工人需要重新配备城市型人力资本，需要通过务工经历来积累城市生产型人力资本。所以，老生代农民工因受教育程度普遍低于新生代农民工，导致其进入城市的初始工资会普遍低于新生代农民工。陈珣和徐舒（2014）证实，相比只有小学及以下文化程度的农民工，具有高中学历农民工初始务工工资要高出28.1%，而具有大专以上学历者则要高出32.2%。老生代农民工城市型人力资本匮乏，导致其初始务工工资低，且老生代农民工城市型人力资本的积累缓慢，导致其工资增长缓慢，延长了与同特征条件城市职工工资同化的时间。另外，人力资本禀赋能显著正向影响人力资本投资（安海燕和钱文荣，2015）。老生代农民工人力资本投资意愿要整体弱于新生代农民工，新生代农民工通过人力资本投资来提高收益的能力和意愿更强。老生代多以子代竞争力最大化为目标，外出务工获取经济报酬是其主要目的。所以，老生代在向外流动时，更看中获取工作概率的高低，即哪里更能获得工作机会就流向哪里，工作机会优先于工作条件与工作区域。老生代①农业转移人口拥有的农村型人力资本，加上对农地的天生热爱和农地保障功能的现实考虑，老生代转移人口多采取兼业的生产方式，在乡城间成钟摆或候鸟式的往返迁移（贺雪峰，2014）。基于代际间的"恩往下流"，老生代的经济收入会通过代际转移以舒缓子代竞争压力，提升子代竞争实力。新生代转移人口市民化是彰显个人能力与提升社会阶层的一种有力方式。所以，新生代市民化意愿要强于老生代。农村与农业对于新生代转移人口缺乏吸引力，新生代的农村型人力资本薄弱，回归农业与农村难以提升其社会阶层地位，甚至还可能造成现有地位的下降。所以，新生代转移人口的市民化意愿应该更强。新生代农民工城市型人力资本禀赋相对丰富，年富力强且市民化的"窗口期"还较长，人力资本投资和积累意愿较为明显。所以，新生代农民工对工作条件与工作区域的要求，要高于获取工作的机会，即看重知识与技能积累对其在城市未来发展的作用。新生代农民工更可能将城市居民作为参照对象，注重与城市居民及城市家庭间的差距。所以，新生代农民工相比老生代，可能会具有更强烈的社会压迫感。与老生代"恩往下流"不同，新生代农民工往往着重于自身及自身核心家庭的竞争力。基于对核心家庭下一代未来的考虑，新生代转移人口更倾向于在城市购买住房，以便于自身工作及子女接受更好教育。总体而言，老生代农民工已错过（或正在错过）市民化的最佳"窗口期"，正逐渐成为市民化错失人口，他们多具有浓烈的"城市过客"心态。老生代的重心（或归宿）是农村，对自我身份认同是"农"不是"工"，回归农村是诸多老生代转移人口的宿命。采取兼业在城乡间钟摆式或候鸟式迁移，对于老生代转移人口而言是一种合理选择，其既可以获取农业与非农两份收入，又保住了返回农村的退路。老生代农民工城市型人力资本匮乏，会以提高子代竞争力来支配自身所拥有资本，自身资本积累与投资意愿弱，市民化能力不强，

---

① 第一代与老生代的含义是一致的，都是指 1980 年前的农业转移人口。

即使部分老生代的市民化能力较强，也因收入代际转移而缺乏市民化意愿。新生代农民工正处于市民化"窗口期"，"城市主体"心态日益增强，在城市未来的发展预期较强，是最有可能市民化的转移人口；新生代农民工的重心（或归宿）倾向于城市，对自我身份认同更倾向于是"工"不是"农"。新生代以提高自身或核心家庭竞争力来支配自身所拥有资本，注重自身资本禀赋投资和积累；新生代农民工城市型人力资本相对较强，农村型人力资本相对较弱，市民化能力和意愿应相对较强，但因以城市居民与家庭作为参照体，新生代感受到的社会压迫感可能会更强。

2. 家庭性别分工对转移人口市民化的影响

家庭分工是家庭竞争最大化的决策，家庭分工策略强化了性别分工（Fan & Cindy et al.，2011）。农村社会分化下，基于家庭竞争压力与地位焦虑，农户家庭都将有利于获取非农收入成员外派务工。男性比女性更容易获得高收入，男性理所当然地成为家庭分工策略中外出务工人员的首选。原本由男性承担的农业生产劳动，部分或全部由留在农村的女性承担，从而形成了"女性农业"这种独特的现象。"女性农业"在老生代农民中较为常见。老生代农民中的女性往往文化程度低，又因为年龄较大而难以适应非农生产对体力与效率的要求，选择留在农村从事农业生产，是老生代女性农民的合理选择。但新生代农民中，因为女性人力资本水平提升，以及女性在非农生产中表现出来的耐心、细致以及易管理的特点，新生代女性转移人口，往往比新生代男性转移人口更容易得到企业青睐。所以，在家庭竞争最大化决策中，新生代女性农民从事农业生产，不再是一种合理的家庭分工策略。相比老生代女性人口，新生代女性人口人力资本更高，身体素质更好，就业机会更多，其市民化能力也更强。相比新生代男性转移人口，新生代女性转移人口对农村、农业有着更低的依赖与预期。所以，年轻女性转移人口的市民化意愿可能更强。总体而言，新生代中家庭性别分工的界限可能日益模糊，女性人力资本禀赋的提升有助于市民化意愿提高和与同特征男性农民工务工工资的同化。

3.2 非财富资本内涵及其对农业
转移人口市民化影响分析

3.2.1 农业转移人口资本禀赋与非财富资本内涵

马克思在《资本论》中将资本解释为"能够带来剩余价值的价值，是物掩盖下的一种生产关系"。资本是可以投入再生产中的要素，这种要素可以是有形的（如土地、设备），也可能是无形的（如人力资本、文化资本）；资本具有积累、投资与增殖的特性。农业转移人口的资本禀赋，指个体所拥有、有利于个体在社会生存与发展的要素，即个体实现"自由、合意生活"之所需资源。个体所具有的资本禀赋是农业转移人口实现农村退出、城市进入和城市融入的重要依托，是影响转移人口能否实现完全市民化的关键因素。群体之间和群体内个体之间的资本禀赋存在禀赋结构、禀赋丰度、禀赋价值的差异，这也就使不同群体与不同个体在市民化能力、市民化意愿以及市民化进程上存在差异性。

个体资本禀赋存在多种类型。刘传江（2013）认为，农民工在实现市民化的过程中面临财力资本、社会资本、人力资本和权力资本四类资本缺失，严重束缚了农民工市民化的进程。本书将农业转移人口拥有且能用物质与金钱来加以衡量的资本禀赋称为财富资本，如农业转移人口拥有的土地、农田、山林、房屋、宅基地、交通工具、债券、股票、银行存款等有形和无形的有价资产。非财富资本指农业转移人口所拥有、但无法直接加以计价衡量的资本，如农业转移人口学历与知识水平、技能与工作经验、身体健康、社会关系、社会选举权与被选举权等。非财富资本虽然无法直接计价，但却可以通过其他方式加以衡量和比较。基于农业转移人口城市权力资本普遍缺乏这一事实，本书非财富资本特指农业转移人口的一般人力资本、社会资本以及信息人力资本。非财富资本是一种无形却饱含价值的资本类型，是个体智力、经验、体力与社会关系资源的内化与凝结，是农业转移人口实现完全市民化的重要支撑。

非财富资本与财富资本的关系。第一，本书中非财富资本和财富资本构成个体资本禀赋的主要内容。基于资本内涵的广泛性，一些有利于个人发展且被个人所掌握的要素或资源都可以称之为资本；而财富资本和非财富资本是其重要组成部分。第二，非财富资本是影响农业转移人口财富资本形成、积累和增殖的主要因素。农业转移人口所拥有的农地、农田、山林等实物型财富，因为农村土地流转市场的不规范、不健全而难以转变成流动资金或金融资本。所以，农业转移人口只有通过劳动或创业来实现财力资本积累，有时农业转移人口城市财力资本积累是整个家庭或几代人共同努力的结果。那些非财富资本丰富的转移人口，更有可能在城市获得稳定就业和稳定收入，更有可能通过自主创业来实现财富资本的积累。第三，财富资本为非财富资本形成、积累和价值实现提供支持。农业转移人口城市型人力资本、跨越型社会资本构建都需要通过不断投资才能实现，需要转移人口拥有足够的财富资本作为支撑；那些个体及家庭财富资本丰富的农业转移人口，其非财富资本投资力度会更大，非财富资本高度积累才更有可能。所以，非财富资本与财富资本是相辅相成、相互促进的关系。

3.2.2 一般人力资本对农业转移人口市民化影响分析

本书将非财富资本禀赋理解为可以在生产中作为"资本"来运用的人类素质和"社会关系的总和"。人力资本是个体资本禀赋的重要组成部分。人力资本为个体拥有的知识、体能和技能的总和，是可以在生产中作为"资本"来运用的人类素质的综合。

人力资本是现代经济增长理论的核心要素之一（Storper & Scott，2009），移民拥有的人力资本对其社会融合具有积极作用（Zhou & Bankston，1994；Alba & Nee，1997；Newbold，2004；Barry et al.，2011；Wang & Fan，2012；Heckman，2015；蔡昉，2016）。提升劳动者的受教育程度不仅能提升劳动者的劳动生产率和技术水平，使其能短时期内适应工作提升收入水平，使个人具有更多的发展权和选择权，而且对社会也能产生正向的溢出效应（蔡昉，2016）。农业转移人口所拥有的人力资本禀赋对其市民化能力积累、形成和提升有重要作用（杜鹏，2005；文军，2006；刘传江，2007；李培林和田丰，2012；谢桂华，2012；王竹林和范维，2015；王孝莹和王目文，2019；赵建国，2019a；邓睿，2019；周春芳等，2020等）。

人力资本对于农业转移人口市民化的意义就在于，人力资本可以提升农业转移人口的适应性与流动性。提高转移人口人力资本禀赋，可以提升农业转移人口对陌生环境的适应性，包括文化适应、职业适应与空间适应；可以增强农业转移人口通过市场转换工作的主动性（邵敏和武鹏，2019），提升教育与职业的匹配度（屈小博和余文智，2020），有利于个体收入增长与城市职工的经济同化（周春芳等，2020）。

教育、技能与健康对市民化的影响包括以下几个方面：

（1）教育与技能对转移人口市民化的影响。第一，个体所拥有的知识和技能具有累积性。通过知识与技能的积累，劳动者将具有更加独立的分析判断能力，具有更加务实有效的执行能力，能更加轻松地发现和抓住事物的本质与关键。即知识和技能能有效提升农业转移人口劳动生产效率，高学历、高技能农业转移人口更可能获得高收入和稳定就业，更有承担个体及家庭市民化所需成本。第二，知识与技能具有正向外部性。人们都倾向于与高者为伍，与能者为伴。具有高知识和高技能的劳动者往往是政府与企业追捧的对象，良好的社会关系有利于其市民化。高知识与高技能所带来的经济与社会收益将激发更多的劳动者进行人力资本投资。道德高、品行好的农业转移人口一般拥有更好的职业操守和更高的生产效率，也更容易被城市所接纳与友好对待。所以，高学历和高技能的农业转移人口，可以更加从容、更加自信地面对城市的新生活与新的工作，能在短时间内快速适应新环境，逐渐在城市具备职业和生存空间的向上流动能力。

（2）个体健康对转移人口市民化的影响。基于迁移人口自我选择性，迁移人口一般比流入地居民更为健康，从而为流入地带来更高的生产率（Steven et al.，2015）。身体健康劳动者能在生产中保持旺盛的精力，能保持对事物的长期关注和劳动投入，对工作的适应性强。身体健康劳动者学习能力更强，更容易掌握新的技术与知识，能适应新的工作。身体健康劳动者更具有自信，对未来具有更加积极的心态与行动，对新文化有更好的适应能力。一般而言，身体更加健康的农业转移人口，具有更高的生产效率与学习效率，以及更加积极的人生态度，能更快适应城市新的工作岗位、新的文化与由陌生人社会构成的生活空间。

所以，身体健康状态好、知识与技能强、品行优良的高人力资本农业转移人口，一般能胜任更加复杂的工作，能获得更多的职位升迁机会。而且随着在城市工作的稳定与收入的提升，高人力资本农业转移人口倾向于通过空间流动，搬到周围环境与公共设施更好的社区居住，拉近自己及家庭与城市主流社会群体的空间距离，接纳城市主流社会的文化价值观，将自己及家庭融入主流社会群体中，完成个人及家庭的完全市民化。

人力资本对农业转移人口市民化的影响过程如图3-2所示。农业转移人口通过在教育、培训、在职学习、运动锻炼以及人际交往等投资，形成自身的人力资本存量，其包括身体健康、文化知识、生产技能、实践经验积累。个人的人力资本禀赋积累又形成个人对于生活与工作的适应性，以及对城市文化的接纳，形成融入城市的生存能力、适应能力和发展能力，并影响到农业转移人口从农村户籍向城市户籍转换、农业生产向非农生产转换、农民身份或农民工身份向市民身份转换以及农地完全退出等的意愿。

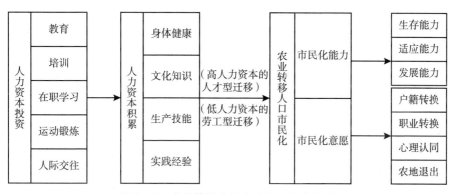

图3-2 农业转移人口人力资本与市民化

3.2.3　社交媒体对农业转移人口市民化影响分析

社交媒体作为一种新增的社会变量，正在深刻改变人们的生活与工作。从一定意义上来讲，基于社会信息技术而兴起的社交媒体，已成为计划和市场以外的第三种获取配置资源的方式，是转移人口构建跨越型社会资本的重要渠道（刘传江和周玲，2004）。农业转移人口无论是信息获取结构还是信息获取渠道，都存在不同程度缺失，市场和城市信息缺失成为农业转移人口难以融入城市的重要因素，而基于移动互联网而兴起的社交媒体对转移人口信息缺失具有很好的弥补作用（洪秋兰和唐雅琳，2017）。社交媒体是一个具有广泛性概括意义的术语，指一系列本质上具有社会性的工具，这些工具能使个人创建和共享内容，并参与到社会网络中（Kaplan & Haenlein，2010）。按照一切有利于提高人们工作与生活的能力都属于人力资本这一核心内涵，熟练使用社交媒体于工作和生活中，也是一种人力资本，是传统人力资本、互联网技术平台交流及信息获取的有机结合而成的信息人力资本。基于移动互联网而兴起的新媒体，促进了农民向非农生产的转化和非农收入的增加（周冬，2016；王子敏，2019），缩小在城市非农就业的搜寻时间（黄昊舒和何军，2018），提高在城市的经济融入水平（郭江影等，2016）。以"QQ""微信""微博"等为代表的社交媒体已发展成为一个多功能综合性平台，它可以促进成员互相了解，并促进成员间的非正式联系，通过联系建立稳健关系和信任（Tijunaitis et al.，2019），促进个体社会资本的拓展和积累。在这个平台上，用户可以通过信息交互、社会监督、关系拓展、知识学习、商业运营等，提升个体的人力资本和社会资本积累，增加个体创业概率和经营性收入（见图3-3）。

第一，社交媒体的信息交互功能可以提升转移人口信息获取和利用效率。信息交互是社交媒体最主要、最原始的功能，也是使用最为广泛的一种功能。社交媒体将农业转移人口因血缘、亲缘、地缘、业缘、趣缘而形成的社会关系网络实现虚拟技术连接，这种连接突破了空间限制，实现"远在天涯，近在眼前"的虚拟空间效果，进而为个体资本积累创造更为有利条件。一是社交媒体信息交互将个体与个体、个体与组织间的交互，变得更加便捷有效率，信息来源将更加多样，信息量将更加丰富及时，从而使个体信息资本得以提升。二是社交媒体信息交互使个体关系网络的异质性得以提升，关系网络变得更加庞大与开放，个体社会关系网络规模与质量得以提升，大大节约了农业转移人口获取信息的经济与时间成本。三是社交媒体信息交互可以推动个体间的学习与模仿，提升个体的人力资本丰度。四是因为社交媒体交互对象的自选择性，群体间信任度高，通过社交媒体获取的信息，比通过原互联网络获取的信息可靠性更高，这为个体高质量就业提供帮助，有助于个体财力资本积累。所以，社交媒体的信息交互作用，可以拓展农业转移人口对城市及市场信息来源渠道，提升个体人力资本与社会资本丰度，降低因信息不对称而带来的相关就业风险和经济损失，节约岗位寻找时间和提升就业效率。

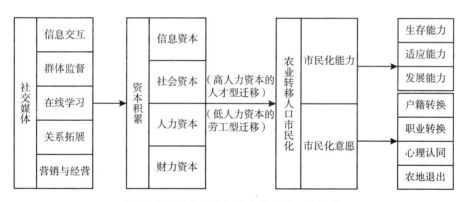

图 3-3　社交媒体与农业转移人口市民化

第二，社交媒体社会监督功能起到规范自我行为和强化原始社会关系作用。农村熟人社会对各个家庭及成员提供了有效社会控制，从而有效维护了农村社会秩序。但随着人口迁移这种社会控制功能逐渐丧失，而社交媒体将突破空间隔离障碍，继续对他人实行观察和评判，在更大范围对社会关系网络成员实行有效社会控制。社交媒体保持了原熟人社会的"社会显微镜"功能。通过社交媒体，社会关系网络中成员继续可以相互监督与评判，社会控制功能得到延续与提升。比如，社会关系网络中某成员有不良行为被发现，会迅速被他人通过社交媒体而得知。这种基于信息传播技术而形成的社会监督，能对农业转移人口形成自我约束，规范农业转移人口在外所作所为，激励农业转移人口自我发奋和自我学习，维持社会秩序。

第三，社交媒体关系拓展功能提升农业转移人口社会资本积累。社交媒体存在大量因某一共性而组成的群，如老乡群、同学圈、业主群、游戏群等。社交媒体有添加好友的功能，个人可以通过"扫一扫""搜一搜"等功能申请进入自己感兴趣的群，实现个人关系网络的拓展，增加个人关系网络中的弱关系。这种"弱关系"可以将不同特征的人或组织链接起来，其覆盖的范围更广，具有更广泛的信息基础（Eric & Emi，2002）。"弱关系"还可以轻易帮助个体建立对外新的联系，增强个体社交自信，便于他们更容易地与他人沟通（Granovetter，1973）。农业转移人口可以通过因业缘、趣缘而结识更多流入地居民，并通过社交媒体长时间保持群体间的互动，增加彼此间的信任，进而拓展了信息来源渠道和提升了自身社会资本积累。所以，社交媒体具有的关系拓展功能，可以提升农业转移人口社会关系规模，特别是增强与城市弱关系的联系渠道和交互强度，城市弱社会关系增强，可以激发农业转移人口在非财富资本禀赋方面的投资愿景。

第四，知识学习和商业运营。社交媒体对农业转移人口的知识学习效应来源于两个方面：一是社交媒体上自带的学习板块，如腾讯学堂、各平台公众号、App以及网友提供的各种链接等，转移人口可以根据需要，进行自我学习充值；二是农业转移人口可以向QQ群、微信群里面的成功人士进行学习和模仿。农业转移人口通过知识学习可以提升自身人力资本积累，有利于对经济机会的把握和高收入工作的获得。微商经营已成为一种"微创业"潮流，被诸多新生代和高学历农业转移人口所青睐，成为个人经营性收入的主要来源。

总而言之，社交媒体作为一种被广泛使用的信息技术和交互手段，正在深刻影响着我国经济与社会发展。社交媒体通过各项功能来提升农业转移人口的社会资本、人力资本以及创业概率，进而影响到个体对经济机会把握以及就业和创业概率，最终对个体工资性收入和经营性收入产生影响。通过社交媒体的即时通信功能，农业转移人口可以获得丰富有效的信息来源，有利于对就业经济机会的把握和提升就业概率；通过社交媒体的社会监督功能，可以有效规范和约束农业转移人口在外行为，有利于保持良好工作与就业状态；通过关系拓展功能，农业转移人口可以增强个体社交网络的规模和构建与城市居民更多更强的弱关系，有利于个人社会资本积累和经济机会获取；通过知识学习功能，农业转移人口可以增强自身人力资本积累，有利于获取更高收入工作机会和提高自主创业概率。社交媒体中新兴起的微商模式，可以为农业转移人口提供自雇就业的机会，在提升个人经营性收入以外，还可以为个体积累人脉和人力资本，因为"微商经营"也需要经营者不断思考和推陈出新。

3.2.4　社会资本对农业转移人口市民化影响分析

本书将社会资本理解为社会关系网络规模及包含的信任关系，是可以在生产中作为"资本"来运用的人类社会关系的总和，互利性和信任是社会关系网络中资源获取的前提。本书认为，分析社会资本对转移人口市民化影响时，应该注重从社会资本结构、规模和强度来展开分析。本书将个人社会资本展开为不同种类社会资本，其中弱社会关系（跨越型社会关系、桥接型社会关系或城市型社会关系）是本书关注的重点。社会资本规模指强、弱社会关系的数量，社会关系强度则指转移人口与社会关系中其他个体及群体的信任程度。弱社会关系在转移人口社会关系网络中存在位置差异，按关系紧密度和信任度，可以将弱社会关系从外及内分为外围、中层与核心。本书将个人社会关系中的一般市民、同事中市民和熟人中市民来表示弱社会关系的结构和信任，越靠近社会关系核心，其信任度越高。

农业转移人口及所在群体拥有的社会资本，尤其农业转移人口的跨越型或城市型社会资本，对其市民化具有重要作用。农业转移人口的社会资本，通过影响个体的流动性与适应性来提升其市民化水平。而社会资本对个体流动性与适应性通过以下几个方面来实现。

第一，降低交易与交互成本。信任是人们正常完成交易的基础，是社会良好运行与经济进步的必不可少因素（Putnam，1995）。在经济交易中，交易双方的相互信任可以简化交易环节，减少双方用于判断、甄别对方的真伪而花费的时间与物质成本，降低交易费用与提高交易成功率。在人际交往中，交往双方的相互信任，可以减少无效交互时间，提升交互效率与价值，减少因无效交互和错误交互而带来的二次损失。人们都喜欢生活与工作在一个相互信任与没有尔虞我诈的环境中，信任使人们能快速有效地完成交易，使人们能真诚坦率地开展社会交往，能有效规避不信任而导致的相互排斥与相互对抗，减少无效交易与交互成本。所以，社会资本可以通过相互间的信任关系来提升农业转移人口在流入地的适应性，因相互信任而减少来自群体内与城市及市民的排斥与对抗。

第二，获取资源支持。农业转移人口的市民化是一个漫长而又涉及多方面关系的过程，在这个过程中会遇到来自各个方面的不理解、不欢迎、不接受，甚至是激烈的对抗与排斥。所以，农业转移人口在市民化中需要得到来自社会关系网络中的资源支持。（1）社会关系网络可以为农业转移人口提供情感支持，并会影响转移人口的健康水平（Umberson & Montez，2010）。情感需要是人的基本需要，社会关系网络中的强关系，即以血缘、亲缘为基础的家庭与家族关系，能以开放交流与积极关系来缓解农业转移人口在市民化中而形成的负面情绪，如严重的思乡情绪、孤独悲观心理以及对城市森林的强烈不适应感。（2）社会关系网可以为农业转移人口提供信息支持。缺乏有效信息是造成农业转移人口市民化适应性与流动性差的重要因素，信息的不充分和不对称，使农业转移人口在城市中长时间处于弱势方，并为此付出高昂时间与物质成本。通过社会关系网络可以拓宽信息来源渠道，提升信息获有量。而来源社会关系网络核心位置的信息以及"弱关系"传递的信息，更能提升个人信息的质量。农业转移人口在城市的第一份工作，通常是通过"强关系"获得，由家人、亲戚及老乡们引荐或提供担保而获得工作机会。同时"强关系"还会为新迁移者提供住宿与饮食照顾，减轻新迁移者的经济压力，提升其适应性与往上流动性。（3）社会关系网络可以为农业转移人口提供物质资源支持。对于转移人口而言，个人社会关系网络就是一种资源，这种资源不但可以提供情感支持与信息支持，还可以直接为农业转移人口市民化提供资金与物质支持。比如，农业转移人口因没有充足有效的资产抵押与信用担保，难以获得金融机构的创业资金支持，其创业资金主要基于家庭的自筹与社会关系网络的众筹。农业转移人口在城市遇到资金与物质困难，基于群体内的信任与行为规范，群体之间多会伸出援助之手。因为他们相信，这种帮助是相互的，自身脆弱性导致可能在未来某一时间也需要得到别人的帮助。所以，农业转移人口对与自己有关系的个体愿意提供帮助和支持。这种群体内的帮助和支持，能有效强化群体凝聚力和群体力量，形成一种不可忽视的社会力量。

第三，监督效用下的自我约束。社会关系中核心网络就是一个熟人社会圈，而熟人交往都是在一定的社会规范下进行的，相互之间应该坦诚，应该守信用，应该守望相助，应该讲秩序守道义。熟人社会内部中的个体间相互监督，当有人不遵守和违背了熟人间的社会规范，此人就会迅速被整个社会关系网络所边缘化与排斥在外。所以，个体或家庭遵守社会网络中的群体规范，就可以得到来自社会网络中他人及他人家庭的支持与帮助。而一旦违反群体规范，就会影响自身及家庭的名誉，不但得不到来自群体社会网络的支持，还将面临来自群体社会网络的斥责与排挤，违规的成本高昂且具有持久性。所以，社会资本将对农业转移人口形成自我约束，认真遵循群体社会规范，并监督家庭及整个家族其他成员也要遵循群体社会规范。这种基于"社会显微镜"下的自我约束与对他人的积极监督，将有效保障群体成员的价值共识一致与行为方式一致，整体增强群体社会网络的团结力与竞争力。那些遵守群体社会网络规范的农业转移人口，将得到更多的资源支持与指导，适应城市的能力与社会经济向上流动性将得到增强。

第四，学习效用弥补物质资本与人力资本的不足。社会资本与其他资本可以进行转化（Sanders & Nee, 1996），社会资本可以弥补低经济资源所带来的潜在不利影响（Putnam, 2007），甚至在一定条件下，个体所具有的社会资本比人力资本显得更加重要（Zhou & Bankston, 1994）。农业转移人口，特别是劳工型的农业转移人口，往往存在物质资本与人力资本的严重缺乏。物质资本的缺乏，将使农业转移人口在城市面临巨大的生存压力和严酷的生存环境，导致在城市举步维艰。人力资本的缺乏，将严重限制农业转移人口在城市的流动性，只能长期徘徊在城市的底层，从事肮脏、繁重、危险的工作。物质资本与人力资本的双缺乏，将导致农业转移人口与城市主流社会存在职业与空间的双隔离。职业上，物质资本与人力资本缺乏型农业转移人口的"弱关系"质量差甚至没有，其信息和经济机会更加依赖基于血缘、亲缘与乡缘的"强关系"，但"强关系"信息来源少且价值低。空间上，物质资本与人力资本缺乏型转移人口更倾向与同质性群体聚居，因收入不高而聚集在城乡接合部或城中村等地理位置相对不利之处，在空间上与城市主流社会形成隔离。

个人及其群体社会资本中所含有的信任、社会关系网络，对农业转移人口在城市的适应性与流动性有巨大的影响。信任降低了农业转移人口在城市中与他人的交易成本和交互成本，社会关系网络中的群体规模对农业转移人口具有良好的社会导向功能，社会关系网络为农业转移人口提供更加全面的资源支持，但这种资源获取以信任和互利为前提（见图3-4）。

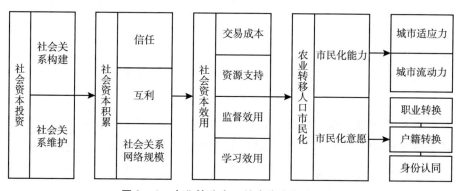

图3-4　农业转移人口社会资本与市民化

3.2.5　人力资本与社会资本互动配合对农业转移人口市民化影响分析

人力资本和社会资本并不是完全独立的两个个体，两者间存在相互转化和相互促进。个体拥有的社会资本是内在人力资本持续外化的结果，而

个体内在人力资本则是自身社会资本现实应用的后续形态（林磊，
2006）。个体拥有的人力资本和社会资本构成了自身非财富资本的实质与
核心，是获取个人财富资本的基础，两者共同促进农业转移人口完成市民
化进程。但农民工如果投资和精力固定时，人力资本与社会资本将成为互
为替代关系（Burt，1997）。优越的人力资本可以弥补社会资本缺陷而获
得较好就业机会和适当劳动收入，优越的社会资本可以弥补物质资本和人
力资本缺陷带来的发展制约（Sanders & Nee，1996）；但优越的社会关系
网络并不一定导致高收入，只有具备优越人力资本的转移人口才能利用社
会关系网络来获取高收入工作（Lancee，2016）。农业转移人口对非财富
资本禀赋投资认知存在差异，对人力资本投资认知要高于对社会资本投资
认知（安海燕和钱文荣，2015）。农业转移人口的人力资本和社会资本对
其市民化的影响，既相辅相成，又相互制约。

1. 社会资本对农业转移人口人力资本禀赋积累及价值实现的作用

个人拥有的社会资本为其人力资本禀赋积累和价值实现提供必要的
"场域"（林磊，2006；项保华和刘丽珍，2007），是个体人力资本创造、
获取、传递以及提升必需的社会条件（Coleman，1988）。个体人力资本只
有在具体的"场域"中才能发挥出应有的作用，这"场域"可以是家庭，
也可以是社会上存在的实体组织或信息网络中的虚拟组织，"场域"也就
是个体发挥人力资本、实现人力资本价值的外部环境。个体人力资本禀赋
具有动态性，人力资本禀赋形成一个持续积累和更新的过程，而此过程中
伴有成本和风险。社会资本会促进个体提高自身人力资本积累和投资风险
防范能力（马跃如和黄快生，2014）。农业转移人口在城市中所需的机会
信息分布松散且极度不透明，难以通过市场途径来实现有效传递（张玉利
等，2008）；而社会关系网络中蕴含的充足信息资源，可以弥补市场信息
不对称对外来人口就业带来的影响（Granovetter，1973）；基于信任而构
建的社会关系网络则非常适合于机会信息快捷而有效的传递（Peng，
2003），提高了企业人力资本需求和劳工供给间匹配效率和匹配质量（Sa-
loner，1985）。信任关系下的社会关系网络，可以为农业转移人口提供更
多的真实而富有价值的信息资源，并弱化农业转移人口遇到的就业歧视，

从而缓解了农业转移人口在城市可能遇到因信息不对称和就业歧视导致的人力资本失灵，促使社会资本对农业转移人口人力资本回报率形成稳定且显著的正向影响（李宝值等，2017）。有城市务工经验的个体，可以通过言传身教来给个人关系网络中的城市后进入者传递知识和经验，降低农业转移人口进入城市、融入城市所需的时间成本和经济成本，可以帮助后进入者提升人力资本投资收益，规避资本投资中存在的相关风险，帮助农业转移人口加快农村型人力资本的退出和转换，推进转移人口适应非农生产和城市生活的城市型人力资本的构建和形成。社会网络中的信任关系，不但可以为转移人口人力资本发挥提供一个合适环境，提高信息对称性和降低就业歧视，还可以激发转移人口工作热情和努力程度，通过不断学习来提升转移人口人力资本积累的广度和深度，使人力资本禀赋得到进一步的提高（马跃如和黄快生，2014；苏群等，2016）。综上所述，农业转移人口所拥有的社会资本，不但可以为个体人力资本形成、使用和禀赋提升提供有利的外部环境，而且可以为转移人口人力资本禀赋持续积累提供"场域"和信息资源支持，为农业转移人口城市型人力资本积累和投资节约成本和规避风险，促进转移人口市民化进程。

2. 人力资本对农业转移人口社会资本禀赋积累及价值实现的影响

人力资本丰富的个体，更有可能拓展自身的社会关系网络规模，并提升自身社会关系网络的质量，从而丰富和发展了个体社会资本（边燕杰，2004；赵立新，2006）。第一，人力资本禀赋更为丰富的农业转移人口具有更强的流动性，可以有效跨越不同"场域"间的障碍。个体所拥有的知识、技能和身体机能往往成为不同"场域"的"敲门砖"。个体学历水平越高、生产经验越丰富、生产效率越高，其在劳动市场上的工作选择机会就越多，就越有可能从一个"场域"跨入另一个"场域"，实现工作和生活空间的不断转换。而每一次的跨越和转换，都会伴随着新的社会关系并入，催生原有社会关系网络的拓展和重组。第二，人力资本高的个体，更愿意、也更容易学习、接受和适应城市生活规范，更能被城市居民所接受和认可，从而提升了个体城市型社会资本的拓展与积累。农业转移人口接受的教育水平越高、在城市工作和生活时间越长，其城市型人力资本积累也就越丰富，在生活方式、卫生习惯、习俗认同等方面会逐渐趋同于城市居民，从而弱化了相互间差异，增强了相互间的了解和信任，有利于农业转移人口城市型社会资本的积累。第三，高人力资本的转移人口，往往具有更高的劳动生产率和获得更高的劳动报酬（Hendricks & Schoellman，2018；蔡昉，2016；杨晶等，2019），并伴有很强的正外部性，能诱发群体间其他个体的仿效（林磊，2006），即个体对他人的有利性，会促进个体社会资本规模的拓展。因高学历、高技能而获得高收益的农业转移人口，往往成为周边个体羡慕和效仿的对象，人们愿意将对自身有利的外部个体纳入为自身社会关系网络成员。所以，那些学历较高、生产技能较好、对他人具有较好互利性的转移人口，能更好地拓展城市型社会资本规模，实现社会资本的积累和异质性的提升。第四，人力资本是影响个人社会地位的重要因素（Eric & Donmoon，1992），人力资本更为丰富的社会个体，社会阶层地位优势和职业交往优势会更为明显（边燕杰，2004），使其拥有更多的组织内部信息资源，成为自身社会关系网络中信息的主要发布者，使自身更有可能处于社会关系网络中的联结点（刘善仕等，2017），在社会关系网络中的位置和重要性凸显。人力资本越丰富，个体在职业内往上流动性越强；职业层级越高，交往对象越发具有高价值特性。转移人口可以从自身层级和职业交往中获得更多、更有价值的组织内部信息资源。个人通过社会关系网络向外传递信息，介绍和引荐他人加入自身组织，都能很好地拓展个人的社会关系网络规模，提升自身社会资本积累。第五，高人力资本转移人口对未来工作和生活往往具有更高的预期，具有更强的资本投资意愿，进而形成人力资本和社会资本良性的循环积累效应（栾文敬等，2012；张学英，2013）。此外，个体的信息人力资本对其社会资本禀赋积累和价值实现具有重要意义。基于互联网技术而出现的社交媒体有利于增强群体交互频率和群体内信任，具有非常明显的"社交补偿效应"（王佳，2015），对农民工城市人际交往和身份认同有积极正向影响（朱文哲，2019）。

综上所述，转移人口的人力资本具有不同"场域"跨越能力和流动性、良好的适应能力和与市民的亲近性、积极的正外部性、强大的信息获取与传递能力以及自身积极的对未来预期与资本禀赋投资等特征，可以使农业转移人口社会资本的规模和质量得到不断拓展和提升。

所以，农业转移人口要推进市民化进程，需要人力资本和社会资本双头推进。如果只注重个体人力资本投资和创造，忽视个体社会资本的培育和积累，个体人力资本将缺乏有效的外部环境支持，从而使人力资本对其市民化的促进作用大受制约。同样，如果农业转移人口只重视社会资本的构建和拓展，而忽视了自身人力资本的创造和提升，这将严重影响转移人口市民化的经济基础以及弱化其在城市的流动性，削弱转移人口在城市持续工作和生活的能力，制约农业转移人口市民化进程。所以，转移人口的城市型人力资本和城市型社会资本就犹如"船与桨"的关系：有船无桨，难有作为；有桨无船，望洋兴叹。

3.3 本 章 小 结

本章对与农业转移人口市民化的相关理论进行了阐述，就非财富资本禀赋对农业转移人口市民化影响做了理论上的解析。西方"移民区隔离融入理论"认为，移民社会与流入地社会皆存在多样性，移民在流入地的社会融合也存在多样性，既可能向上流动而融入于主流社会，也可能向下流动而困于流入地底层，移民在流入地社会融合结果很大程度上取决于移民的资本禀赋。西方移民融入具有单阶段性，而我国农业转移人口市民化却具有多阶段性。农民工市民化的"两阶段转移理论"和"市民化能力与市民化意愿的有效匹配"观点，为本书的研究提供了思路。本书将专注于研究农业转移人口非财富资本禀赋对"市民化能力""市民化意愿"以及"市民化匹配及进程"三个方面的影响。基于对人力资本理论内涵的理解，本书将社交媒体使用这一新增社会变量纳入人力资本内容范畴，明确人力资本含受教育水平、技能水平、健康水平和社交媒体使用。基于对社会资本理论的理解，本书将社会资本内涵界定为个体社会关系网络的规模和信任，并基于社交媒体使用是一种信息化交互手段的认识，就社交媒体使用对个体社会关系网络规模和信任的影响进行了理论解析，并明确人力资本对个体获取社会关系网络资源的重要性。基于家庭分工理论，剖析了基于非财富资本禀赋差异和家庭收益最大化决策对农业转移人口市民化的影响。基于对上述理论的理解，本章就农业转移人口非财富资本禀赋对其市民化的影响进行了实证分析，并剖析了转移人口人力资本禀赋与社会资本禀赋间互动配合对市民化的影响。

第 **4** 章

非财富资本对农业转移人口市民化
能力影响的实证分析

党的十九大报告提出"加快农业转移人口市民化",争取在 2020～2035 年使人民生活更为宽裕,城乡区域发展差距和居民生活水平差距显著缩小。2020 年国家发展改革委出台的《2020 年新型城镇化建设和城乡融合发展重点任务》文件中明确表示:全面取消城区常住人口在 300 万人以下的Ⅰ型大城市、中小城市以及小城镇的落户限制;推动城区常住人口300 万人以上城市取消重点群体落户限制,全面放开 500 万人以下大城市落户条件①。但据《2019 年国民经济和社会发展统计公报》披露:2019 年我国户籍人口城镇化率为 44.38%,常住人口城镇化率为 60.60%②。两者存在 16.22% 的差距,如换成人口数,即有 22709 万名无城市户籍居民常年居住在城市,这一数字占当年 29077 万名农民工的 78.10%。令人忧心的是,常住人口城镇化率与户籍人口城镇化率之间约 16 个百分点差距已持续多年,"半市民化"依然严重。农业转移人口融入城市成为真市民,除了国家在户籍制度和公共服务均等化供给等方面推进改革外,提升农业转移人口市民化能力是关键。因为如果国家为所有农业转移人口提供均等化的公共服务与产品供给,这种均等化必定是低水平的均等化,它不但会

---

① 国家发展改革委. 关于印发《2020 年新型城镇化建设和城乡融合发展重点任务》的通知:发改规划〔2020〕532 号[EB/OL],2020 – 04 – 03.

② 国家统计局. 中华人民共和国 2019 年国民经济与社会发展统计公报[EB/OL],2020 – 02 – 28.

拉低市民对公共产品的享有水平，也会降低城市对外来人口的吸引力（贺雪峰，2014）。所以，当前城市应为农业转移人口市民化的努力提供便利，而不是为农业转移人口市民化提供便利（夏柱智和贺雪峰，2017），即政府应注重出台刺激农业转移人口提升自身市民化能力的相关政策，而不是一味优化市民化的外部环境。

4.1　资本禀赋对市民化能力影响的回顾

市民化能力是一种综合能力，指农业转移人口在城市实现与市民生活趋同的城市生活能力，主要涵盖在城市的适应能力和生存能力（刘传江和程建林，2008）。就如社会发展学家古莱特所言，人口的发展包含三要素：生存、自尊和自由，其中生存是首位①。农业转移人口市民化，首要解决的是在城市的生存问题。当可以获得充足经济机会和适当收入，农业转移人口就具备了市民化的扎实基础。经济机会对居民在流入地的未来融入前景至关重要（Alba & Nee，1997），充分就业所带来的经济收入和社会地位能使流入者形成一种与当地居民相近的生活方式（田凯，1995），具备了稳定居住和从容生活的经济能力，才能逐步实现其他方面在城市的融入（王晓峰和张幸福，2019），最终实现与流入地居民的同化。所以，市民化能力是市民化的前提，经济能力是市民化能力的核心。

研究农业转移人口经济能力的文献较多，经归纳有以下几个方面：

第一，农户非农就业与经济增长和收入的关系。农业转移人口非农就业不但能繁荣经济，还能提升自身收入水平和生活水平。蔡昉（2016）研究提出，农业转移人口市民化可以显著提高劳动生产率，劳动生产率提高1%，潜在 GDP 增长 0.88%。温兴祥（2019）研究表明，农户非农就业家庭年生活消费额，比农业就业家庭显著高出 15.5% ~ 28.2%。有学者认为，由于存在职业隔离，迁移人口与本地居民工作替代性非常低，任

① 丹尼斯·古莱特. 靠不住的承诺：技术迁移中的价值冲突（第1版）[M]. 邾立志，译. 北京：社会科学文献出版社，2004：5-6.

何人口迁移都会拉大收入差距，增加教育溢价和剩余不平等（Han & Li，2017；Zhang & Wu，2017）。

第二，人力资本对经济收入的影响。人力资本对农业转移人口经济收入具有显著正向影响的结论，被诸多学者证实与认可（Hendricks & Schoellman，2018；杜鹏，2005；李培林和田丰，2012；蔡昉，2016；王伶鑫和周皓，2018；王胜今和许世存，2019；杨晶等，2019；邓睿，2019等）。戈多伊等（Godoy et al.，2005）研究发现，即使是在相对封闭的不发达地区，受教育也能使家庭总收入提高4.5%，使务工收入提升5.9%，掌握计数技能可以让个人现金收入增长13.5%。但有学者认为，个体人力资本禀赋不同，提升教育程度所获收益也不同；提升受教育程度对低人力资本具有巨大的非市场收益，而对高人力资本则有巨大的市场收益（Heckman et al.，2018）；但也有学者认为，受教育程度对低技能迁移人口收入同样具有显著影响，其影响甚至高于低技能的本地工人，即使劳动力市场需求疲软，受教育程度还是能让迁移人口收入保持0.3%的月增长（Hall & Farkas，2008）。

第三，社会资本对经济收入的影响。有学者研究表明，社会资本对迁移人口在流入地提高经济收入和提升生活质量与幸福感有明显的正向影响关系（Akerlof & Kranton，2000；Shieh，2014；Bartolini & Sarracino，2014；Chen et al.，2018；徐戈等，2019；周晔鑫等，2019），而信任是社会资本对收入产生正向作用的基础（Niu & Zhao，2018）；但也有学者认为社会资本与个人收入无关（张益丰等，2019）。迁移人口对流入地的社会文化环境缺乏必要的了解，难以得到充足的信息或获取求职机会，且不太可能通过个人社交网络获取非常有创造力和挑战性的工作。且在特定环境中，向个人关系网络中的强社会关系寻求就业帮助，可能导致收入减少或低于当地居民（Elliort，1999；Fang et al.，2013）。但有学者认为，社会关系中的强、弱关系对收入的影响受劳动力市场约束。在受约束有困难的劳动力市场，通过"弱关系"寻求工作的效率会很低，而富有帮助和义务的"强关系"比富有信息的"弱关系"在获取更好工作时更重要（Matthews et al.，2009）。还有学者认为社会资本不一定导致高收入，在流入地有无亲密社会关系以及自身素质的高低，是决定其收入影响的关键;只有那些在流入地有亲密社会关系的高人力资本迁移人口,才能获取高收入工作机会 (Lancee, 2016)。

第四,互联网对经济收入的影响。互联网与信息化对农户及农业转移人口经济收入的影响研究是当前热点,但研究结论上存在诸多差异。有学者认为,如果外来人口习惯且能使用报纸和互联网寻求就业,他们将拥有更高质量的工作和更高劳动收入 (Fang et al., 2013)。使用互联网将给居民带来 8% 的技能溢价 (Lee & Kim, 2004);使用互联网将使大学生就业工作平均增长 5.6%,但农村大学生低于城市大学生的增长幅度 (赵建国和周德水,2019b)。谭燕芝等 (2017) 研究表明,信息化能使个人收入提高 14%,对城市居民的收入能提高 20%,但对农村居民没有显著影响。刘晓倩和韩青 (2018) 研究表明,使用互联网能使农村居民年收入增加 3911.6 元。华昱 (2018) 认为互联网对个人收入有显著正向影响,可以为个体带来 8% ~20% 的额外收入回报。程名望和张家平 (2019) 借助 2003 ~2015 年省际面板数据的研究结论可知:互联网对城乡居民收入差距的影响呈现倒 "U" 型,对农村居民收入影响大于对城市居民收入的影响。有学者认为互联网降低了求职者获取就业信息的成本,拓宽求职者的就业机会,提高获得工作的概率和就业质量 (Ruberg & Grimshaw, 2001; Holman, 2013; Dettling, 2017)。但也有学者认为互联网信息爆炸下的信息不对称,导致互联网并没有明显提升居民就业概率 (Fountain, 2005);而且因信息淹没和虚拟空间内的不信任,使用互联网寻求再就业所需时间可能更长 (Kuhn & Skuterud, 2004),互联网求职甚至会误导求职者 (Sander et al., 2016)。部分学者认为,互联网虽能对居民经济收入形成正向影响,但却存在明显的技能偏向效应。那些高学历、高素质居民使用互联网所获的收益,明显高丁低学历、低素质居民 (马俊龙和宁光杰,2017);城市居民使用互联网的收益,要明显高于农村居民 (谭燕芝等,2017)。而造成上述情形的原因,可能源于不同群体借助互联网在信息接收、加工、传递、利用和欣赏上的深层次差异。

现有研究非常关注互联网对农户及农业转移人口收入的影响,但缺乏关注社交媒体使用这一新增社会变量对农业转移人口市民化能力带来的冲击。据我国互联网络信息中心数据披露:我国手机网民数量在 2019 年上半年已达到 8.47 亿人，占总网民数的 99.1%，手机网民的周接入时间为 27.9 小时，其中通过 QQ、微信等媒体进行即时通信的用户达到 8.25 亿户，占总网民数的 96.9%[①]。以 QQ、微信、微博等为代表的社交媒体，已深深嵌入居民的生活与工作中，社交媒体已成为诸多居民的掌上新家、电子同伴、信息线人和秘密后台（刘婷和白淑英，2018）。所以，本章在分析农业转移人口非财富资本禀赋对其市民化能力的影响时，除了关注一般人力资本和社会资本的影响外，分析社交媒体使用这一新增社会变量对农业转移人口市民化能力的影响是本章重点。

本书认为，市民化能力指农业转移人口实现在城市合意生活的可行能力的综合。这种可行能力既包括经济上的自由，也包括对差异性社会及文化的接纳与适应。但就如阿玛蒂亚·森（Amartya Sen）所言：收入是一种极好的通用手段，使人们能得到更多自由去享受合意的生活，低收入是一个人可能能力剥夺的重要原因[②]。对于任何人而言，生存是第一位的，只有在流入地具备了长期生存能力，转移人口才能逐步去适应城市和实现在城市的自我发展。所以，农业转移人口收入水平能较好地反映出其实现城市合意生活的市民化能力高低。据此，本章用转移人口相对经济收入来衡量其市民化能力的高低，并用相对消费水平、公积金拥有、正式维权、职业层级来进行稳健性检验，检验非财富资本对转移人口生存能力、适应能力和发展能力的影响稳健性。本章着重于探讨以下四个问题。第一个问题：一般人力资本、社会资本和社交媒体使用等非财富资本是否提高了农业转移人口市民化能力？第二个问题：非财富资本是通过何种机制或渠道去影响农业转移人口的市民化能力？第三个问题：非财富资本禀赋对不同转移人口市民化能力的影响是否存在异质性？第四个问题：使用社交媒体中社会关系规模和强度对农业转移人口市民化能力有哪些影响？

[①] 中国互联网络信息中心. 第 44 次中国互联网络发展状况统计报告 [EB/OL]，2019 – 09 – 30.

[②] 阿玛蒂亚·森. 以自由看待发展（第 1 版）[M]. 任赜，于真，译. 北京：中国人民大学出版社，2013：10，85.

4.2 数据来源与变量选择

4.2.1 数据来源

本书使用的数据来自"农业转移人口调查数据库",该数据库由武汉大学经济发展研究中心实施建设,调查受到教育部人文社会科学重点研究基地重大项目"新型城镇化过程中农业转移人口市民化关键问题研究"资助。"农业转移人口调查"聚焦新型城镇化背景下农业转移人口市民化过程中的关键问题,内容涵盖农业转移人口的个人和家庭、迁移与融合、工作和劳动、农地和农业等诸多重要议题。整个调查于 2016 年 7 月至 2017 年 6 月在北京、上海与广州三个东部城市以及武汉、郑州和南昌三个中部城市展开。在各调查城市中,采用城区配额、样本点和调查样本随机抽样相结合的方法来抽取样本。调查中,与各调查城市中心城区的人口规模成比例来配置各城调查问卷,在调查城市中心城区转移人口聚集的用工单位、街道和社区来随机抽取调查样本。该调查共发出 3000 份调查问卷,回收 1500 余份,经过整理筛选获得有效样本量为 1409 份。为了避免一些收入差异过大样本的不良影响,对个人收入水平前后各 1% 样本予以剔除,最终分析样本量为 1381 份。

4.2.2 变量选择及统计描述

1. 被解释变量

本书主要探讨资本禀赋对农业转移人口市民化能力的影响,所以农业转移人口的市民化能力为被解释变量。学者们在农业转移人口市民化能力指标选取上存在差异。有学者用农民工务工收入与流入地城市居民或城镇职工同期收入均值的比值来衡量农民工的市民化能力(刘传江和徐建玲,

2007；刘传江和程建林，2008；李瑞和刘超，2018），而黄锟（2014）用农民工务工工资的70%与城镇家庭人均支出的差值来表示农民工的市民化能力。因为非农比重可以较好地衡量农民工对城市的依赖程度和对农业的摆脱程度，所以有学者用农民工非农收入占比重来衡量农民工的现代性和市民化能力（钱龙和钱文荣，2016；张小山和张应阳，2017）。另外，部分学者利用多个指标来衡量农民工的市民化能力。宁光杰和孔艳芳（2017）用住房性质、主要交通工具、家庭消费的恩格尔系数、家庭收入城镇支付能力四个指标来表示农民工的市民化能力，其中家庭收入城镇支付能力等于家庭月收入与所在城镇居民家庭月支出的比值，是农民工市民化能力的重要衡量指标。苏群和李潇（2019）用农民工在城市的生存能力、发展能力和适应能力三个指标来衡量农民工的市民化能力，而作为市民化最为重要的能力生存能力用农民工的收入水平表示。上述研究表明，市民化能力应是一种综合性的能力，而在城镇获取适当经济收入的能力是市民化能力的重要表征。因为本书样本来自6个不同城市，如果用个体经济收入的绝对量，难以衡量农业转移人口与流入地城市居民收入之间的差距。为了便于分析，本书借鉴刘传江（2007、2008）的做法，用农业转移人口年收入与流入地城镇职工年工资收入比来表示其市民化能力，表明农业转移人口务工收入与同城镇职工收入同化程度，比值越高，表明农业转移人口越接近流入地城镇职工平均收入，也表明其市民化能力越强。黄祖辉和朋文欢（2016）研究也发现，新生代农民工多将城市居民作为参照对象来评判自身收入水平，如果农民工与城市居民之间存在巨大收入差距，幸福感会受到极大损伤。本书认为，年收入比月收入更能体现农业转移人口实际经济收入水平，这是由农业转移人口就业性质所决定的。农业转移人口就业往往不具有稳定性，各月份实际收入可能存在较大波动而不能反映出其真实收入水平。经统计，总样本相对收入均值为0.997，样本方差为0.679，有34.9%样本收入水平要高于流入地城市职工劳动收入。此数据说明，农业转移人口平均收入非常接近城市职工，但农业转移人口群体内收入差异较大。这与谢桂华（2012）的研究结论一致，即某些资本禀赋丰富的农业转移人口在流入一段时间后会追上甚至超越城镇劳动者的平均收入。为了检验分析结果的稳健性，本书会使用农业转移人口的相对消费支出能力、落户城市能力自评、正式维权选择、公积金获取来表示生存能力、适应能力和发展能力代替相对收入水平作稳健性分析，前两个变量表示转移人口在城市的生存能力，正式维权选择表明在城市的适应能力，公积金获取表明在城市的发展能力。

2. 核心解释变量

（1）人力资本包括受教育水平、技能水平、健康水平以及社交媒体使用四个变量。其中受教育程度为分类变量，将小学及以下设置为1，中学为2，高中及中专为3，大专及以上为4。技术水平来自受访者的个体自评，由低到高分为5个级别，分别赋值1～5；健康水平也来自个体自评，健康程度由低到高分为5个级别，分别赋值1～5。社交媒体使用采取问卷中"你是否使用QQ或微信"的反馈结果，此解释变量为二分类变量。如若得到肯定回答，则赋值为1；否则，则赋值为0。经统计：样本受教育水平均值为2.59，平均受教育年限值为10.77年，约49.7%样本受教育程度在初中及以下；样本的技术水平均值为2.98，67.8%的样本认为自身技术水平在一般及以下；总样本的健康水平均值为4.08，转移人口的身体健康状况总体较好，这说明农业转移人口可能存在健康选择性，即越健康的人越可能向外迁移；使用社交媒体的样本量为1174份，占总样本量的85%，社交媒体在农业转移人口群体中使用率较高。

（2）社会资本设了三个变量：熟人中市民数、同事中市民数以及市民的态度。同事中市民数表示转移人口社会关系网络异质性规模；熟人中市民数既表示社会关系网络异质性群体的规模，又表示转移人口与异质性群体信任程度；市民的态度则反映转移人口与市民相处的总体评价，其反映转移人口与市民的信任关系感知。这三种群体可能虽有交叠，但总体反映转移人口由内及外三种弱社会关系。"熟人中市民数"靠近转移人口社会关系网络中心，"同事中市民数"处于个人社会关系网络中层，日常交往市民处于个人社会关系网络边缘，三种社会关系所代表信任和价值依次递减。本书将10个熟人中市民数在1人及以下定为非常少，将5人及以上定为非常多，整个变量分为五个级别。经统计，熟人圈中市民数均值为2.25，同事中市民数均值为2.45，市民的态度均值为3.06。这说明，农业转移人口社会关系网络中城市型社会资本较弱，价值高的弱社会关系偏少，与城市居民的关系一般。

3. 控制变量

（1）人口特征变量。包括年龄、性别、婚姻。经统计：总样本的平均年龄为 34.99 岁，出生于 1980 年前样本量为 491 份，出生于 1980～1989 年样本量为 492 份，出生于 1990 年后的样本量为 398 份，三者所占总样本比例分别为 35.6%、35.6% 和 28.8%；男性样本量为 813 份，女性样本量为 568 份，两者比例分别为 58.9% 和 41.1%；样本中已婚样本量为 1081 份，未婚样本量为 300 份，两者比例分别为 78.3% 和 21.7%。

（2）就业特征变量。就业特征包括就业行业、就业身份和务工模式。就业行业分为第二产业就业和第三产业就业。第二产业就业为参照项，赋值为 0，第三产业就业赋值为 1；就业身份分为雇员和雇主，其中雇主包含了自雇。将雇员身份就业赋值为 0，将雇主身份就业赋值为 1。我国政府正在大力推进大众创新与万众创业，鼓励农业转移人口通过自主创业来实现自我价值。自主创业与受雇于他人具有完全不同的生活体验与工作压力，自主创业实现了"为他人打工"向"为自我打工"的转变。创业者在面临高强度与高风险的同时，具有收获高于"为他人打工"经济回报的可能。务工模式分兼农务工和专职务工。兼农务工属于半耕半工，即转移人口兼顾农业生产和城市务工，同时获取两份收入。专职务工则指脱离了农业生产，城市务工收入成为个人收入唯一来源。经统计，有 58.9%的样本在第三产业就业，20.7% 的样本进行了创业，15.1% 的样本兼顾农业生产与非农生产。

（3）迁移特征变量。迁移特征包括迁移距离与迁入区域。迁移距离包括省内迁移与跨省迁移，省内迁移为参照项。迁移距离表明跨行政级别的高低和迁移空间距离的远近。相比省内迁移，农业转移人口跨省迁移的经济成本与原社会资本损失也可能更大。样本中迁入区域涵盖 6 个城市，3 个东部沿海城市，3 个中部城市，但 6 个城市都是大城市或特大城市，皆是区域中心城市，是人口净流入城市。为此，按城市规模划分不恰当，而按城市所在区域划分更为妥当，故将就业区域分为东部城市与中部城市两类；其中，中部城市为参照项。经统计，61.5%的样本采取跨省迁移，62.3%的样本流向东部区域。

（4）家庭特征变量。家庭特征包括家庭人口数和家庭土地经济化。家庭人口数量，既影响农业转移人口个体获取家庭支持的力度，同时也影响个体对家庭责任承担程度。经统计，样本家庭人数均值为4.65人，75.9%的样本家庭人数在5人及以下，说明样本多以核心家庭为主。家庭土地经济化是指家庭土地是否发生流转或征收。土地是农民在农村赖以生存的基础，也是家庭最为宝贵的财富。家庭农地流转可以让家庭闲置的土地产生收益，间接提升家庭收入，还可以使家庭更多劳动力脱离农业生产转向非农生产。在此，将家庭有农地流转2年以上者标识为"1"，家庭没有农地流转或农地流转不足2年标识为"0"。家庭有土地流转的样本量为222，占总样本的16.1%。此外，随着我国经济发展与城市规模扩张，部分家庭发生农地被征收，并因农地减少而使家庭劳动力更多从事非农生产。将家庭近5年有征地标识为"1"，近5年无征地标识为"0"。家庭近5年被征地的样本量有123份，占总样本的8.9%。家庭有土地流转或土地征收者表示家庭土地有经济化行为，没有土地流转或征收表示家庭土地没有经济化行为。

（5）劳动保护变量。劳动保护包含签订劳动合同和加入工会。将签订了劳动合同赋值为"1"，未签订劳动合同赋值为"0"；将加入工会赋值为"1"，未加入工会赋值为"0"。经统计，57.9%的样本签订了正式合同，但只有8.9%的样本加入了工会。农业转移人口与用工单位签订正式劳动合同以及得到工会组织力量的援助，对其就业保障和劳动保护至关重要，它表征着就业的稳定性。

（6）农地经济化行为、劳动合同和加入工会三个变量，在一定程度上反映出"制度赋能"状况。农村土地流转制度越完善，土地流转的公开性、公正性与公平性就越强，农户对于土地的权益就能得到充分保障，农地经济化行为会越发频繁，农户越是能将土地转换为有利于市民化的财富资本。劳动保护制度越完善，劳动合同签订率会越高。签订劳动合同有利于农业转移人口稳定就业和正规就业，有利于转移人口工资增长。就业市场越正规，加入工会的比率也会越高。加入工会，有利于城市权力资本的获取，有利于权益保护和劳动维权。

各变量统计性描述如表 4 - 1 所示。

表 4 - 1 变量统计性描述

变量	变量描述	最小值	最大值	均值	标准差
相对收入水平	农业转移人口年劳动收入与城镇职工年收入比	0.118	5.889	0.997	0.679
人力资本					
网络社交媒体使用	使用 =1，未使用 =0	0	1	0.850	0.357
受教育程度	小学及以下 =1，中学 =2，高中及中专 =3，大专及以上 =4	1	4	2.590	0.980
技术水平	1 =很低，2 =较低，3 =一般，4 =较高，5 =很高	1	5	2.980	1.414
健康水平	1 =很低，2 =较低，3 =一般，4 =较高，5 =很高	1	5	4.080	0.848
社会资本					
熟人中市民数	1 =很少，2 =较少，3 =一般，4 =较多，5 =很多	1	5	2.250	1.450
同事中市民数	1 =很少，2 =较少，3 =一般，4 =较多，5 =很多	1	5	2.450	1.190
市民态度	1 =很差，2 =较差，3 =一般，4 =较好，5 =很好	1	5	3.060	1.027
性别	男 =1，女 =0	0	1	0.590	0.492
年龄	连续变量	16	72	34.990	10.545
年龄平方/100	连续变量	2.560	51.840	13.354	8.272
婚姻	已婚 =1，未婚 =0	0	1	0.780	0.413
就业行业	第三产业就业 =1，第二产业就业 =0	0	1	0.590	0.492
就业身份	雇主 =1，雇员 =0	0	1	0.210	0.405
务工模式	专职务工 =1，兼农务工 =0	0	1	0.850	0.359
转移距离	省外转移 =1，省内转移 =0	0	1	0.620	0.487
转入区域	东部 =1，中部 =0	0	1	0.620	0.485

变量	变量描述	最小值	最大值	均值	标准差
家庭人口数	连续变量	2	23	4.650	1.790
家庭土地经济化	征地或流转＝1，未征地或流转＝0	0	1	0.222	0.416
劳动合同	签订正式合同＝1，未签正式合同＝0	0	1	0.580	0.494
工会组织	加入工会＝1，未加入工会＝0	0	1	0.090	0.281
样本总量	1381				

4.3 模型设计及研究思路

本书首先使用最小二乘法来探讨转移人口资本禀赋对其市民化能力的影响。设计的基准计量模型如下：

$$Y_i = \alpha_0 + \alpha_1 SM_i + \sum \alpha_j HC_{ji} + \sum \beta_k SC_{ki} + \sum \gamma_m X_{mi} + \varepsilon_i \quad (4-1)$$

其中，Y_i 为样本的相对收入，表示转移人口市民化能力，是被解释变量。α_0 为截距常数项。SM 是样本社交媒体使用变量，HC 是一般人力资本变量，包括受教育年限、技能水平和健康水平；SC 是社会资本变量，包括市民态度、同事中市民数、熟人中市民数，上述变量是核心解释变量。α_1、α_j 和 β_k 是核心解释变量的系数。X 为一系列控制变量，包括一般人口特征（年龄、性别、婚姻）、就业特征（就业行业与就业身份）、迁移特征（迁移距离与迁入区域）、就业保障（劳动合同与加入工会）以及家庭特征（家庭规模和农地经济化）等变量；γ_m 为控制变量的系数。ε_i 为扰动项。

社交媒体使用与农业转移人口的相对收入之间，可能存在内生性和自选择性导致的选择偏差问题。农业转移人口通过社交媒体可以获得更多有价值的信息，并借助社交媒体来拓展人际关系网络以提升个体社会资本积累，最终促使农业转移人口获得更高的市民化能力。而收入相对较高的农业转移人口，更具有使用社交媒体的经济条件，对社交媒体的使用也可能更为娴熟，使用频率相应更高。这种双向因果关系，导致基准模型估计可能存在严重的内生性问题。另外，样本对社交媒体的使用，并不是绝对意义上的随机决定的结果，可能存在自选择问题，导致样本存在选择偏差。基于所用数据缺乏有效的工具变量，本书采用倾向得分匹配方法，以求减少内生性和样本选择偏差产生的影响。

倾向得分匹配是基于鲁宾（Rubin，1974）提出的"反事实框架"来进行分析的。处理变量 I_i 表示样本个体 i 是否使用社交媒体。I_i 是一个二分类变量，1 表示使用，0 表示不使用。Y_i 为未来结果变量，其结果取值取决于个体是否使用社交媒体，有：

$$Y_i = \begin{cases} Y_{1i} & 若\ I_i = 1 \\ Y_{0i} & 若\ I_i = 0 \end{cases} \qquad (4-2)$$

其用分段函数表示，则可以表示为：

$$Y_i = (1 - I_i)\,Y_{0i} + I_i Y_{1i} = Y_{0i} + (Y_{1i} - Y_{0i})\,I_i \qquad (4-3)$$

本书将农业转移人口按"是否使用社交媒体"分为两组，即"使用社交媒体样本组"（实验组）和"未使用社交媒体样本组"（控制组）。倾向得分匹配方法通过计算得分因子，来进行两组样本的匹配；进而估计出两组样本之间平均结果差值，对"反事实"加以估计。社交媒体使用对样本相对收入的平均处理效应 ATT 计算如下：

$$ATT = E(Y_{1i} - Y_{0i} \mid I_i = 1) \qquad (4-4)$$

基准模型中，最小二乘法回归是对被解释变量的均值进行估计。为了进一步分析使用社交媒体对农业转移人口相对收入的影响差异，本书利用分位数回归方法检验资本禀赋对不同分位点相对收入的影响。分位数回归（QR）比最小二乘法（OLS）估计对条件分布刻画更细致，估计更加有效且更加稳健。模型如下：

$$Y_i = \alpha_0 + \beta_i X_i + \mu_i \qquad (4-5)$$

$$q[\,Y_i \mid X_i,\ \beta(\theta)\,] = X_i'\beta(\theta) \qquad (4-6)$$

其中，Y_i 为样本相对收入水平，X_i 是解释变量。$q[\,Y_i \mid X_i,\ \beta(\theta)\,]$ 表示在给定 X_i 时 Y_i 的 θ 条件分位数，$\theta \in (0,\ 1)$。$\beta(\theta)$ 是 θ 分位数回归系数，估计量 $\hat{\beta}(\theta)$ 可以采取最小残差绝对值之和来定义：

$$\hat{\beta}(\theta) = \min\left\{ \sum_{i:\,Y_i \geqslant X_i'\beta(\theta)}^{n} \theta\,|\,Y_i - X_i'\beta(\theta)\,| + \sum_{i:\,Y_i < X_i'\beta(\theta)}^{n} (1 - \theta)\,|\,Y_i - X_i'\beta(\theta)\,| \right\}$$

$$(4-7)$$

如若社交媒体使用对农业转移人口市民化能力存在影响被证实，本书将进一步探讨使用社交媒体形成的强社会关系与弱社会关系规模及相应强度对市民化能力的影响。此时被解释变量依然为相对收入，核心解释变量为社交媒体使用下转移人口社会关系规模和社会关系强度。其验证模型如下：

$$Y_i = \beta_0 + \beta_1 SRS_i + \beta_2 WRS_i + \beta_3 SRI_i + \beta_4 WRI_i + \sum \gamma_j HC_{ji} + \sum \delta_m X_{mi} + \varepsilon_i$$

$$(4-8)$$

SRS_i、SRI_i 分别为样本使用社交媒体下强社会关系规模和强社会关系强度变量，采用"你 QQ 和微信中亲戚老乡数量"和"你利用 QQ 或微信与亲戚老乡交往的频率"来衡量。WRS_i、WRI_i 分别为样本使用社交媒体下弱社会关系规模和弱社会关系强度变量，采用"你 QQ 和微信中城市居民数量"和"你利用 QQ 和微信与城市居民交往的频率"来衡量。本书采用李克特五级量表 1~5 来分别表示很低、较低、一般、较高、很高 5 个级别。

4.4　估计结果与讨论

4.4.1　基准模型估计结果

表 4-2 中模型 1~模型 6 是基准模型估计结果。模型 1~模型 3 为只有核心解释变量的估计。模型 1 为仅有社交媒体使用变量的估计，模型 2 在模型 1 基础上增加了受教育水平、技能水平和健康水平三个人力资本变量，模型 3 在模型 2 基础上增加了社会资本变量。模型 4~模型 6 则是在核心解释变量基础上，增加了一般人口特征、就业特征与迁移特征、劳动保障与家庭特征等控制变量的估计。但个人市民化能力与受教育程度可能存在互为因果关系，利用 OLS 回归可能存在偏差。个体受教育程度越高，与流入地居民收入可能越接近。同时，个体拥有较高的经济收入，将会增

加个体的人力资本投资，又将会提升个体受教育水平。所以，使用 OLS 回归可能会导致回归结果偏差。为此，本书将选择一个工具变量来替代个体受教育水平，这个工具变量对个体教育水平有影响，但与误差项 ε 无关。本书采用个体父母受教育年限作为工具变量，因为个体父母受教育年限与子女受教育水平往往具有密切正向关系，但父母受教育年限与子女经济收入与经济行为无直接关系。为此，采用两阶段最小二乘法（2SLS）进行回归分析。模型 1 ~ 模型 6 采用最小二乘法（OLS）进行估计，模型 7 采取两阶段最小二乘法（2SLS）进行估计（见表 4 - 2、表 4 - 3）。此外，模型中除了年龄和年龄平方外，其余变量的方差膨胀因子（VIF）都在 2.5 以下，说明模型不存在严重共线性问题，可以用最小二乘法（OLS）进行估计。

表 4 - 2　　　非财富资本对市民化能力影响基准模型的回归结果

变量	模型 1		模型 2		模型 3		模型 4	
	系数	标准误	系数	标准误	系数	标准误	系数	标准误
社交媒体使用	0.327 ***	0.050	0.143 ***	0.053	0.139 **	0.053	0.153 **	0.061
受教育程度								
中学			0.062	0.056	0.067	0.056	0.077	0.056
高中及中专			0.144 **	0.060	0.146 **	0.060	0.155 **	0.060
大专及以上			0.456 ***	0.063	0.450 ***	0.063	0.496 ***	0.065
技术水平			0.087 ***	0.016	0.081 ***	0.016	0.067 ***	0.016
健康水平			0.048 **	0.021	0.052 **	0.021	0.049 **	0.020
熟人中市民数					0.025 *	0.013	0.028 **	0.013
同事中市民数					-0.011	0.016	-0.002	0.016
市民的态度					-0.030 *	0.017	-0.025	0.017
个人特征								
性别							0.195 ***	0.035
年龄							0.033 ***	0.011
年龄平方/100							-0.037 ***	0.014
婚姻							0.084 *	0.047

续表

变量	模型1		模型2		模型3		模型4	
	系数	标准误	系数	标准误	系数	标准误	系数	标准误
常数项	0.719 ***	0.046	0.257 **	0.102	0.301 ***	0.118	− 0.487 **	0.222
R^2	0.030		0.118		0.123		0.154	
Adj R^2	0.029		0.115		0.117		0.146	
观察值	1381		1381		1381		1381	

注：*、**、***分别表示在10%、5%和1%的水平上显著。

表4-3　　非财富资本对市民化能力影响基准模型回归结果（续）

变量	模型5		模型6		模型7（2SLS）	
	系数	标准误	系数	标准误	系数	标准误
社交媒体使用	0.129 **	0.061	0.134 **	0.061	0.117 *	0.063
受教育程度（年限）					0.036 *	0.019
中学	0.052	0.055	0.051	0.055		
高中及中专	0.127 **	0.060	0.131 **	0.061		
大专及以上	0.479 ***	0.066	0.492 ***	0.067		
技术水平	0.064 ***	0.016	0.065 ***	0.016	0.076 ***	0.016
健康水平	0.043 **	0.020	0.044 **	0.020	0.043 **	0.021
熟人中市民数	0.024 *	0.013	0.024 *	0.013	0.026 **	0.013
同事中市民数	− 0.008	0.016	− 0.007	0.016	− 0.005	0.017
市民的态度	− 0.015	0.016	− 0.016	0.017	− 0.016	0.017
个人特征						
性别	0.222 ***	0.035	0.221 ***	0.035	0.207 ***	0.036
年龄	0.027 **	0.011	0.027 **	0.011	0.024 **	0.011
年龄平方/100	− 0.032 **	0.014	− 0.033 **	0.014	− 0.030 **	0.014
婚姻	0.064	0.046	0.064	0.047	0.046	0.049
就业特征						
就业行业	− 0.016	0.036	− 0.016	0.036	0.002	0.039
就业身份	0.252 ***	0.043	0.228 ***	0.046	0.225 ***	0.047
务工模式	0.172 ***	0.048	0.177 ***	0.048	0.175 ***	0.053

续表

变量	模型 5		模型 6		模型 7 （2SLS）	
	系数	标准误	系数	标准误	系数	标准误
迁移特征						
迁移距离	0.060	0.054	0.062	0.054	0.044	0.055
转入区域	− 0.136 **	0.055	− 0.121 **	0.057	− 0.105 *	0.058
劳动保障						
劳动合同			− 0.051	0.039	− 0.022	0.045
工会组织			− 0.043	0.061	− 0.032	0.063
家庭特征						
家庭人口数			0.008	0.009	0.006	0.010
农地经济化			− 0.043	0.040	− 0.043	0.041
常数项	− 0.448 **	0.224	− 0.474 **	0.220	− 0.659 ***	0.252
R^2	0.185		0.187		0.138	
Adj R^2	0.174		0.174		0.126	
观察值	1381		1381		1381	

注：* 、** 、*** 分别表示在10%、5%和1%的水平上显著。

从 R^2 值和调整 R^2 值的变化来看，随着变量增加，模型解释力不断增强。只有社交媒体使用单一解释变量时模型 1 解释力只有 3%，随着受教育水平、技能水平和健康水平三个人力资本变量加入，模型 2 解释力大幅度提升至 11.8%，说明人力资本变量对个体市民化能力变动具有较强解释作用。模型 3 增加社会资本变量，模型解释力升至 12.3%。模型 4 中增加性别、年龄、年龄平方和婚姻变量后，模型拟合度提升至 15.4%，说明一般人口特征能很好地解释个体市民化能力差异。在模型 5 中加入就业特征和迁移特征控制变量后，模型的拟合度增至 18.5%，说明就业特征和迁移特征控制变量的加入，又大幅度提升了模型的解释力。模型 6 增加了劳动保障和家庭特征控制变量，但发现模型拟合度基本没有变化，这说明这两组控制变量对样本市民化能力没有什么解释力。

社交媒体使用变量对转移人口市民化能力有正向显著影响，且在加入控制变量后影响依然显著。模型 1 显示：使用社交媒体的转移人口，比不使用社交媒体转移人口的市民化能力要高出 0.327，且在 1% 水平显著。在加入一般人力资本变量后，社交媒体使用变量的偏回归系数降至 0.143。进一步加入社会资本变量后，偏回归系数提升至 0.153；在加入所有控制变量后，并使用父母受教育年限作为个体受教育水平的工具变量后，社交媒体使用偏回归系数降至 0.117，但仍在 10% 水平上显著。总之，依据估计结果可知，使用社交媒体使农业转移人口市民化能力显著提高 11%～15%。这说明社交媒体对提升农业转移人口的市民化能力有重要作用。其作用可能源于社交媒体互动提升了群体间信任关系，进而增加彼此间资源分享意愿，或因为社交媒体的即时通信功能带来的更高信息价值，也可能源于社交媒体的学习和模仿功能下，转移人口生产效率提升而导致务工性收入增加，或因自主创业，而导致经营性收入的增加。总之，农业转移人口使用社交媒体能提升自身市民化能力，这种能力提升可能源于社交媒体提升了转移人口市场与城市信息，拓展了个人非财富资本禀赋积累，减低了转移人口就业成本，提升了个体的劳动生产效率。

一般人力资本变量对转移人口市民化能力有正向影响，且部分变量影响具有显著性。受教育水平对转移人口相对收入存在正向影响。受教育水平越高，市民化能力增长幅度越大。但相对于小学及以下转移人口，具有中学教育水平转移人口的市民化能力增长不具有显著性，高中及以上转移人口的市民化能力增长具有显著性。具有高中及中专水平转移人口的相对收入，比中学水平转移人口高出约 8%；接受了高等教育转移人口相对收入，比高中及中专水平转移人口要高出近 30% 以上，且在 1% 水平上显著。通过模型 7 可知，转移人口受教育年限每提升一年，其市民化能力将增加约 3.6%。技术水平每提高一个级别，相应转移人口的市民化能力将增长约 7.6% 以上，且在 1% 水平上显著。健康水平提高一个级别，相应转移人口的市民化能力增长约 4.3%，且在 5% 水平上显著。以上实证结果说明：提高个体人力资本禀赋能有效提升转移人口市民化能力，但受教育水平对其影响，须在高中及以上才具有显著性；技术水平和健康水平对市民化能力的影响要小于转移人口受教育水平的影响，表明要重视转移人口的正规学历教育。

　　社会关系网络中熟人中市民规模，对转移人口市民化能力影响显著；同事中市民规模和市民的态度对转移人口市民化能力影响为负，但不显著。熟人中市民数每提升一个层级，转移人口市民化能力提升约 2.5%。社会关系网络中的弱关系规模，并不一定会给转移人口提供有效资源，而加强转移人口与弱社会关系的信任程度，才是获取社会网络资源以助推其市民化能力提升的关键。同事市民数和市民态度对市民化能力的影响不显著，或因为转移人口接触到的城市居民自身层次低，其自身所含有的社会资源少，又或是因为缺乏信任，城市居民不愿意将资源对外传递和分享。所以，异质性社会资本对转移人口市民化能力的影响，取决于群体间信任程度，取决于异质性群体在个体社会关系网络中的位置，而与异质性群体规模关系不大。

　　在一般人口特征对转移人口市民化能力的影响方面，相对于女性，男性农业转移人口市民化能力要高 19%~22%，且在 1% 水平上显著。农业转移人口男女间市民化能力的差异，既可能是个体自然差异导致的，也可能是社会性别歧视导致的。男女的身体机能差异，导致两者的社会分工存在不同。一些劳动强度大、作业持续时间长和风险系数高的工作不适合女性参与，如高空作业和井下作业，而这些工作收入相对较高。此外，顽固的职业传统，农村女性低教育水平，以及不完善的劳动力市场对女性的歧视，都会造成职业的性别隔离，女性往往从事工资水平较低的职业为多。从表 4-2 与表 4-3 可知，年龄对市民化能力的影响成倒 "U" 型。随着年龄增长，农业转移人口市民化能力呈现 "先增后减" 的态势。本书用出生队列代替年龄重新估计得到同样结果，出生于 "80 前"（出生于 1979 年及以前）样本的相对收入，比出生于 "90 后"（出生于 1990 年及以后）的样本要高，但比出生于 "80 后"（出生于 1980~1989 年）的样本相对收入要低。转移人口年龄越大，工作经验越丰富，也更加务实和稳重，有利于胜任更加复杂和更高技巧性的工作，工作收入相对也较高。但随年龄增长，精力和体力会逐渐衰弱。且子女抚养和老人赡养的代际需要，也会影响转移人口的劳动收入。婚姻变量对市民化能力的影响为正，但不具有显著性。

　　在就业特征对转移人口市民化能力的影响方面，第三产业就业对市民化能力有负向影响，但不显著。转移人口自雇或创业，比受雇就业的市民化能力要高出22%～25%，且在1%水平上显著。那些通过创业而实现自我就业身份转变的转移人口，他们不但在生产中要投入体力与脑力，更需要投入资本和承担市场波动带来的一系列风险，所以获取高于他人的经济收入正是市场经济的魅力与吸引力所在。但从两者间相对收入差距不是特别大可以看出：转移人口创业可能还是以生存性创业为主，创业规模往往不大，盈利空间有限。相比兼农务工转移人口，专职务工转移人口的市民化能力要高出约17.5%。虽然兼农务工转移人口拥有农业经营和城市务工两份收入，但兼顾农业经营还是会拉低转移人口的相对收入水平。部分转移人口兼顾农业经营，既有可能出于对土地抛荒的担忧，也可能出于家庭留守人口对于农产品消费的现实需要。

在迁移特征对转移人口市民化能力的影响方面，相对省内转移人口的相对收入，省外转移人口的相对收入更高，但不显著。农业转移人口省内就业和跨省就业的相对收入差距不显著，可能是近年转移人口返乡回流的重要原因。在东部城市就业的转移人口相对收入，比在中部城市就业转移人口的相对收入低10%～14%。这可能源于东部地区劳动生产率高，城市职工劳动收入普遍高于内地，农业转移人口收入与城市职工收入差距较大。东部地区外来人口与本地劳动力间过高的收入差，以及东部地区的高房价和高市民化成本，可能是近年农业转移人口回流中西部城市的重要原因。

劳动保障变量和家庭特征变量对转移人口市民化能力影响不显著。签订劳动合同将在一定程度上对转移人口流动形成约束，剥夺了转移人口通过流动来增加劳动收入的可能。另外，转移人口多在次属劳动力市场就业，政府和社会的监管力度不够，劳动合同对员工的保护力度有限，在遇到劳动维权时，转移人口还是更倾向于忍受或私下解决，转移人口通过签订劳动合同来维护自身权益较难。工会是工人的组织，可以为工人获取正常权益提供组织支持。但转移人口多在中小型民营企业就业，企业大多没有设立工会。即使某些企业设立了工会，但因转移人口临时工身份而被排除在工会组织之外。家庭人数对转移人口有正向影响，但不显著。家庭人口多，对转移人口既是一种支持，也是一种负担。在大家庭中，个体成员对家庭其他成员要付出更多精力与财力支持。家庭土地经济化对转移人口影响为负，但不显著。这可能源于家庭土地流转和征收产生的经济收入，会导致转移人口工作努力程度下降。

从回归结果来看，本书选择"政府赋能"变量对农业转移人口市民化能力作用不明显，甚至有些变量会对市民化能力产生负向影响。这并不是说"政府赋能"与市民化存在真正负向关系，而是反映出"政府赋能"力度不够，这些制度现实执行不力，落实不到位，或是制度激励性不强。比如，农业转移人口与劳动单位签订的劳动合同中，责任大于义务，约束大于保障，而有些劳动合同如同虚设。劳动合同中双方权利与义务的不对称，严重损害农业转移人口劳动权益，导致农业转移人口对签订劳动合同持无所谓态度，甚至是带有抵抗情绪。农地经济化对市民化能力影响不明显，同样源于土地流转或土地征收制度的不完善。我国大部分农户家庭土地流转是在市场外进行，通过私下协定来实现土地经营权的转让，而且这种转让多发生在初始社会关系网络中，土地流转收益低且流转关系极不稳定。所以，现阶段"政府赋能"不是做得过度，而是做得远远不够。

4.4.2 稳健性检验

因为本数据库难以找到社交媒体使用的代理变量，所以本书采取替换被解释变量的做法来进行稳健性检验。基于转移人口市民化的目的是"提升转移人口生活质量和实现发展由人民共享"这一宗旨，本书用个人相对消费水平和个体对落户城市能力的自我评价来反映农业转移人口市民化能力。转移人口的消费水平越高，表明其与城市经济嵌入越加紧密，说明转移人口与城市居民现实生活的相似性越高。本书将相对消费水平定义为农业转移人口年消费支出与城镇居民年消费支出之比。农业转移人口年消费支出由样本在衣、食、住、行、通信、教育娱乐、医疗保健、人际关系维护以及其他服务消费等所构成，城镇居民年消费支出数据则来自各调查城市当年的统计年鉴。经统计，转移人口相对消费水平最小值为 0.077，最大值为 6.594，均值为 0.634，84.2% 的样本消费水平低于城市居民。转移人口对于在城市安家落户能力的自我评价分别为在城市安家落户没有困

难设为1，将因学历、身体、社会关系、城市适应等觉得难以在城市安家
落户设为0。经统计，15.2%的转移人口认为在城市安家落户没有困难。
因为消费支出与受教育水平可能存在互为因果关系，故模型8利用两阶段
最小二乘法（2SLS）进行估计。模型9的因变量为二分类变量，故采用
二元Logit模型进行估计（见表4-4）。

表4-4　　　　　非财富资本对市民化能力影响的稳健性检验

变量	模型8 2SLS（相对消费水平）		模型9 Logistic（城市安家落户）	
	系数值	标准误	系数值	标准误
社交媒体使用	0.183 ***	0.049	0.173	0.297
受教育年限	0.040 ***	0.015	0.075 ***	0.027
技术水平	0.045 ***	0.013	0.186 **	0.074
健康水平	0.006	0.016	0.114	0.098
熟人中市民数	0.015	0.010	0.200 ***	0.055
同事中市民数	-0.007	0.014	0.122 *	0.073
市民的态度	0.010	0.013	0.043	0.079
其他控制变量	Y（控制）	Y（控制）	Y（控制）	Y（控制）
R^2	0.136			
Adj R^2	0.124			
-2LL			1100.901	
Cox & Snell R^2			0.054	
Nagelkerke R^2			0.094	
观测值	1381		1381	

注：*、**、*** 分别表示在10%、5%和1%的水平上显著。

由表4-4中模型8可知，在控制了其他变量后，社交媒体使用对转
移人口相对消费水平系数依然为正，且在1%水平上显著。使用社交媒体
转移人口，比没有使用社交媒体转移人口相对消费水平要高出0.183，这
与前面估计结果基本一致。受教育年限每增加1年，可使转移人口相对消

费水平增长 0.040，且在 1% 水平上显著。技术水平每提高一个层级，转移人口相对消费水平增加 0.045，在 1% 水平上显著。同时，本书发现健康水平以及社会资本对转移人口相对消费水平影响虽然不显著，但作用方向与前面一致。通过稳健性检验可知，社交媒体使用、受教育水平、技术水平对转移人口市民化能力的显著正向作用具有稳健性。

由表 4-4 模型 9 可知，在控制其他变量后，社交媒体使用对转移人口在城市安家落户能力影响为正，但不显著。受教育年限对因变量的影响在 1% 水平上显著为正，个体技术水平在 5% 水平上显著为正，熟人中的市民数在 1% 水平上显著为正，同事中市民数在 10% 水平上显著为正。上述说明，人力资本禀赋和社会资本禀赋对农业转移人口在城市安家落户有显著正向影响，特别是具备较强知识与技能、具有较多较高信任度异质性群体的转移人口，其市民化能力相对较高。

模型 8 和模型 9 实证结果显示：农业转移人口非财富资本禀赋对其市民化能力的影响具有较好的稳健性；提高个体非财富资本禀赋能够有效提升农业转移人口市民化能力，特别是受教育水平和技术水平对市民化能力的作用尤为稳健和显著。

根据阿玛蒂亚·森的"可行能力理论"，可行能力是多元化的，个人贫困不只有经济条件这一个指标可以评价；发展必须更加关注使人民生活得更加充实和更加自由①。根据森的这一思想，本书将"职业层级""维权方式"和"公积金获取"作为市民化能力的替代变量，进行稳健性检验。职业层级反映转移人口职业流动性，表明转移人口在城市的职业生存能力。职业层级高的转移人口，相应收入与待遇会越好，接触到城市主流社会概率也越高，职业流动性会越强，越容易实现在城市的融入。道格拉斯·诺斯（Douglass C. North）认为，文化来源于群体行为规范、价值理念和思想的代际传递②。所以本书认为，如果农业转移人口能采取正式方

①　阿玛蒂亚·森. 以自由看待发展 [M]. 任赜，于真，译. 北京：中国人民大学出版社，2013，10：31-33.

②　道格拉斯·诺斯. 理解经济变迁过程 [M]. 钟正生，译. 北京：中国人民大学出版社，2013：47.

式去维权，则表明转移人口对城市行为规范的接纳，具体反映其对城市文化的适应性。防护性保障工具性自由，可以为个人按合意方式来生活和工作提供保障。公积金是为城市职工住房而设计的一种保障制度，为人们在城市购房、租房提供经济上的保障。所以，拥有住房公积金的转移人口，其空间流动性相应会更强。本书将职业层级分为两级，自评一般、较高、很高统一归为高层级，而自评较低和很低归为低层级。高层级赋值"1"，低层级赋值"0"；按转移人口的"维权方式"不同，将采取"找工会""找政府""找律师""找媒体"定为正式维权方式，将采取"隐忍"或其他方式"私下解决"定为非正式维权方式。正式维权赋值"1"，非正式维权赋值"0"；将拥有住房公积金赋值"1"，没有住房公积金赋值"0"。因为被解释变量都为二分类变量，故采取 Logistic 回归估计，结果如表4-5所示。

表4-5　　　　　　　　　　市民化能力稳健性检验

变量	模型10（职业层级）		模型11（维权方式）		模型12（公积金获取）	
	系数	标准误	系数	标准误	系数	标准误
社交媒体使用	0.059	0.249	0.414*	0.221	0.010	0.410
受教育年限	0.087***	0.023	0.051**	0.020	0.291***	0.033
技术水平	0.975***	0.070	0.185***	0.054	0.217***	0.083
健康水平	0.058	0.079	-0.095	0.070	-0.182*	0.104
熟人中市民数	0.094*	0.049	0.064	0.044	0.092	0.063
同事中市民数	0.031	0.062	-0.018	0.055	0.059	0.082
市民的态度	-0.100	0.066	-0.002	0.058	-0.124	0.084
控制变量	Y（控制）		Y（控制）		Y（控制）	
-2LL	1246.923		1752.160		926.175	
Nagakerke R^2	0.366		0.088		0.400	
观察值	1381		1381		1381	

注：*、**、*** 分别表示估计结果在10%、5%和1%的水平上显著。

经统计，44.5%的转移人口认为自己职业层级较高，38.8%的转移人口会采取正式、合理的方式来维护自身权益，18.3%的转移人口拥有城市住房公积金保障。从回归结果来看。社交媒体对三个被解释变量的影响都为正，且对"维权方式"影响在10%水平上显著；受教育水平和技术水平对三个被解释变量的影响也都为正，其都通过了1%或5%的显著性检验；健康水平对公积金影响为负，且在10%水平上显著。上述结果说明：人力资本对转移人口市民化能力具有较为显著的正向影响，提升个体知识存量和技术储备能很好地提升个体市民化能力。而健康水平对公积金和维权的负向影响可能有多方面原因。既可能源于转移人口的就业特征；大部分健康转移人口在工作缺乏稳定性行业就业，如建筑工地上的劳工，又可能源于"鱼群洄游效应"（或称"三文鱼效应"），那些身体状况变差而市民化能力不强的农业转移人口更可能已经回流农村。熟人市民数对三个被解释变量也都为正，且对职业层级的影响在10%水平上显著；同事市民化数和市民的态度对三个被解释变量影响不显著。这说明，基于信任和互利而建立起来的熟人圈，对农业转移人口提升职业流动性具有较为显著的正向促进作用。

综上所述，个体非财富资本禀赋对转移人口市民化能力的影响具有稳健性，个体知识存量和技能积累对转移人口市民化具有较为稳健的正向促进作用，社会资本中的熟人网络规模和信任对转移人口市民化也具有较为稳健的正向促进作用。

4.4.3 非财富资本对转移人口市民化能力影响的分位数估计

为了分析非财富资本对转移人口不同分位点市民化能力是否产生不同影响，本书选择在10、25、50、75分位点和90分位点进行回归估计，估计结果如表4-6所示。

表 4 – 6　　　　　非财富资本对市民化能力影响的分位数估计

变量	模型 13				
	q = 10	q = 25	q = 50	q = 75	q = 90
社交媒体使用	0.0142 (0.0292)	0.1012 ** (0.0346)	0.1234 ** (0.0518)	0.1923 * (0.0605)	0.1866 (0.1821)
受教育年限	0.0181 *** (0.0047)	0.0192 *** (0.0041)	0.0261 *** (0.0050)	0.0481 *** (0.0075)	0.0867 *** (0.0137)
技能水平	0.0100 (0.0104)	0.0195 * (0.0117)	0.0427 *** (0.0124)	0.0701 *** (0.0209)	0.0912 * (0.0498)
健康水平	– 0.0062 (0.0131)	0.0151 (0.0140)	0.0191 (0.0151)	0.0527 ** (0.0260)	0.0691 (0.0530)
熟人中市民数	– 0.0043 (0.0087)	– 0.0090 (0.0082)	0.0064 (0.0108)	0.0520 *** (0.0189)	0.0808 ** (0.0348)
同事中市民数	0.0100 (0.0119)	0.0018 (0.0102)	– 0.0018 (0.0157)	– 0.0037 (0.0230)	– 0.0101 (0.0379)
市民的态度	0.0072 (0.0134)	0.0069 (0.0117)	0.0124 (0.0139)	– 0.0273 (0.0183)	– 0.0324 (0.0405)
控制变量	Y（控制）	Y（控制）	Y（控制）	Y（控制）	Y（控制）
Pseudo R^2	0.0748	0.0819	0.0888	0.1272	0.1800

注：*、**、*** 分别表示在 10%、5% 和 1% 水平上显著，括号内为标准误。

　　使用社交媒体对转移人口市民化能力的影响，随分位点提升呈现"先增后减"态势，且对于分位数两端的估计不具有显著性。在 10 分位点上，社交媒体使用可以给转移人口带来 0.0142 的相对收入增长，但不显著；在 25 分位点上，社交媒体可以使转移人口相对收入增长 0.1012，且在 5% 水平上显著；在中位点上，则可以使相对收入增长 0.1234，同样在 5% 水平上显著；在 75 分位点上，可以提升相对收入 0.1923，在 1% 水平上显著；在 90 分位点上，对相对收入影响回落至 0.1866，但不显著。这说明使用社交媒体对低收入转移人口提升市民化能力影响较小，社交媒体对市民化能力的促进作用随分位数提升而增加。造成这种结果可能缘于不同收入水平转移人口对社交媒体的功能需求不一样。低收入转移人口本身购买能力弱，购买成本和移动流量资费造成低收入转移人口对社交媒体使用有限，即时通信是低收入移动人口的主要需要。中高收入移动人口既有使用社交媒体的经济能力，又有使用社交媒体的现实需要，主要表现在：第一，中高收入群体对外部信息更加敏感，注重信息安全，即一旦失去与外界联系，则失去安全感；高收入转移人口需要接收、处理和传输的信息量大，保持即时通信获取最新有用信息非常重要。第二，中高收入转移人口更容易被城市接纳而在正规劳动力市场就业，且社交媒体已成为企业（组织）发布和收集信息的主要方式。第三，中高收入转移人口人际关系网中拥有更多更强的弱关系，投资和维护弱关系有利于其社会资本积累，有利于获得更多经济机会。第四，中高收入转移人口具有更强的知识学习动力与能力，社交媒体可以为其带来人力资本积累。第五，良好的人际关系网络和较高抵御风险的能力，使高收入转移人口能更多利用社交媒体进行微商经营，从而获得额外的经营性收入，提高自身相对收入水平。总而言之，社交媒体对转移人口市民化能力有"锦上添花"作用。

教育、技能与健康对不同分位点市民化能力的影响。受教育年限对市民化能力的影响随分位点提升而增加，在高位点的贡献明显高于低分位点，且不同分位点都在 1% 水平上显著。在 10 分位点上，受教育年限增长 1 年，可以使转移人口市民化能力提升 0.0181；在 25 分位点上，受教育年限增长 1 年，可以使转移人口市民化能力提升 0.0192，相对增幅有限；但在 75 分位点上，受教育年限增长 1 年可以使转移人口市民化能力提升 0.0481，相比 50 分位点的 0.0261 增长了 84%；而在 90 分位点上，受教育年限增长 1 年可以使市民化能力提升 0.0867，又比 75 分位点增长了近 80%。技能水平对转移人口市民化能力的影响也随着分位数提升而增强，在中高位分位点上具有显著性。说明提升农业转移人口的技能水平，对中高收入人口的市民化能力提升有显著作用，但对低收入转移人口作用不明显。健康水平对转移人口市民化能力的影响在随分位点提升而增强，且在 75 分位点上具有 5% 显著性。

社会资本对不同分位点市民化能力的影响。熟人中市民数量对转移人口市民化能力的影响，随分位数提升呈现"先减后增"。熟人中市民规模对中高收入转移人口会带来正向影响，且在 75 分位点和 90 分位点通过

5%和1%的显著检验，但熟人市民数会导致低收入群体的市民化能力更加弱化，但不具有显著性。上述结果说明：城市熟人网络对高收入转移人口市民化能力提升非常明显，这可能源于社会关系资源的获取是以互利和信任为条件，而低收入群体的城市熟人网络资源既可能匮乏，还可能是因低收入群体缺乏互利性而导致城市熟人网络不愿意资源分享。同事中市民数对低分位点转移人口市民化能力有正向影响，对中高分位点有负向影响，但都不显著。市民的态度对市民化能力的影响，在中低分位点上有正向作用，在高分位点上有负向作用，但皆不显著。这也说明，转移人口异质性群体规模和潜在交往对其异质性社会资源获取作用不明显。

4.4.4　非财富资本对转移人口市民化能力的影响机制分析

前面已证实"个体非财富资本禀赋可以提升农业转移人口市民化能力"，但是通过何种机制来实现农业转移人口市民化能力提升呢？本书借助前面的理论分析，来验证农业转移人口是否通过个体非财富资本禀赋积累来提升个人市民化能力。

本书用农业转移人口上年度在教育文化、医疗保健和人际关系的支出总和，代表其资本禀赋投资额；用农业转移人口在城市与农村间资本禀赋投资额的差值，来表示进城后资本禀赋投资变化。两者差值越大，说明农业转移人口流入城市后用于资本禀赋积累的投资越大。经统计，总样本资本禀赋投资增额的均值为1420元，有61.1%的样本进城后增加了资本禀赋投资，有5.8%的人可能会减少资本禀赋投资，有33.1%的转移人口城乡资本禀赋投资基本上无差异。

进行中介效应检验，假设a是自变量对调节变量的回归估计值，b是调节变量对因变量的回归估计值，c是自变量对因变量的总效应，c′是自变量对因变量的直接效应。其回归式如下所示：

$$Y = \alpha_0 + cX + \varepsilon_0 \tag{4-9}$$

$$M = \alpha_1 + aX + \varepsilon_1 \tag{4-10}$$

$$Y = \alpha_0 + bM + c'X + \varepsilon_2 \tag{4-11}$$

如果c、a、b和c′都显著，则中介效应显著；如果c、a、b显著，但

c′不显著，则完全中介效应显著；如果 c 显著，但 a、b 至少有一个不显著，则需要通过 Sobel 检验来加以判断。Sobel 检验 Z 值计算如下。

$$Z = \frac{ab}{\sqrt{a^2 SE_b^2 + b^2 SE_a^2}} \qquad (4-12)$$

其中，SE_a^2、SE_b^2 是 a 和 b 的标准误平方。计算出 Z 值后，比较 Z 值是否大于临界值来判断中介效应是否显著。如果大于临界值，则中介效应显著；否则，中介效应不显著。中介效应占总效应的比例为 ab/c。

　　模型 6 是社交媒体对市民化能力的回归结果，结果表明：使用社交媒体对农业转移人口市民化能力有显著影响；模型 14 是社交媒体作为自变量对中介变量资本禀赋投资增量的回归结果，回归结果依然显著为正；模型 15 是模型 6 加入了中介变量资本禀赋投资增量的回归结果，在加入资本禀赋投资增量后，社交媒体对市民化能力还显著为正。上述回归结果说明资本禀赋投资增量对社交媒体中介效应显著，中介效应（ab）占总效应（c）的 19.4%（100% × 0.594 × 0.044 ÷ 0.134）。受教育水平和技能水平能通过增加资本禀赋投资对市民化能力形成显著间接影响。健康水平对调节变量的影响不具有显著性，本书通过 Sobel 检验对调节变量的中间效应来加以判断。经计算，健康水平通过增加资本禀赋投资来对市民化能力的间接影响不具有显著性。熟人市民数对调节变量影响具有显著性，但其对市民化能力的直接影响估计值不具有显著性，所以资本禀赋投资对熟人市民数具有显著的完全中介效应。

　　使用社交媒体既可以对转移人口市民化能力形成直接影响，又可以通过增加个体资本禀赋积累对其市民化能力形成间接影响。社交媒体中拥有丰富的信息来源渠道，可以增强农业转移人口对自身知识与技能积累以及身体健康的关注与重视。通过增加在教育文化学习和身体保健上的投入，实现个体知识和身体健康储备提升，实现个人能力与工作岗位更好的匹配，并帮助获取稳定性更高和收入待遇更好的工作机会。个体丰富的社会资本及社交能力对获取高收入非常重要（Deming，2017），而社会资本则需要不断投入和维护。个体通过投资和建立外部关系网络，个体可以增加其社会资本，从而能以信息获取、权力和群体团结的优势来获取更大的利益；个人通过投资内部关系，可以增强社会关系的集体特性与集体行动能力（Sanders & Nee，1996）。知识和技能是个人在劳动力市场就业的核心竞争力，是决定个人职业发展和劳动收入的关键因素，而个人健康是劳动力市场就业基础。但个体知识和技能带来的竞争力具有动态性，知识和技能都需要不断更新以适应劳动力市场需要。所以，转移人口为了保持自身竞争力，需要在知识与技能学习和身体保健上不断投入，特别是高学历和高技能转移人口对教育文化学习、自身健康会更加关注。非财富资本对市民化能力的影响机制检验如表4-7所示。

表4-7　　　　　非财富资本对市民化能力的影响机制检验

变量	模型13（相对收入）		模型14（资本禀赋投资增量）		模型15（相对收入水平）	
	系数	标准误	系数	标准误	系数	标准误
资本禀赋投资增量					0.044 **	0.005
社交媒体使用	0.134 **	0.061	0.594 *	0.313	0.108 *	0.060
受教育程度						
中学	0.051	0.055	0.305	0.284	0.039	0.054
高中及中专	0.131 **	0.061	0.275	0.310	0.116 *	0.059
大专及以上	0.492 ***	0.067	1.460 ***	0.341	0.429 ***	0.066
技术水平	0.065 ***	0.016	0.217 ***	0.079	0.060 ***	0.015
健康水平	0.044 **	0.020	-0.017	0.104	0.044 **	0.020
熟人中市民数	0.024 *	0.013	0.162 **	0.065	0.016	0.012
同事中市民数	-0.007	0.016	-0.023	0.082	-0.004	0.016
市民的态度	-0.016	0.017	-0.100	0.087	-0.011	0.017
R^2	0.186		0.069		0.227	
Adj R^2	0.173		0.055		0.214	
样本量	1381		1381		1381	

注：* 、** 、*** 分别表示在10%、5%和1%水平上显著。

转移人口在城市熟人中市民越多，越能激发自身对资本禀赋积累的投资行为。这可能源于熟人网络是一种富含信任和互利的群体关系，基于信任和互利，群体间成员愿意分享自身掌握的相关资源。通过人力资本积累，提升转移人口的互利能力，通过人际关系投入，拓展个体熟人关系网络规模和信任程度。熟人网络市民规模越大，转移人口对他人互利性越强，转移人口也越能获得更多有价值资源，这会促进转移人口市民化能力的提升。

4.5 社交媒体使用对市民化能力
影响的进一步探讨

4.5.1 社交媒体使用对市民化能力的净效应：基于 PSM 方法再检验

因为是否使用社交媒体受诸多因素影响，如个人年龄、受教育程度等因素都可能对个体是否使用社交媒体产生影响。年龄较大和城市人力资本缺乏的转移人口，可能不会使用智能手机，不会自行上网，难以有效使用社交媒体去获取信息和拓展社会关系网络，而这些因素可能会导致社交媒体使用对市民化能力的影响产生干扰作用，使回归结果有偏差。为了尽可能减少内生性问题和自选择性偏差带来的影响，本书采取倾向得分匹配进行再检验。基于样本量考虑，本书采取一对一的最近邻匹配和半径匹配，采取个体人口特征和受教育水平作为匹配的协变量，样本均衡性检验结果如表 4-8 所示。除了性别变量外，所有变量匹配后标准偏差都有缩小，且匹配后标准偏差均小于 10%；除了性别变量外，其余变量在匹配前 P 值显著，匹配后则变得不显著。整体检验的 PsR^2、LR chi2 和标准偏差均值都明显减小，说明匹配后样本选择性偏差得到控制。

表 4-8　　　　　倾向得分匹配的样本均衡性检验

变量	样本	处理组	控制组	标准偏差（%）	偏差缩减（%）	t 值	P 值
性别	匹配前	0.5877	0.5942	-1.3	-143.9	-0.17	0.862
	匹配后	0.5877	0.57196	3.2		0.77	0.439

续表

变量	样本	处理组	控制组	标准偏差（%）	偏差缩减（%）	t 值	P 值
年龄	匹配前	32.5600	48.773	−171.1	98.7	−24.40	0.000
	匹配后	32.5600	32.773	−2.3		−0.62	0.536
婚姻	匹配前	0.7581	0.92271	−46.1	87.0	−5.35	0.000
	匹配后	0.7581	0.73673	6.0		1.19	0.234
受教育程度	匹配前	2.7164	1.8406	97.7	92.8	12.45	0.000
	匹配后	2.7164	2.6533	7.0		1.60	0.111

注：PsR^2、LR chi2、标准变差均值，匹配前分别为 0.364、424.42 和 79.1，匹配后则相应为 0.002、7.59 和 4.6，匹配效果较好。

由表 4 – 9 可知，倾向得分匹配估计结果与基准回归估计结果相近。样本匹配前 ATT 值为 0.3265，经采取无放回最邻近匹配后，ATT 值减弱为 0.2231，即在控制协变量后，使用社交媒体对样本相对收入的影响减小为 22.31%，且在 1% 水平上显著。使用半径匹配方法后，ATT 值减弱为 0.1411，说明使用社交媒体能使样本相对收入提升 14.11%，且在 5% 水平上显著。采用倾向得分匹配方法检验证明，在减弱内生性和选择性偏差后，使用社交媒体仍对样本相对收入有显著正向影响。

表 4 – 9　　　　　　　倾向得分匹配的参与者平均处理效应估计

样本	处理组	控制组	ATT 值	标准误	t 值
匹配前	1.0460	0.7195	0.3265	0.0504	6.47 ***
匹配后					
最近邻匹配	0.9778	0.7546	0.2231	0.0801	2.78 ***
半径匹配	1.0460	0.9049	0.1411	0.0675	2.09 **

注：*、**、*** 分别表示在 10%、5% 和 1% 水平上显著。

4.5.2　社交媒体使用对转移人口异质性群体市民化能力影响估计

为了进一步检验社交媒体使用对转移人口不同群体市民化能力的影响

差异，本书实证检验了不同代际、不同文化程度转移人口使用社交媒体而对市民化能力带来的影响。其中，本书将出生于 1980 年以前的转移人口称为"80 前"，将出生于 1980 ～ 1989 年的转移人口称为"80 后"，将 1990 年及以后出生的转移人口称为"90 后"。按受教育程度分为：小学及以下、中学、高中及中专、大专及以上四个群体。经统计，各群体中使用社交媒体的比值分别为："80 前"是 64.4%，"80 后"是 94.7%，"90 后"是 98.5%；"小学及以下"者为 57.5%，"中学"者为 82.6%，"高中及中专"者为 92.5%，"大专及以上"者为 96.7%。"90 后"和"大专及以上"这两个群体未使用社交媒体比例较低，故估计结果参考价值不大。实证估计如表 4 - 10 所示。

表 4 - 10　　社交媒体对异质性转移人口市民化能力影响的估计结果

变量	模型 16	模型 17	模型 18	模型 19	模型 20	模型 21	模型 22
	"80 前"	"80 后"	"90 后"	小学及以下	中学	高中及中专	大专及以上
社交媒体使用	0.184 ** (0.086)	0.262 * (0.145)	—	0.037 (0.085)	0.290 *** (0.084)	0.542 *** (0.137)	—
控制变量	Y（控制）	Y（控制）	—	Y（控制）	Y（控制）	Y（控制）	—
R^2	0.155	0.109	—	0.206	0.150	0.189	—
Adj R^2	0.119	0.092	—	0.118	0.116	0.147	—

注：*、**、*** 分别表示在 10%、5% 和 1% 水平上显著。

社交媒体使用与代际交互项的估计结果。"80 前"农业转移人口若使用社交媒体，其相对收入要高出 0.184，且在 5% 水平上显著。"80 后"使用社交媒体可使相对收入提升 0.262，且在 10% 水平上显著。以上结果说明，转移人口越年轻，社交媒体对其市民化能力的影响越明显。"80 前"转移人口因年龄和知识约束，对社交媒体使用能力不足，诸多功能难以掌握和熟练使用，社交媒体集中于满足其通信需要。

社交媒体使用与受教育程度交互项的估计结果。社交媒体对不同文化程度转移人口的作用成递增态势。小学及以下文化程度的转移人口，使用社交媒体可以使相对收入增加 0.037，但不显著；中学文化程度转移人口，使用社交媒体则可以提升相对收入 0.290，在 1% 水平上显著；高中文化程度转移人口，则可以提升相对收入 0.542，在 1% 水平上显著。上述结果说明：社交媒体对高学历群体的影响更加明显，具有明显的"锦上添花"作用。究其原因可能是：社交媒体使用对低学历转移人口具有充分的信息效应，对高学历转移人口则具有一定的技能溢价效应。小学及以下社交媒体使用者，因为自身素质和使用技能缺乏，即时通信是其使用社交媒体的主要需要。通过社交媒体与家人、亲戚以及朋友联系，传递和获取生活与工作信息，这有利于更多有用信息的获取和人际关系的维护和拓展。高中及以上转移人口，更能熟练使用社交媒体的各项功能，社交媒体成为其工作和生活中不可缺少的助手。社交媒体已嵌入高学历群体的日常工作中，成为公司（单位）信息收集、传递、交流和发布的首选，成为人们日常交流和知识学习的有效渠道。此外，高学历转移人口基于自身人脉和使用技能，更可能利用社交媒体进行关系拓展和微商经营。所以，社交媒体对高学历转移人口具有技能溢价效应。而对于低学历转移人口，因自身人脉和技能有限，除了用于日常交互，社交媒体更多成为其打发闲暇时间的工具，容易陷入社交媒体娱乐新闻和在线游戏中，最终对自身工作时间和工作效率形成一定的负面影响。

4.5.3 使用社交媒体与社会关系互动对市民化能力的影响分析

农业转移人口通过社交媒体与个人网络社会关系互动而形成社会资本积累，及社会关系规模和强度。规模是对社会关系广度的描述，强度则是对社会关系深度的描述，社会资本的强度在一定程度上代表了群体间的信任程度。本书进一步分析利用社交媒体形成的强社会关系规模和弱社会关系规模，以及这两种社会关系强度对农业转移人口市民化能力的影响。用"QQ 和微信中老乡亲戚的数量"表示强社会关系规模，用"QQ 和微信中当地城镇居民数量"表示弱社会关系规模；用"你使用 QQ 和微信与老乡亲戚交往的频率"来衡量转移人口与强社会关系的强度；用"你使用 QQ 和微信与本地城镇居民交往的频率"来衡量转移人口与弱社会关系的强度。社会关系规模和交往频率分为"很少""较少""一般""较多""很多"5个层级，采用李克特五级量表 1~5 来分别进行赋值。OLS 回归估计结果如表 4-11 所示。

表 4-11　　使用社交媒体与强弱社会关系互动对市民化能力影响的回归估计

变量	模型 23	
	系数值	标准误
强社会关系规模	-0.022	0.020
弱社会关系规模	-0.007	0.023
强社会关系强度	0.053 ***	0.020
弱社会关系强度	0.040 *	0.021
受教育年限	0.054 ***	0.007
技术水平	0.062 ***	0.017
控制变量	Y（控制）	Y（控制）
R^2	0.169	
Adj R^2	0.154	
样本量	1174	

注：*、**、*** 分别表示在 10%、5% 和 1% 水平上显著。

从表 4-11 可知，转移人口通过使用社交媒体与强社会关系和弱社会关系的交往强度，即社会关系强度对农业转移人口市民化能力皆具有正向影响关系，强社会关系强度通过了 1% 显著性检验，弱社会关系强度通过了 10% 显著性检验；但社会关系规模对市民化能力的影响不显著。农业转移人口通过社交媒体与血缘、亲缘、乡缘等原有社会关系的交往强度，不但可以满足自身思乡思亲心理需要，还可以通过互动获取经济与信息支持来满足职业流动的需要。农业转移人口为了在他乡抱团取暖，也乐意向原社会关系网络成员提供经济帮助与信息支持，促其流向自己所在区域，并在劳动生产上给予指导。从企业经营者角度来看，经由熟人介绍的求职者更可靠，企业更愿意聘用。所以，农业转移人口使用社交媒体与强社会关系的互动可以促进自身流动性，提升就业概率和劳动生产率。弱社会关系对农业转移人口市民化也很重要，弱社会关系具有强社会关系不可比拟的优势。弱社会关系是转移人口在城市工作与日常生活中，因为"业缘""趣缘""房缘"等与城市居民形成的一种社会关系。这种社会关系可以向转移人口提供强社会关系所无法提供的信息与经济机会，同时两者的互动也是转移人口向市民学习和相互接纳的过程。但是在实证中也发现：社交媒体中的社会网络规模，无论是强社会关系规模，还是弱社会关系规模，都对转移人口市民化能力影响不显著。所以，社交媒体联结的社会关系对转移人口市民化能力的影响不取决于规模，而取决于横向联系与纵向联系的强度。即在虚拟空间上，社会关系网络资源获取依然取决于由互动而产生的信任关系。

转移人口利用社交媒体与强社会关系与弱社会关系的交互强度，对转移人口市民化能力有正向显著影响。那么，对于人力资本禀赋不同群体，这两种交互强度是否存在影响差异呢？为此，按照人力资本存量高低，将迁移人口分为高人力资本迁移人口（人才型转移人口）和低人力资本迁移人口（劳工型转移人口）。将样本中具有高学历（大专以上）或高技能（技能水平评价在4以上）迁移人口称为高人力资本迁移人口（人才型转移人口），余者皆统称为低人力资本迁移人口（劳工型转移人口）。经统计，高人力资本样本量为628人，相对经济收入均值为1.177；低人力资本样本量为753人，相对经济收入均值为0.847。高人力资本迁移人口的经济收入水平，远高于低人力资本迁移群体，甚至高于城市职工平均收入水平。因为进入回归的样本需要满足使用社交媒体这一要求，最终进入回归的人才型转移人口和劳工型转移人口样本量各为587份，总样本量为1174份（见表4-12）。

表4-12　社会关系强度对不同人力资本转移人口市民化能力影响的估计

变量	模型24（人才型转移人口）		模型25（劳工型转移人口）	
	系数	标准误	系数	标准误
强社会关系强度	0.029	0.033	0.079 ***	0.019
弱社会关系强度	0.081 **	0.034	−0.007	0.025

续表

变量	模型24（人才型转移人口）		模型25（劳工型转移人口）	
	系数	标准误	系数	标准误
控制变量	Y（控制）	Y（控制）	Y（控制）	Y（控制）
R^2	0.143		0.104	
Adj R^2	0.121		0.076	
样本量	587		587	

注：*、**、*** 分别表示在10%、5%和1%水平上显著。

由表4－12可知，人才型转移人口利用社交媒体与弱社会关系交互强度提升一个层级，可以使市民化能力提升0.081，且在5%水平上显著，但与强社会关系互动对市民化能力影响不显著；劳工型转移人口使用社交媒体与强关系互动强度提升一个层级，可以使市民化能力提升0.079，在1%水平上显著。这说明：人才型转移人口利用社交媒体与弱社会关系进行交互，交互强度越大越有利于市民化能力提升。但与老乡、亲戚这些强社会关系进行交互，对自身市民化能力提升没有影响。而低人力资本的劳工型转移人口，利用社交媒体与原始社会关系网络中的老乡、亲戚加强联系，对其市民化能力提升有显著正向影响，但与弱社会关系的联系对市民化能力提升无帮助。这可能源于两种人力资本禀赋转移人口，所结识与交互的弱社会关系存在资源获有和传递意愿的差异。高人力资本与流入地社会关系的交互中，弱社会关系群体往往具有更高的经济或社会地位，握有更多和更有价值的资源，而高人力资本转移人口也具有互利的价值，再通过高交互频率增进了双方的信任，进而推动弱社会关系群体与转移人口相互传递或分享其所掌握的资源。在高人力资本与原始社会关系的互动中，高人力资本转移人口则往往成为资源的传递方或分享者，对原始社会关系传递和分享资源较多，得到的资源则相对较少。低人力资本转移人口所结识的城市居民而结成的弱社会关系，或社会与经济地位不高而掌握资源有限，或互利不对等，而导致对方不愿意传递和分享自身握有的资源，或交互多发生于工作接触而无情感交流，导致因信任缺乏而不愿意分享资源。所以，低人力资本劳工型转移人口利用社交媒体与弱社会关系互动，多难获得充足而有效的资源支持。而基于原始血缘、亲缘和乡缘的频繁互动而形成的信任关系，使低人力资本转移人口能从原始社会关系那获得资源支持。归于一点就是：农业转移人口利用社交媒体来获取弱社会关系资源支持时，个人具有的互利性是关键，即那些人力资本禀赋丰富的转移人口，因自身对异质性群体的有利性，而更能获得城市居民的资源支持。

4.6　本　章　小　结

本章主要是实证分析转移人口非财富资本禀赋对其市民化能力的影响。首先，本章从理论上简要地阐述了非财富资本禀赋对市民化能力影响机理；其次，选用武汉大学经济发展研究中心的微观调查数据作为实证检验数据，构建计量实证模型，将"转移人口年收入与流入地职工年均收入比"作为市民化能力代理变量，以社交媒体使用、教育水平、技术水平、健康水平、熟人市民数、同事市民数、与市民的态度作为核心解释变量，以一般人口特征、就业特征、迁移特征、劳动保障与家庭特征作为控制变量；最后，通过最小二乘法（OLS）和两阶段最小二乘法（2SLS）对基准模型进行回归估计，并利用转移人口"相对消费水平""城市安家落户能力自评""职业层级""维权方式""公积金获有"作为被解释变量"市民化能力"的替换变量进行了稳健性检验。此外，利用倾向得分匹配法（PSM）、分位数回归法（QR）等实证检验了非财富资本禀赋对转移人口市民化能力的影响，并分析了使用社交媒体与强弱社会关系互动对转移人口市民化能力的影响，并就与两种关系互动强度对高人力资本人才型转移人口和劳工型转移人口市民化能力的影响进行了检验，并就社交媒体使用对市民化能力的影响机制进行了探讨与检验。

本章主要结论：第一，社交媒体、人力资本和熟人中市民规模和资本禀赋投资对转移人口市民化能力有显著影响，特别是人力资本禀赋的作用非常显著；第二，信任和互利性是社会资本对市民化能力影响的基础，即社会关系异质性群体规模并不一定会对市民化能力产生显著影响，那些蕴含较高信任度的社会关系对转移人口市民化能力才会有显著影响作用；第三，社交媒体、受教育水平和技术水平三个变量，既对市民化能力有直接显著作用，又通过增加资本禀赋投资对市民化能力产生间接显著影响，而熟人市民数则完全通过增加资本禀赋投资对市民化能力产生间接影响。另外，本书着重实证检验社交媒体使用对转移人口市民化能力的影响，实证结果有以下几点：第一，社交媒体使用能显著提升农业转移人口市民化能力，在利用倾向得分匹配法对内生性和选择性偏差控制后，估计结果依旧显著；第二，代际人口越年轻，社交媒体使用对其市民化能力提升作用越强；第三，社交媒体对不同文化程度转移人口市民化能力的提升均有正向促进作用，低等学历转移人口多因社交媒体的交互功能而获益，高学历转移人口，可能获得更多的技能溢价效应；第四，经分位数估计发现，社交媒体使用对市民化能力影响力度，随分位数提升成"先减后增"态势，社交媒体对转移人口市民化能力有"锦上添花"作用；第五，转移人口自身的互利性和异质性群体间信任是社会资本发挥作用的关键。社交媒体上的社会关系规模对转移人口市民化能力无显著影响，但利用社交媒体与强社会关系和弱社会关系的互动强度，对农业转移人口市民化能力皆具有显著正向影响。进一步探讨发现，通过社交媒体加强高人力资本转移人口与弱社会关系互动强度，对其市民能力有显著正向作用，但与强社会关系加强互动则影响不显著。而低人力资本转移人口利用社交媒体与强社会关系互动，可以显著提升其市民化能力，但与弱社会关系互动则对市民化能力影响不明显。个体熟人网络对高人力资本和高收入转移人口有显著正向作用，对低人力资本和低收入转移人口作用不明显。

第 5 章

非财富资本对农业转移人口市民化意愿影响的实证分析

推进农业转移人口实现完全市民化，一直是政府和社会关注的热点问题。2018 年中央 1 号文件《中共中央国务院关于实施乡村振兴战略的意见》提出，要继续推进户籍制度深化改革，让那些有意愿、有条件且在城市有稳定住房和稳定就业的转移人口有序落户城市，并享有与市民无差异城镇公共服务。2019 年的中央 1 号文件《中共中央国务院关于坚持农业农村优先发展做好"三农"工作的若干意见》提出，加快农业转移人口市民化，推进城镇基本公共服务常住人口全覆盖。推进农业转移人口市民化进程，成为新型城镇化建设的核心问题，是党和政府承诺发展由人民共享的具体表现。我国城镇化率有两种核算方式，一种是户籍人口城镇化率，另一种是常住人口城镇化率，这两种城镇化率近年来一直存在约 16 个百分点的差距。以 2018 年为例，我国常住人口城镇化率为 59.6%，户籍人口城镇化率为 43.3%，有 16.3% 的人口常年生活在城镇，但却无法与市民同等享受市民待遇及相关权利。转移人口市民化滞后，是转移人口市民化能力不强和市民化意愿偏弱双方面导致。《2018 年农民工监测调查报告》显示，进城农民工认同自身为流入城镇的本地居民比例为 38%。唐宗力（2015）对安徽省农业转移人口的调查数据统计显示，相比 2009 年，2014 年农业转移人口不愿意落户比例增长 20%，达到 76%，落户意愿持续走低；聂伟和风笑天（2016）基于在长三角和珠三角 19 个城市调查数据研究表明：农业转移人口落户意愿为 24.6%，而真正采取了落户行为的只有 5.6%；欧阳慧等（2019）基于 12 省 150 城镇调查数据分析表明：农业转移人口愿意在城市落户的比例只有21.6%，就算是北上广深一线城市，愿意落户样本也只有34.8%。农业转移人口市民化意愿整体偏弱，对市民化进程的推进产生了巨大阻力。市民化意愿是城镇化发展，特别是实现农业转移人口向市民转变的实质城市化的基本前提，而把握农业转移人口市民化意愿，则是实质城市化的重要基础（王桂新等，2010）。

所以，本书将市民化意愿理解为：农业转移人口愿意市民化的一系列主观态度及行为的表达。本章着重分析非财富资本禀赋对转移人口市民化意愿的影响，集中于三个问题：第1个问题为"非财富资本禀赋对转移人口市民化意愿（户籍转换意愿、职业转换意愿、土地退出意愿、身份认同意愿）的影响如何？"；第2个问题为"非财富资本禀赋对异质性群体市民化意愿的影响如何？"；第3个问题为"社交媒体使用下社会关系规模和强度对农业转移人口市民化意愿的影响如何？"。此外，本章还关注转移人口的人口学特征、就业特征、劳动保护、迁移特征、家庭特征和城市公共服务供给对转移人口城镇落户意愿、职业转换意愿和心理认同意愿的影响，以明确在控制其他变量后，转移人口非财富资本禀赋对其市民化意愿的影响如何。

5.1　农业转移人口市民化意愿影响因素的回顾

5.1.1　资本禀赋对农业转移人口市民化意愿的影响

（1）人力资本对市民化意愿的影响。国际经济合作与发展组织（OECD）将人力资本定义为：个体所具备的、能够创造出个人、社会和经济福祉的知识、技能、能力和素质的综合。贝克尔（Becker，1964）认为人力资本与投资资本一样，具有促进经济增长的功能，知识、技能、经验、时间、健康和寿命都属于人力资本范畴。所以，人力资本也就是人的能力，就是通过一系列人力资本投资活动而形成的各种能力的总和，它包括个人的身体健康、知识与技能、道德与品质（张凤林，2011）。人力资本通过就业效应、适应效应和流动效应来影响转移人口的市民化意愿。第一，人力资本的就业效应。人力资本是现代经济增长理论的核心要素之一，经济长期增长的来源就是知识，而人力资本的提高将直接导致劳动力本身生产效率的提高（Storper & Scott，2009），个体具备的人力资本和职业类型成为影响转移人口城市居留意愿的最大决定因素（刘立光等，2019）。第二，人力资本的适应效应。转移人口适应社会的一个重要标志就是受教育水平（Zhou & Bankston，1994）。随着受教育水平的提升，移民适应能力和竞争力会显著增强，个人将会获得更多的市场效益（Heckman et al.，2018）。第三，人力资本的流动效应。具有较强人力资本的转移人口，更能得到流入地具有善意的对待（Altschul et al.，2008），具有较强人力资本的移民，则能经历快速的社会流动，实现职业空间和生存空间向流入地主流群体靠拢的纵向流动和横向流动（Portes et al.，2012）。有学者研究表明，人力资本对农业转移人口市民化意愿有显著正向影响（王桂新和胡健，2016；刘立光和王金营，2019），拥有大专以上的高学历农业转移人口群体的市民化意愿更为强烈（杨雪和魏洪英，2017）。陈昭玖和胡雯（2016）利用结构方程模型研究了人力资本对农业转移人口市民化意愿的影响，研究表明，人力资本是农业转移人口市民化能力形成的基础性和决定性因素，人力资本每提升 1 个单位，市民化意愿将增加 0.361 个单位。

（2）社交媒体使用对市民化意愿的影响。社交媒体已成为农业转移人口获取市场和城市信息的主要方式，是跨越型（城市型）社会资本构建和拓展的重要渠道，是农业转移人口除市场和计划外的第三种获取配置资源的方式。社交媒体已成为人们日常生活和工作的一部分，这个新增的社会变量正在改变居民的生活和工作方式。在互联网和社交媒体没有普及之前，信息搜寻渠道闭塞，信息获取渠道比较狭窄，信息的不对称性、高耗时性和低质量等特征对农业转移人口就业形成巨大障碍（李丽清等，2013）；而社交媒体的出现和熟练使用，通过社会资本和信息两种渠道缩短了农业转移人口就业搜寻时间，减低了信息获取和交互的时间成本（黄昊舒和何军，2018）。社交媒体不仅成为居民新的交互工具，还成为维系社会关系网络的重要工具（Rianne & Godfried，2014），更是革命性地改变了居民交互的方式、内容和意义，使个体的社会关系得到重新塑造（范红霞，2016）。有学者关注了社交媒体使用方式对个体的影响。社交媒体使用对个人社会资本的影响不是源于其技术本身，而是取决于使用技术的方式（Valenzuela et al.，2012）。社交媒体作为一种新兴的信息技术，本身并不会带来个体社会资本积累的提升，但个体使用方式的不同导致的结果差异是巨大的（Weiser，2014）。有学者认为社交媒体使用具有明显的"锦上添花，雪上加霜"的效果（Valkenburg & Peter，2011；倪晓莉和邵潇怡，2019）。社交媒体使用对发展较好和正在努力向上的个体能"锦上添花"，而对那些处于迷茫和散漫的个体具有"雪上加霜"的作用。社交媒体使用也存在一些负面作用。第一，社交媒体使用可能会削弱个体现实生活的社交能力（Valkenburg & Peter，2011），缺乏社交可能会给转移人口带来更深的孤独感。第二，如果转移人口过度沉迷于社交媒体的娱乐休闲中，可能会对转移人口就业和就业信息获取起反向作用（黄昊舒和何军，2018），毕竟影响个人社会资本积累的不是社交媒体，而是使用社交媒体的方式（Valenzuela et al.，2012）。第三，社交媒体使用可能会强化转移人口对于原有身份的认同。第四，社交媒体的信息效应和学习效益，可能会增强转移人口对农村土地的未来预期。第五，嵌入于社交媒体上支付功能和金融借贷也会改变转移人口的消费行为，导致转移人口超前消费，进而弱化其市民化能力。但现有文献中鲜见探讨社交媒体使用对农业转移人口市民化意愿的影响。社交媒体作为一种新兴社会变量，对农业转移人口市民化意愿是推进还是抑制，值得思考和探究。

（3）社会资本对市民化意愿的影响。布尔迪厄（1986）指出，社会资本来源于一个人可以利用的社交网络的规模和类型。社会资本通过支持效用、控制效应和学习效应来影响转移人口市民化意愿。第一，社会资本的支持效应。社会资本的影响力来自信息、影响力和团结（Sanders & Scott，1996），信息不对称造成移民对流入地的陌生与恐惧，社会网络可以为其提供工作、信息、住宿和情感方面的支持，进而促进其在流入地的永久性定居（Portes，1998）。第二，社会资本的控制效应。周和班克斯通（1994）认为，个人行为应该被视为个人社会融入程度的产物，社会融入程度越高，群体对个人的控制力越大。社会关系网络为家庭及个人提供有效的社会控制,在"社会显微镜"下的个体经常会受到他人的观察与评判,这种评判和观察促成家庭及个人价值共识一致性和行为方式一致性。社会关系网络中同在流入地的个体,会对转移人口在城市的行为和价值共识进行观察与评判,并将观察与评判结果通过社会关系网络传递给他人,这有利于对转移人口的行为进行约束。第三,社会资本的学习效应。转移人口可以在社会关系网络中,通过对他人的观察、请教和模仿来实现自身的人力资本积累或职业改变,进而提升个人市民化能力与意愿。但有学者认为,农业转移人口社会资本对其市民化的显著影响来源于交往结构中作为工具支持的本地朋友和情感支持的家庭参与,农业转移人口在城市的社交网络规模对其市民化意愿影响不明显(聂伟和风笑天,2016)。

(4)财力资本对农业转移人口市民化意愿的影响研究。在消除了政策与制度性束缚后,农业转移人口是否愿意市民化的根本动因则取决于能否在有限条件下实现其生活满意度最大化(李丹和李玉凤,2012)。农业转移人口是否愿意转换户籍落户城镇是在现有权益格局博弈中的理性选择(石智雷和彭慧,2015),只有具备了在城市稳定生活居住的经济能力,才能实现农业转移人口在城市各层面的融合(王晓峰和张幸福,2019)。农民从农村流入城市务工的最终目的,是提高个人及家庭的生活水准及未来预期,而这一切需要以稳定的工作和适当经济收入作为保障。为此,财力资本对农业转移人口在城市居留意愿、落户意愿以及自身身份认同将产生显著影响。有学者研究表明,个人收入水平会显著提升农业转移人口市民化意愿(唐宗力,2015),但收入影响存在明显的门槛效应,高收入群体市民化意愿显著高于低收入群体(杨雪和魏洪英,2017)。但也有学者研究认为,劳动收入对农业转移人口市民化意愿影响不显著(梅建明和袁玉洁,2016),经济收入并不是影响农业转移人口市民化的关键因素(张新等,2018)。

5.1.2 制度约束对农业转移人口市民化意愿的影响

有学者认为制度障碍是农业转移人口市民化意愿的最大障碍,需要针对农业转移人口在农地退出、正规劳动力市场就业以及城市社会保障获取三个方面寻求制度创新（刘传江和徐建玲，2007）。我国独有的户籍制度是一种集体性排他的普遍性限制农民流动的"社会屏蔽"制度，农民向市民转变的过程中需要穿越"显性户籍墙"和"隐形户籍墙"两道屏障；"显性户籍墙"是原生墙，源于对城乡人口的制度性抑制；"隐性户籍墙"是派生墙，是基于"显性户籍墙"而衍生出对农业转移人口及其权利歧视的制度性安排，包括就业、福利、社会保障、住房、社会参与等权益（刘传江，2010）。随着户籍改革的推进，我国"显性户籍墙"对人口流动的阻碍已基本不存在，城乡人口可以实现区域间的自由流动，但"隐性户籍墙"依然成为农业转移人口难以逾越的屏障。农业转移人口、市民和政府三者间的博弈，造成粘连在户籍上的各种福利和公共服务供给的剥离依然困难重重，二元户籍制度惯性导致农业转移人口市民化制度供给不足（付志虎，2019）。而当农业转移人口发现难以穿越"隐性户籍墙"去享有与城市同等的公共服务供给与社会福利时，返乡或不断流动就成为农业转移人口的不二选择。通过不断深化户籍改革，剥离与户籍粘连的各种福利政策，逐渐赋予进城农民与城市居民同等的权益，进而提升农业转移人口抵御风险的能力，才能真正实现农业转移人口市民化意愿和市民化水平提升（齐红倩等，2017；霍鹏等，2018）。社会保障对农业转移人口市民化意愿影响显著（王桂新和胡健，2015），更高的社会保障覆盖面能显著提升农业转移人口市民化意愿（梅建明和袁玉洁，2016），而良好的住房保障和城镇医疗保险等公共福利制度将对农业转移人口落户决策起到关键性作用（张新等，2018）。通过制度供给，提升农业转移人口在城市的政治参与、社区活动参与及工会参与，都能显著提升农业转移人口市民化意愿（刘爱玉等，2014；梅建明和袁玉洁，2016；齐红倩等，2017）。有学者研究了劳动保护对农业转移人口市民化的影响。农业转移人口多在次级劳动力市场寻求就业（刘传江，2010），工作时间过长与频繁加班削弱了农业转移人口市民化意愿（石智雷和彭慧，2015）。农业转移人口在劳动关系中是弱势方，非正规就业导致企业往往不愿意与农业转移人口签订劳动合同，或是签订明显缺乏公平的短期劳动合同，工作的不稳定性与劳动保护的不公平性使农业转移人口市民化意愿难以提升（聂伟和风笑天，

2016）；如果企业能与农业转移人口签订具有对等公平的劳动合同，劳动合同签订状况改善一个级别，将提升农业转移人口市民化意愿概率5.35%（齐红倩等，2017）；对迁移人口获取社会保障，劳动合同可能比户籍还重要（Cheng et al.，2014），长期限劳动合同作用尤其明显（Gao et al.，2012）。由此可知，劳动合同能否提升农业转移人口市民化意愿，取决于劳动合同内容是否对等公平，取决于劳动合同期限是否长久（梅建明和袁玉洁，2016），取决于劳动合同是否真正保护了劳动者应有的权益。随着农民不断流入城市，农业转移人口对土地的依赖性不断下降，土地对于农民的保障功能不断弱化，但农业转移人口对土地的经济功能诉求不断增强（罗必良，2013）。而通过农村土地制度改革，明确农地确权和农地退出机制，增强农民对农地产权感知，都能显著提升农业转移人口市民化意愿（黄善林等，2019）。

5.1.3 其他因素对农业转移人口市民化意愿的影响

有学者研究了人口学特征、迁移特征、生活行为方式等因素对农业转移人口市民化的影响。欧阳慧等（2019）研究表明，农业转移人口市民化存在明显的区域异质性，北上广深地区的农业转移人口市民化意愿最强。相比老生代，新生代农业转移人口市民化意愿并没有明显差异。宁光杰和李瑞（2016）研究了农业转移人口流动特征对市民化的影响，研究表明，省内流动农业转移人口市民化意愿和市民化能力都高于跨省流动农业转移人口，东部地区农业转移人口市民化能力与意愿匹配度高，中西部地区农业转移人口市民化能力滞后于市民化意愿。石智雷与彭慧（2015）就转移人口业余生活方式对其市民化意愿影响进行了分析，研究表明，精神感受对转移人口融入城市非常重要，有益且满足高层次需要的业余生活能有效提升农业转移人口市民化意愿，无益或含有负能量的业余生活将抑制农业转移人口市民化意愿。

5.2 变量描述与模型设计

5.2.1 数据来源

本章使用数据来自"农业转移人口调查数据库",该数据库由武汉大学经济发展研究中心实施建设,调查受 2016 年度教育部人文社会科学重点研究基地重大项目"新型城镇化过程中农业转移人口市民化关键问题研究"资助。调查共发出 3000 份调查问卷,回收 1500 余份,经过整理筛选获得有效样本量为 1409 份。为了避免一些收入差异过大样本的不良影响,对个人收入水平前后各 1% 的样本予以剔除,最终进入分析的样本量为 1381 份。

5.2.2 变量选择与描述

1. 被解释变量

本章因变量为农业转移人口市民化意愿,采用户籍转换意愿、职业转换意愿、土地退出意愿和身份认同意愿四个维度来表示农业转移人口市民化意愿。本书用土地退出意愿为被解释变量作稳健性检验。户籍转换意愿用"你希望将户口落在哪里"来表示,该问题的选项有:(1)北上广深;(2)津渝或省会城市;(3)其他大城市;(4)中等城市;(5)小城市;(6)县城或集镇;(7)老家农村。当选择落户在农村(即 7 选项),表示不愿意落户城市,用"0"表示;当选择落在城镇(即 1~6 选项),用"1"表示,表示愿意落户城镇。职业转换意愿用"你是否愿意完全转移到非农职业"来表示。该问题选项分为 1~5 个等级,1 表示非常不愿意,2 表示比较不愿意,3 表示一般,4 表示较为愿意,5 表示非常愿意。我国缺乏对一般人的"普遍信任",导致被调查者在受访中多持谨慎态度(李晔和刘华山，2006）；所以，本书认为个体在主观意愿表达为"一般"时，往往蕴含着个体对备选问题持有怀疑和不确定。故本书将1~3合并为不愿意，用"0"表示；将4~5合并为愿意，用"1"表示。身份认同意愿用"在个人身份上，你愿意认同自己是哪种人"表示。选择为农民或农民工时，用"0"表示；当选择为市民时，用"1"表示。土地退出意愿用"你是否愿意完全退出农村土地"来表示，该问题选项分为1~5个等级，1表示非常不愿意，2表示比较不愿意，3表示一般，4表示较为愿意，5表示非常愿意。处理方法与"职业转换意愿"一致，将1~3合并为不愿意，用"0"表示；将4~5合并为愿意，用"1"表示。故此，所有被解释变量被转换为二分类变量。经统计，愿意落户城镇的样本比例为42.8%，具有职业转换意愿的样本比例为54.4%，具有身份认同意愿的样本比例为33.4%。转移人口职业转换意愿最强，户籍转换意愿次之，身份认同意愿最低。

2. 核心解释变量

本章核心解释变量为转移人口的非财富资本禀赋，具体包括社交媒体使用、受教育水平、技能水平、健康水平、市民的态度、熟人中市民数、共事的市民数。社交媒体使用是本书特别关注的核心解释变量，采取问卷中"你是否使用QQ或微信"表示，核心解释变量为二分类变量。如若得到肯定回答，则赋值为"1"；否则，则赋值为"0"。经统计，使用社交媒体样本量为1174份，占总样本量的85%，说明社交媒体在农业转移人口群体中的使用较高。本章选择"熟人市民数""市民的态度"和"同事市民数"三个变量，度量农业转移人口具有的跨越型社会资本弱关系规模与信任对农业转移人口市民化意愿的影响。"关系密切的熟人""工作关系中的同事""一般接触的市民"在个体社会关系网络中的位置由内及外，分别处于转移人口社会关系网络的内核、内核外围及社会网络边缘，代表的信任也是依次递减。这三变量都分为五个等级，1表示很差或很少，2表示较差或较少，3表示一般，4表示较好或较多，5表示很好或很多。

3. 控制变量

控制变量包括人口特征、就业特征、迁移特征、家庭特征、劳动保障特征、公共服务供给等变量。除了公共服务供给变量外，其他控制变量与第4章一样，此处不再叙述。本书选择四个变量来考察公共服务供给对农业转移人口市民化意愿的影响，这四个变量为"公共教育保障满意度""公共医疗保障满意度""基本住房保障满意度""社区与政府行政管理满意度"，分别表示农业转移人口对流入城市公共教育服务、公共医疗卫生服务、基本住房保障公共服务以及社区和政府日常管理服务供给的满意度。这四个变量在问卷中共设置五个等级，分别设置：1表示很低，2表示较低，3表示一般，4表示较高，5表示很高。经统计，样本对公共教育保障、公共医疗保障、基本住房保障和社区与政府管理服务供给的满意度，在一般及以下的比例分别为77.3%、72.9%、82.3%和77.8%。农业转移人口对城镇公共服务供给满意度总体较低，也说明城镇对农业转移人口公共服务供给存在严重缺位。

农业转移人口劳动保护和公共服务的获得是个人能力的一种表现，在一定程度上代表了个人在城市的发展能力。个人能签订正式劳动合同、加入工会和获得充足的公共服务供给，则表明个人在城市发展得比较好，与城市嵌入得比较紧密。

各变量描述结果如表5-1所示。

表5-1　　　　　　　　农业转移人口市民化意愿变量描述

变量	最小值	最大值	均值	标准差	变量说明
户籍转换意愿	0	1	0.430	0.495	0=不愿意落户城镇，1=愿意落户城镇
职业转换意愿	0	1	0.540	0.498	0=不愿意放弃农地生产，1=愿意放弃农地生产
土地退出意愿	0	1	0.120	0.326	0=不愿意退出农地，1=愿意退出农地
身份认同意愿	0	1	0.330	0.472	0=农民工或农民，1=市民
社交媒体使用	0	1	0.850	0.357	0=不使用社交媒体，1=使用社交媒体

续表

变量	最小值	最大值	均值	标准差	变量说明
受教育水平	1	4	2.590	0.984	1 = 小学及以下，2 = 中学，3 = 高中及中专，4 = 大专及以上
技术水平	1	5	2.980	1.141	1 = 很低，2 = 较低，3 = 一般，4 = 较高，5 = 很高
健康水平	1	5	4.080	0.848	1 = 很低，2 = 较低，3 = 一般，4 = 较高，5 = 很高
相对收入	0.118	5.889	0.997	0.679	转移人口年劳动收入与流入地城镇职工年收入比
市民的态度	1	5	3.060	1.027	1 = 很差，2 = 较差，3 = 一般，4 = 较好，5 = 很好
熟人中市民数	1	5	2.250	1.450	1 = 很少，2 = 较少，3 = 一般，4 = 较多，5 = 很多
共事的市民数	1	5	2.450	1.190	1 = 很少，2 = 较少，3 = 一般，4 = 较多，5 = 很多
个人特征					
性别	0	1	0.590	0.492	0 = 女性，1 = 男性
代际	1	3	1.930	0.800	1 = 80 前，2 = 80 后，3 = 90 后
婚姻	0	1	0.780	0.413	0 = 无配偶，1 = 有配偶
就业与迁移特征					
就业行业	0	1	0.590	0.492	0 = 第二产业，1 = 第三产业
就业身份	0	1	0.210	0.405	0 = 雇员，1 = 雇主或自雇
务工模式	0	1	0.850	0.359	0 = 兼农务工，1 = 专职务工
迁移距离	0	1	0.62	0.487	0 = 省内迁移，1 = 跨省迁移
迁入区域	0	1	0.62	0.485	0 = 迁入中西部，1 = 迁入东部
家庭特征					
家庭人口数	2	23	4.65	1.790	家庭全部人口总数
土地经济化	0	1	0.22	0.416	0 = 土地未流转或未征收，1 = 土地流转或征收
劳动保障					
签订劳动合同	0	1	0.58	0.494	0 = 未签正式劳动合同，1 = 签订正式劳动合同

续表

变量	最小值	最大值	均值	标准差	变量说明
加入工会组织	0	1	0.09	0.281	0 = 未加入工会组织，1 = 加入工会组织
公共服务满意度					
公共教育	1	5	2.72	1.054	1 = 很低，2 = 较低，3 = 一般，4 = 较高，5 = 很高
公共医疗	1	5	2.94	0.985	1 = 很低，2 = 较低，3 = 一般，4 = 较高，5 = 很高
基本住房保障	1	5	2.54	1.018	1 = 很低，2 = 较低，3 = 一般，4 = 较高，5 = 很高
政府行政管理	1	5	2.75	1.012	11 = 很低，2 = 较低，3 = 一般，4 = 较高，5 = 很高

5.2.3 模型设计

假设农业转移人口为"经济人"，农业转移人口市民化意愿将基于个人市民化在未来一段时间内的收益与成本比而定。当预期收益大于预期成本，农业转移人口则愿意市民化；如果预期收益小于预期成本，则不愿意市民化。农业转移人口预期收益主要来自两部分：个人可行能力在城务工带来的预期收益和农地流转收益。个人预期成本包括：可行能力的预期成本支出和农地经营收益的损失值，农地经营收益损失值是农地流转收益的机会成本。转移人口市民化意愿指数（∂）为：

$$\partial = 预期收益/预期成本 \quad\quad (5-1)$$

$$\partial = （可行能力务工预期收益 + 土地流转收益）/$$

$$（可行能力维持的预期成本 + 农地经营收益损失） \quad (5-2)$$

农业转移人口可行能力的预期收益可表示为：$W = w_0 \sum_{t=0}^{\tau-n} (1 + \gamma_1)^t$。其中，$w_0$ 是当年务工收益，γ_1 是转移人口对未来个人在城务工收益的主观判断形成的主观变化率，$\tau-n$ 表示在城可务工的年限，τ 为务工年龄上限，n 是开始务工的年龄。假设土地流转可获取一次性收益 A。转移人口可行能力维持的预期成本 $C = c_0 \sum_{t=0}^{\tau-n} (1+\gamma_2)^t$，$\gamma_2$ 是对为未来市民化能力维持的主观变化率，农地经营收益损失 $B = b_0 \sum_{t=0}^{\tau-n} (1+\gamma_3)^t$，$\gamma_3$ 是农地收益判断的主观变化率。则市民化意愿指数可表示为：

$$\partial = \frac{w_0 \sum_{t=0}^{\tau-n} (1+\gamma_1)^t + A}{c_0 \sum_{t=0}^{\tau-n} (1+\gamma_2)^t + b_0 \sum_{t=0}^{\tau-n} (1+\gamma_3)^t} \qquad (5-3)$$

借助叶俊焘（2017）的处理方法，如果将 $\gamma_3 = 0$，即将每年农业经营损失视为定值，则预期成本可抽象成 $C' = c_0' \sum_{t=0}^{\tau-n} (1+\gamma_2')^t$，预期收益抽象成 $W' = w_0' \sum_{t=0}^{\tau-n} (1+\gamma_1')^t$；则市民化意愿指数可以抽象成：

$$\partial = \partial_0 \sum_{t=0}^{\tau-n} (1+\gamma')^t \qquad (5-4)$$

∂_0 是市民化能力当期收益率，γ' 是可行能力收益未来预期主观变化率。如果农业转移人口感知 $\partial > 1$，则会有市民化意愿；如果 $\partial \leq 1$，则不愿意市民化意愿。

据此，可以采取 Logistic 方法构建计量模型。模型如下：

$$\text{Logit}\left(\frac{P}{1-P}\right) = \alpha_0 + \alpha_1 SM + \alpha_2 EC + \sum_{i=1}^{m} (\delta_i \times HC_i)$$

$$+ \sum_{j=1}^{n} (\rho_j \times SC_j) + \sum_{k=1}^{w} (\beta_k \times CV_k) + \varepsilon \qquad (5-5)$$

其中，P 表示户籍转换意愿、职业转换意愿和身份认同意愿的相应概率；SM 表示社交媒体使用变量；EC 是经济资本变量；HC 是人力资本变量，包含受教育水平、技术水平和健康水平；SC 是社会资本变量组，包括市民的态度、共事市民化数、熟人市民数；CV 是控制变量组，包括一般人口学特征（代际、性别和婚姻）、迁移特征（迁移距离和迁入区域）、就业特征（就业行业和就业身份）、劳动保护（签订劳动合同和加入工会）、家庭特征（家庭人口数和土地经济化）和公共产品与服务等变量；α_0 是常数项，α_1、α_2、δ_i 和 ρ_j 是核心解释变量的偏回归系数，β_k 是各控制变量的偏回归系数，ε 是扰动项。回归估计结果如表 5-2 所示，样本量为 1381 份。

表5-2 农业转移人口市民化意愿基准模型估计结果

变量	户籍转换意愿			职业转换意愿			身份认同意愿		
	系数值	标准误	Exp（B）	系数值	标准误	Exp（B）	系数值	标准误	Exp（B）
社交媒体使用	0.561**	0.238	1.752	0.354*	0.204	1.424	-0.216	0.265	0.805
受教育水平	0.135	0.089	1.145	0.053	0.074	1.055	0.805***	0.088	2.241
技术水平	-0.022	0.067	0.978	-0.043	0.056	0.958	0.274***	0.066	1.332
健康水平	-0.200**	0.086	0.819	0.138*	0.073	1.148	-0.012	0.085	0.988
相对收入	-0.208*	0.116	0.812	0.719***	0.115	2.052	0.595***	0.112	1.813
市民的态度	1.011***	0.083	2.748	0.025	0.062	1.025	0.084	0.073	1.141
熟人中市民数	-0.026	0.056	0.974	0.019	0.047	1.020	0.127**	0.053	1.136
共事的市民数	-0.129*	0.071	0.879	0.054	0.058	1.055	0.043	0.068	1.044
性别（女=0）	-0.123	0.150	0.884	-0.004	0.128	0.996	-0.400***	0.144	0.671
代际（"80前"=0）"80后"	-0.023	0.194	0.977	0.407**	0.158	1.502	0.047	0.190	1.048
"90后"	-0.178	0.225	0.837	1.228***	0.191	3.451	0.542**	0.216	1.720
婚姻（未婚=0）	-0.133	0.198	0.875	-0.046	0.167	0.955	0.189	0.184	1.208
就业行业（三产业=0）	-0.086	0.154	0.917	0.054	0.129	1.056	0.674***	0.148	1.962
就业身份（雇员=0）	0.116	0.196	1.123	0.129	0.166	1.138	0.163	0.186	1.177
务工模式（兼业=0）	0.395*	0.206	1.484	0.643***	0.175	1.903	1.308***	0.267	3.697
迁移距离（省内=0）	0.458**	0.229	1.581	-0.276	0.201	0.759	-0.101	0.213	0.904
迁入区域（中部=0）	-0.575**	0.239	0.563	-0.037	0.210	0.963	-0.237	0.224	0.789

续表

变量	户籍转换意愿			职业转换意愿			身份认同意愿		
	系数值	标准误	Exp（B）	系数值	标准误	Exp（B）	系数值	标准误	Exp（B）
家庭人口数	-0.010	0.040	0.990	0.007	0.035	1.007	-0.011	0.037	0.989
土地经济化	-0.070	0.171	0.932	0.572***	0.149	1.772	-0.089	0.170	0.915
劳动合同	0.108	0.166	1.114	0.219	0.141	1.245	0.242	0.164	1.273
工会组织	-0.153	0.256	0.858	1.242***	0.250	3.462	0.469**	0.233	1.598
公共教育	0.486***	0.087	1.626	0.011	0.073	1.011	0.073	0.080	1.076
公共医疗	0.327***	0.096	1.387	-0.143*	0.081	0.867	-0.093	0.089	0.911
基本住房保障	0.368***	0.089	1.444	0.040	0.077	1.041	0.191**	0.087	1.121
政府行政管理	0.548***	0.085	1.730	0.198***	0.071	1.217	0.054	0.083	1.055
常数项	-7.831***	0.653	0.000	-3.166***	0.491	0.047	-6.653***	0.617	0.001
-2LL	1234.312			1632.211			1370.464		
Cox and Snell R²	0.376			0.179			0.311		
Nagelkerke R²	0.505			0.239			0.418		

注：*、**、***分别表示在10%、5%和1%水平上显著。

5.3　实证结果分析与进一步讨论

5.3.1　基准模型实证结果与分析

社交媒体使用对农业转移人口市民化意愿的影响。社交媒体使用对转移人口户籍转换意愿有正向影响，在 5% 水平上显著；对职业转换意愿也有正向影响，在 10% 水平上显著；社交媒体使用对转移人口身份认同意愿具有负向影响，但不具有显著性。使用社交媒体能使农业转移人口户籍转换意愿发生比提升 75.2%，使职业转换意愿发生比提升 42.4%，但会导致身份认同意愿发生比下降 19.5%。社交媒体是具有信息交互功能、人际关系维护与拓展功能、知识学习功能、休闲娱乐功能、营销经商功能等多种功能的一种综合体。社交媒体使用能提升主观幸福感（倪晓莉和邵潇怡，2019），会带来大量丰富而新鲜的外部信息，从而加强了农业转移人口对城市美好生活的向往和城市户籍的渴望。社交媒体使用的信息交互功能可以带来大量及时有效的就业信息，有利于为转移人口对城市就业机会的掌控和就业成本的降低，增强农业转移人口完全转移到非农职业上来的意愿。社交媒体使用对身份认同意愿的负向影响，可能源于以下几方面的原因。第一，社交媒体构建的是一个虚拟交互空间，个体可以在该空间中构建一个完全不等同现实自我的虚拟形象，但自我的现实形象与虚拟空间构造的网络形象的鲜明反差，会导致农业转移人口的低自尊（倪晓莉和邵潇怡，2019），形成对自我身份的低认同。第二，大多农业转移人口人力资本和社会资本的缺乏，导致难以建立与城市居民真正有效的人际关系，社交媒体使用反而固化了强社会关系网络间的交互（何晶，2010），加固了他们作为"外来人群"的体验，强化了群体的区隔意识。第三，社交媒体使用会导致个体身份认同多元化和模糊化（潘宇和刘胜枝，2019），使农业转移人口对自身身份具有多重认同和不确定性。

受教育水平对市民化意愿有正向影响。教育水平每提升一个层级，可

以使户籍转换意愿发生比提升 14.5%，使职业转换意愿发生比提升
5.5%，使身份认同意愿发生比提升 124.1%，且对身份认同意愿的影响
在 1% 水平具有显著性。技术水平对户籍转换意愿和职业转换意愿有负向
影响，但不显著；技术水平对身份认同意愿具有正向影响，且通过了 1%
显著性检验；技术水平每提升一个级别，可以使身份认同意愿发生比提升
33.2%。转移人口的健康水平对户籍转换意愿和身份认同意愿具有负向影
响，对职业转换意愿具有正向影响。健康水平每提升一个层级，将使户籍
转换意愿降低 18.1%，使职业转换意愿提升 14.8%，且分别在 5% 和
10% 水平上显著。健康水平对户籍转换意愿的负向影响，可能源于身体健
康的转移人口更看重农村户口的未来价值，并因身体健康而对粘连在城市
户籍上的社会福利缺乏关注与需要。上述结果说明，高人力资本转移人口
更倾向从内心认同自身的市民身份，转移人口户籍转换意愿与职业转换意
愿与个人受教育水平和技能水平关联性不明显，身体健康的转移人口更看
重农村户口的未来价值。

　农业转移人口相对收入对户籍转换意愿具有负向影响，在 10% 水平
上通过显著性检验；相对收入每增加 1 个单位，使户籍转换意愿发生比减
低 18.8%。相对收入水平对职业转换意愿和身份认同意愿具有正向影响，
两者在 1% 水平上通过显著性检验。转移人口相对收入水平增加 1 个单
位，可以使职业转换意愿和身份认同意愿两者的发生比分别增长 105.2%
和 81.3%。高收入农业转移人口可以通过经济手段来得到或实现户籍提
供给居民的保障和便利，且高收入农业转移人口更容易穿透"双重户籍
墙"而成为真正的市民。所以，个人收入水平对户籍转换意愿负向影响可
能源于两个方面：一是高收入群体可以通过市场购买来弥补个人非城市户
籍带来的损失，如子女在私立学校接受教育，或购买商业医疗保险等；二
是高收入转移人口对农地未来预期更为积极，更看重农地的未来收益，而
低收入群体则更看重农地的近期收益，以便于"携资进城"。转移人口收
入水平越高，空间上流动性越强，参与社会活动更容易，与市民接触机会
多，其生活方式及质量必然逐渐与城市居民趋同；两群体间在收入与生活
差距的缩小，会弱化转移人口"外来人"的自我看法，在内心也逐渐将
自己视同为"城市居民"。此外，随着农村和农业的改革，农村土地和农

村户口的价值愈发凸显，这也吸引高收入农业转移人口不愿意放弃农村户口。

社会资本对市民化意愿的影响。城市居民是农业转移人口市民化的重要利益相关者，城市居民在享受外来人口带来的经济红利和生活便利的同时，也要承担因外来人口涌入所形成的社会与经济成本。城市居民对转移人口的积极态度，将会淡化转移人口城市"过客心理"。实证表明，城市居民对农业转移人口的态度每提升一个层级，户籍转换意愿发生比将提高174.8%，在1%水平上显著；使职业转换意愿发生比提高2.5%，使身份认同意愿提升14.1%，但皆不具有显著性。熟人中市民数对转移人口户籍转换意愿和职业转换意愿影响不明显，但能显著提升转移人口身份认同意愿。熟人中市民数增加一个层级，能使转移人口身份认同意愿发生比提升13.6%，并通过5%显著性检验。共事市民数能显著减低户籍转换意愿。共事市民数每提升一个层级，使户籍转换意愿发生比下降12.1%，在10%水平上显著。总而言之，本书认为转移人口弱社会关系形成的社会资本对市民化意愿影响主要源于以下原因：一是弱社会关系能够为转移人口提供更加有价值的资源支持，这种资源支持能弥补个人非城市户籍所带来的部分损失，并且能有效提升个人就业质量和收入水平；二是转移人口弱社会关系规模以及与之的信任关系，可以弱化转移人口"城市过客"心理，强化转移人口的社会流动信念和对支配群体身份的认同。这里"社会流动"指相信群体间的边界可以渗透，个体能从一个群体"穿越"进入另一个群体。[①]

个体人口特征对市民化意愿的影响。女性转移人口市民化意愿整体要高于男性。男女在职业转换意愿上差异较小，在户籍转换意愿上差异次之，但在身份认同意愿上的差异较大。女性身份认同意愿显著高于男性，男性身份认同意愿的发生比只相当于女性的67.1%，且在1%水平上具有显著性。代际间的市民化意愿具有明显差异性。转移人口越年长，户籍转换意愿越强烈，但不具有显著性；转移人口越年轻，职业转换意愿和身份

---

① 迈克尔·A. 豪格，多米尼克·阿布拉姆斯. 社会认同过程［M］. 高明华，译. 北京：中国人民大学出版社，2011：28.

认同意愿越强烈。相比"80 前","80 后"转移人口职业转换意愿非常显著,职业转换意愿在 5% 水平上显著为正,但户籍转换意愿和身份认同意愿不具有显著性。相比"80 前"转移人口,"90 后"市民化意愿具有明显差异,户籍转换意愿比"80 前"低 16.3%,而职业转换意愿和身份认同意愿的发生比则是"80 前"的 3.45 倍和 1.72 倍,且分别通过 1% 和 5% 显著性检验。以上结果说明,"80 前"农业转移人口更倾向于落户城镇,"80 后"转移人口更倾向于职业转换,而"90 后"新生一代则更具有强烈的职业转换意愿和身份认同意愿。婚姻对户籍转换意愿和职业转换意愿有负向作用,对身份认同意愿有正向作用,但不具有显著性。

就业特征对市民化意愿的影响。在第三产业就业会降低户籍转换意愿,但能增加职业转换意愿和身份认同,对身份认同影响尤其显著。农业转移人口在第三产业就业身份认同发生比是在第二产业就业的 1.96 倍。自雇和雇主身份可以提升市民化意愿,但不具有显著性。务工模式对市民化意愿具有正向显著影响。相比兼农务工,专职务工可以使农业转移人口户籍转换意愿发生比提高 48.4%,使职业转换意愿发生比提高 90.3%,使身份认同意愿发生比提高 269.7%。第三产业就业与城市居民交往密切性高,在与城市居民的密切接触中,农业转移人口的生活理念、价值认同、行为方式等必然会与城市居民趋同。基于自身资金缺乏和风险抵抗能力弱的特点,农业转移人口创业多属于生存性创业,多以小卖部、小商贩和小微企业为主,投入少且经营规模小,利润单薄、生存周期短。相比兼农务工,专职务工人口与城市联系更加紧密,更容易得到企业青睐而工作相对稳定,经济收入相应更高,未来预期性也更好。同时,长期在城市务工,与农业生产长期脱离导致自身农业生产的生疏,使专职务工人员既无返回农村的经济动力,又缺乏从事农业生产的勇气和毅力。

迁移特征对市民化意愿的影响。跨省迁移能显著提升农业转移人口户籍转换意愿概率,但对职业转换意愿和身份认同意愿具有负向影响,但不具有显著性。农业转移人口跨省迁移,能使户籍转换意愿发生比提高 58.1%,且在 5% 水平上显著;使职业转换意愿和身份认同意愿发生比下降 24.1% 和 9.6%。农业转移人口流入东部城市对市民化意愿有负向影响,且对户籍转换意愿的影响在 1% 水平上显著。流入东部城市,使户籍转换意愿发生比减低43.7%，使职业转换意愿发生比减低3.7%，使身份认同意愿发生比减低21.1%。东部城市中的北京、上海和广州皆采用积分落户政策，一般农业转移人口落户难度极大，"城市过客"心理明显。

家庭特征对市民化意愿的影响。家庭成员数量对市民化意愿的影响不明显，家庭土地经济化对职业转换意愿具有显著性正向影响，家庭有土地征收或流转将使职业转换意愿发生比提升77.2%，且在1%水平上显著。家庭土地被征收，将导致家庭耕地减少，家庭愈发依赖非农生产来满足家庭消费支出需要。家庭土地流转，既可以获取一笔收入，并可以因流转而避免土地抛荒导致肥力下降，同时，农业转移人口可以拥有更多时间和精力来从事非农生产。

劳动保护对市民化意愿的影响。劳动合同对市民化意愿具有正向影响，但不显著。签订正式劳动合同，可以使户籍转换意愿发生比提升11.4%，使职业转换意愿发生比提升24.5%，使身份认同意愿提升27.3%。加入工会，可以使职业转换意愿发生比提升246.2%，且在1%水平上具有显著性；可以使身份认同意愿提升59.8%，且在5%水平上具有显著性。由此可知，劳动保护可以提升农业转移人口市民化意愿，但农业转移人口享有劳动保护尚有不足。劳动合同的不规范、权益不对称以及劳动合同执行不力，导致农业转移人口不愿意签订劳动合同的情况常有出现，无劳动合同虽然可以促使农业转移人口自由流动，但缺乏劳动保护也会导致农业转移人口的合法权益难以得到保障。工会的重要使命在于维护职工合法正当权益，加入工会组织对农业转移人口劳动和权益获取具有重要作用，但因在次劳动力市场就业缘故，大多农业转移人口难以得到工会组织的帮助。

公共服务供给对市民化意愿的影响。公共教育对市民化意愿有正向影响，对户籍转换意愿的影响在1%水平上显著。公共教育满意度提升1个层级，可以使户籍转换意愿提升62.2%，对职业转移意愿影响只有1.1%，可使身份认同意愿提升7.6%。公共医疗对市民化影响方向存在维度差异，对户籍转换意愿有正向影响，且在1%水平上显著；对职业转移意愿和身份认同意愿有负向影响，前者在10%水平上显著，后者不具有显著性。转移人口公共医疗的负向影响，可能出于医疗服务水平的满意评价，而没有考虑到公共医疗存在的城乡身份差异。基本住房保障对转移人口市民化意愿有正向影响，且对户籍转换意愿和身份认同意愿影响具有显著性；基本住房保障每提升一个层级，可以使转移人口户籍转换意愿增加 44.4%，使职业转换意愿增加 4.1%，使身份认同意愿增加 12.1%。政府行政管理对转移人口市民化意愿具有正向影响，且对户籍转换意愿和职业转换意愿影响具有显著性。政府行政管理满意度提升一个层级，可使户籍转换意愿增加 73%，使职业转换意愿增加 21.7%，使身份认同意愿增加 5.5%。基于中国的"恩往下流"的特点，农村父母非常看重自己下一代享有更高质量的教育机会，希望通过教育来实现下一代命运的翻转。所以，转移人口对城市公共教育越满意，越能激发落户城市的意愿。因为城市公共教育服务供给既可以增强农业转移人口在城市的家庭完整性和减少子女留守农村的痛苦，还能切断人力资本贫困的代际传递，提高下一代向上流动的可能性。中国人"家"的观念根深蒂固，所以农业转移人口对城市基本住房保障的需求非常迫切。城市基本住房保障服务供给程度高，可以有效提升农业转移人口落户城市意愿和市民身份的认同。此外，基于城市住房价格不断攀升，以及个人对生存质量要求的不断提高，城市基本住房保障变得愈发重要。与城市居民享有同等的公共医疗服务，有利于农业转移人口身体健康保持和医疗费用节约，对农业转移人口落户城镇的引诱力不小。政府行政管理的效率和公平性，有利于提升居民对城市的接纳，以及提升在工作和生活中的便利性。所以，公共服务供给对转移人口户籍转换意愿提升非常重要，而提升政府行政管理水平能显著提升转移人口职业转换意愿，增加住房保障对转移人口的覆盖面和保障力度能显著提升转移人口的身份认同意愿。

由上述分析可知，在社会信息化背景下，社交媒体使用对农业转移人口的户籍转换意愿和职业转换意愿具有显著的促进作用，但也提升了"外来人"自我感受，从而导致身份认同意愿的减弱。转移人口社会资本对户籍市民影响较为显著，人力资本对身份认同意愿影响较为显著，经济资本对转移人口各维度市民化意愿都具有影响。从推拉理论来看，户籍转换意愿主要受城市拉力（宏观层面上城市公共服务供给和微观层面上个体对城市市民态度的感知）的影响，职业转换意愿受到城市拉力（宏观层面上政府行政管理能力与微观层面上个体劳动收入和务工模式选择）和农村推力（宏观层面上的土地流转制度和微观层面上个体家庭土地经济化）的双重影响，而身份认同意愿受到城市拉力、农村推力影响和自身因素三方面的影响。为利于比较，本书标准化处理了各变量的回归系数。标准化回归系数 = Logistic 回归系数 × 标准差/1.8138，标准差如表 5 - 1 所示。经回归系数标准化处理后可知：对户籍转换意愿影响最大的六个变量从大到小依次为"市民的态度""政府行政管理""公共教育保障""基本住房保障""基本医疗保障""转入区域"；对职业转换意愿影响最大的六个变量从大到小依次为"代际""相对收入水平""加入工会组织""土地经济化""务工模式""政府行政管理"；对身份认同意愿影响最大的六个变量从大到小依次为"受教育水平""务工模式""相对收入水平""技术水平""性别""加入工会组织"。

归纳而言，以公共服务供给为代表的社会制度因素是影响户籍转换意愿的关键，以个人相对收入和就业为代表的经济因素是影响职业转换意愿的关键，而身份认同意愿更多受人力资本和就业因素的影响，即政府"制度增能"对转移人口户籍转换意愿影响巨大，但光有政府"制度增能"还是不够的，要让农业转移人口完全融入城市，还需要全面提升转移人口的资本禀赋，通过"自我增能"来实现完全市民化。

5.3.2 稳健性检验

为了检验上述实证结果的稳健性，本书用样本的"完全退出农地意愿"作为被解释变量来进行 Logistic 回归分析，如表 5 - 3 所示。农业转移人口对农村土地的完全退出意愿，是一种与土地所有权益完全割裂的意愿，在一定程度上反映出农业转移人口脱离农村成为市民的意愿。样本中，农业转移人口关于完全退出农地意愿分为"1 = 完全不愿意""2 = 较不愿意""3 = 一般""4 = 较愿意"和"5 = 完全愿意"五个层级。本书将 1 ~ 3 归为弱农地退出意愿，用"0"表示；将 4 ~ 5 归为强农地退出意愿，用"1"表示，从而将完全农地退出意愿转化为一个二分类变量。经统计，样本农地退出意愿在一般及以下者的比重为 87.9%，其中有

51.8%的样本表示完全不愿意。这说明农业转移人口对农村土地完全退出抱着非常谨慎的态度，人们不会轻易放弃农地承包权及土地有关权益。转移人口对农地的保障功能和经济功能依然非常看重。为了简便，表5-3只列出具有显著性的部分变量回归结果。

表5-3 农业转移人口市民化意愿稳健性检验

变量	农地完全退出意愿		
	系数	标准误	Exp（B）
社交媒体使用	-1.102***	0.250	0.332
受教育水平	0.053	0.110	1.054
技术水平	0.061	0.082	1.063
健康水平	0.127	0.109	1.135
相对收入	-0.299*	0.162	0.741
市民的态度	-0.059	0.091	0.943
熟人中市民数	0.228***	0.063	1.256
共事市民数	-0.076	0.083	0.927
迁入区域	-0.502*	0.293	0.605
土地经济化	-0.445*	0.231	0.641
加入工会组织	0.543*	0.294	1.721
公共教育保障	0.224**	0.104	1.250
其他控制变量	Y（控制）		
-2LL	927.849		
Cox and Snell R^2	0.064		
Nagelkerke R^2	0.122		
样本量	1381		

注：*、**、***分别表示在10%、5%和1%水平上显著。

从表5-3可知，社交媒体使用对农业转移人口农地完全退出意愿具有显著的负向影响；使用社交媒体使转移人口农地完全退出意愿发生比下降66.8%，且通过1%显著性检验。社交媒体的信息交互和学习功能，让农业转移人口对国家农村有关政策能有全面且更深入的了解，对农地、农村和农业的未来价值有积极而强烈的预期。对于农地未来价值的高期望，必然会弱化转移人口农地完全退出意愿。相对收入水平对转移人口农地退出意愿具有负向影响，且在 10% 水平上显著。农业转移人口中高收入群体的农地完全退出意愿更弱，高收入群体对土地的未来收益预期有着更加乐观的预期。熟人中市民数对转移人口农地完全退出意愿有显著正向影响。熟人市民数每提升 1 个层级，可以使转移人口土地完全退出意愿发生比提升 25.6%，其在 1% 水平上显著。这可能源于城市熟人网络基于社会关系规模与信任，可以为转移人口在城市提供更多机会与资源，从而弱化了对土地保障功能和经济功能的需要。迁入东部城市、家庭土地发生流转或征收对农地完全退出意愿有负向显著影响，加入工会组织和公共教育保障对农地完全退出意愿有正向显著影响。虽然社交媒体对农地完全退出意愿的影响方向与对户籍转换意愿和职业转换意愿影响方向不一致，但正说明了使用社交媒体能影响样本对于具体事务的看法和态度。个体相对收入水平、迁入区域、土地经济化、加入工会对农地完全退出意愿影响与对户籍转换意愿影响具有稳健性。总体而言，社交媒体使用可以显著影响农业转移人口市民化意愿，农业转移人口即希望获取城镇户籍，但又不希望完全退出农村土地，农业转移人口对于以放弃农地作为城镇落户条件可能会表现出非常谨慎的态度。农业转移人口收入水平对城镇落户意愿和土地退出意愿都具有负向影响，这可能源于高收入群体对农地的未来预期更加乐观。

5.3.3 使用社交媒体与社会关系互动对市民化意愿的影响分析

社交媒体的一个重要功能就是拓展和构建人际关系网络。QQ 和微信都有添加好友、建立群组和朋友圈功能，可以将血缘、地缘、业缘、趣缘等各种关系网中的个体通过虚拟网络而联结在一起，实现个体社会关系网络规模的拓展。借助社交媒体的即时交互功能，可以与关系网络中的其他个体实现高频率互动，增强个体与群体间的信任程度，从而实现社会资本的积累。本书将基于社交媒体使用而构建的社会关系分为网络强社会关系和网络弱社会关系。网络强社会关系是基于血缘、地缘等原始关系而形成的一种相对静态的关系网络，这种关系网络稳定且具有闭合性。网络弱社会关系是基于业缘、趣缘等新型关系而形成的一种相对动态的关系网络，成员在关系网络中所处位置不固定，且网络开放性强易变动。本书关注社交媒体使用下形成的网络强、弱社会关系规模与强度对农业转移人口市民化意愿的影响，用"你使用QQ或微信与老乡亲戚交往的频率"来衡量强社会关系强度，用"你使用QQ或微信与本地城镇居民交往的频率"来衡量弱社会关系强度。用"QQ和微信中老乡与亲戚的数量"来表示强社会关系规模，用"QQ和微信中城市居民数量"来表示弱社会关系规模。这四个变量分别包含了"很少""较少""一般""较多""很多"，采用李克特五级量表1~5来分别赋值。回归结果如表5-4所示。

表5-4 使用社交媒体与社会关系互动对市民化意愿影响的估计结果

变量	户籍转换意愿			职业转换意愿			身份认同意愿		
	系数值	标准误	Exp（B）	系数值	标准误	Exp（B）	系数值	标准误	Exp（B）
强社会关系规模	0.049	0.087	1.050	0.142*	0.073	1.153	0.086	0.081	1.090
弱社会关系规模	-0.100	0.098	0.904	0.096	0.081	1.101	0.139	0.089	1.149
强社会关系强度	-0.105	0.083	0.900	0.004	0.070	1.004	-0.089	0.078	0.915
弱社会关系强度	0.007	0.092	1.007	0.086	0.076	1.089	0.148*	0.083	1.159
控制变量	Y（控制）			Y（控制）			Y（控制）		
-2LL	1040.561			1390.515			1172.219		
Cox and Snell R²	0.382			0.159			0.268		
Nagelkerke R²	0.513			0.214			0.367		
样本量	1174			1174			1174		

注：*、**、***分别表示在10%、5%和1%水平上显著。

从表5-4可知，强社会关系规模对市民化意愿有正向影响，且对转移人口职业转换意愿在10%水平上显著。强社会关系是基于"血缘""亲缘""地缘"等初始关系而形成的社会关系，强社会关系群体间往往基于义务或责任而提供资源支持，但因自身资源约束而导致支持力度有限。所以，强社会关系规模对转移人口职业转换意愿有显著作用，而对户籍转换和心理身份认同意愿影响不显著。弱社会关系规模对户籍转换意愿有负向影响，对职业转换和身份认同意愿有正向影响，但皆不显著。强社会关系强度对户籍转换意愿和身份认同意愿有负向影响，对职业转移意愿有正向影响，说明转移人口与初始社会关系高频率联系，可能会加深对自身从属地位身份的认同和弱化户籍转换意愿，但高频率联系既可以抚慰思乡之苦，又可以获取更多信息而有利于城市就业。弱社会关系强度对转移人口市民化意愿有正向影响，且对身份认同意愿影响在10%水平上显著。

转移人口利用社交媒体与自身强社会关系网络的互动，可以增强原社会关系群体的凝聚力和信任，增强个体从原社会关系群体中获得的心理支持、信息支持和经济支持，增加转移人口从事非农生产的意愿。但农业转移人口与强社会关系网络交往过密，则容易使群体区隔意识加强，强化对于自身"外来人群"和"农民或农民工身份"的认同感。利用社交媒体与弱社会关系群体交互，可以增进转移人口对流入地居民的信任和自身为城市居民身份的认同，转移人口得到从弱社会关系处获得的有效资源，可以提升其在城市非农就业概率和向上流动的可能。总而言之，相对于弱社会关系规模，转移人口强社会关系规模对职业转换意愿影响更为显著；相比于强社会关系强度，转移人口弱社会关系强度对农业转移人口城市居民身份认同意愿影响更为显著。

5.3.4　农业转移人口市民化意愿的群体异质性分析

1. 不同代际转移人口市民化意愿的异质性分析

年龄是岁月与生活的沉淀，不同年龄段人口具有不同的诉求和需要。为此，本书将转移人口分为"80前""80后"和"90后"不同出生时间段三个群体，并对各年龄段群体的户籍转换意愿、职业转换意愿和身份认同意愿的占比进行统计，统计结果如表5-5所示。

表 5 - 5　　　　　　农业转移人口市民化意愿代际差异性比较

代际	户籍转换意愿		职业转换意愿		身份认同意愿	
	不愿意	愿意	不愿意	愿意	不愿意	愿意
"80 前"	59.30%	40.70%	62.10%	37.90%	80.70%	19.30%
"80 后"	58.90%	41.10%	43.50%	56.50%	62.40%	37.60%
"90 后"	52.50%	47.50%	27.90%	72.10%	54.50%	45.50%
总比例	57.20%	42.80%	45.60%	54.40%	66.60%	33.40%
F 值	2.523		56.814		38.791	
Sig.	0.081		0.000		0.000	

从表 5 - 5 可知,农业转移人口职业转换意愿最高,户籍转换意愿次之,身份认同意愿最低。"80 前"转移人口样本中,户籍转换意愿最强,身份认同意愿最弱;"80 后"转移人口样本中,职业转换意愿最强,身份认同意愿最弱;"90 后"转移人口样本中,职业转换市民化意愿最强,有72.1%的样本愿意职业转换,户籍转换意愿和身份认同意愿也约接近一半。通过方差分析发现,职业转换意愿和身份认同意愿的 F 值都通过了1%的显著性检验,户籍转换意愿 F 值通过了10%的显著性检验,这说明农业转移人口市民化意愿存在代际异质性。

为了进一步探析农业转移人口资本禀赋对其市民化意愿影响的代际差异,本书对不同出生时段样本进行 Logit 回归分析,估计结果如表 5 - 6、表 5 - 7 和表 5 - 8 所示。为了简洁,本书只展示出核心解释变量和部分具有显著性变量的估计结果。

(1)户籍转换意愿的代际差异。从表 5 - 6 可知,强社会关系规模对"80 后"转移人口户籍转换意愿有显著正向影响,但对"80 前"和"90 后"两群体具有负向影响,但不显著。弱社会关系规模对"90 后"转移人口的户籍转换意愿有正向作用,但对其他两个转移人口群体有负向影响,但不显著。强社会关系强度对转移人口户籍转换意愿有负向影响。强社会关系强度对"80 前"转移人口正向影响在10%水平上显著,对"80 后"转移人口有正向影响,对"90 后"转移人口有负向影响,但不显著。

表 5 - 6　　户籍转换意愿的代际差异性估计

<table>
<tr><th rowspan="3">变量</th><th colspan="6">户籍转换意愿</th></tr>
<tr><th colspan="3">"80 前"</th><th colspan="3">"80 后"</th><th colspan="3">"90 后"</th></tr>
<tr><th>系数值</th><th>标准误</th><th>Exp（B）</th><th>系数值</th><th>标准误</th><th>Exp（B）</th><th>系数值</th><th>标准误</th><th>Exp（B）</th></tr>
<tr><td>强社会关系规模</td><td>-0.147</td><td>0.184</td><td>0.864</td><td>0.247*</td><td>0.150</td><td>1.280</td><td>-0.063</td><td>0.166</td><td>0.939</td></tr>
<tr><td>弱社会关系规模</td><td>-0.102</td><td>0.191</td><td>0.903</td><td>-0.272</td><td>0.178</td><td>0.762</td><td>0.026</td><td>0.178</td><td>1.027</td></tr>
<tr><td>强社会关系强度</td><td>-0.140</td><td>0.178</td><td>0.869</td><td>-0.083</td><td>0.135</td><td>0.920</td><td>-0.130</td><td>0.161</td><td>0.878</td></tr>
<tr><td>弱社会关系强度</td><td>0.331*</td><td>0.199</td><td>1.392</td><td>0.102</td><td>0.164</td><td>1.108</td><td>-0.182</td><td>0.158</td><td>0.833</td></tr>
<tr><td>相对收入</td><td>-0.277</td><td>0.229</td><td>0.758</td><td>-0.171</td><td>0.196</td><td>0.843</td><td>0.092</td><td>0.310</td><td>1.097</td></tr>
<tr><td>受教育水平</td><td>0.812***</td><td>0.226</td><td>2.253</td><td>0.304*</td><td>0.172</td><td>1.356</td><td>-0.063</td><td>0.175</td><td>0.939</td></tr>
<tr><td>技术水平</td><td>0.076</td><td>0.134</td><td>1.079</td><td>-0.249*</td><td>0.133</td><td>0.780</td><td>0.099</td><td>0.148</td><td>1.104</td></tr>
<tr><td>健康水平</td><td>-0.173</td><td>0.188</td><td>0.841</td><td>-0.233</td><td>0.181</td><td>0.792</td><td>-0.234</td><td>0.162</td><td>0.791</td></tr>
<tr><td>市民的态度</td><td>0.998***</td><td>0.182</td><td>2.714</td><td>1.085***</td><td>0.164</td><td>2.958</td><td>1.084***</td><td>0.177</td><td>2.957</td></tr>
<tr><td>共事市民数</td><td>-0.183</td><td>0.160</td><td>0.833</td><td>-0.166</td><td>0.145</td><td>0.847</td><td>-0.113</td><td>0.141</td><td>0.893</td></tr>
<tr><td>熟人市民数</td><td>-0.217*</td><td>0.125</td><td>0.805</td><td>-0.047</td><td>0.106</td><td>0.954</td><td>0.084</td><td>0.115</td><td>1.088</td></tr>
<tr><td>迁入城市</td><td>-1.236</td><td>0.758</td><td>0.291</td><td>-0.880**</td><td>0.440</td><td>0.415</td><td>-0.402</td><td>0.453</td><td>0.669</td></tr>
<tr><td>劳动合同</td><td>0.586*</td><td>0.355</td><td>1.797</td><td>-0.526</td><td>0.341</td><td>0.591</td><td>0.087</td><td>0.341</td><td>1.091</td></tr>
<tr><td>公共教育保障</td><td>0.252</td><td>0.191</td><td>1.286</td><td>0.846***</td><td>0.179</td><td>2.329</td><td>0.639***</td><td>0.191</td><td>1.894</td></tr>
</table>

续表

户籍转换意愿

变量	"80前"			"80后"			"90后"		
	系数值	标准误	Exp (B)	系数值	标准误	Exp (B)	系数值	标准误	Exp (B)
公共医疗保障	0.381*	0.204	1.463	0.302	0.192	1.353	0.382*	0.196	1.466
基本住房保障	0.525***	0.192	1.691	0.567***	0.173	1.762	0.321*	0.180	1.379
政府行政管理	0.617***	0.201	1.854	0.852***	0.164	2.344	0.482***	0.176	1.619
-2LL	271.200			359.419			425.196		
Cox and Snell R²	0.384			0.445			0.259		
Nagelkerke R²	0.519			0.598			0.345		
样本量	316			466			392		

注：*、**、*** 分别表示在10%、5%和1%水平上显著。

表 5 - 7 职业转换意愿的代际异质性估计

职业转换意愿

变量	"80前"			"80后"			"90后"		
	系数值	标准误	Exp（B）	系数值	标准误	Exp（B）	系数值	标准误	Exp（B）
强社会关系规模	0.063	0.165	1.065	0.081	0.116	1.084	0.345**	0.141	1.412
弱社会关系规模	-0.053	0.163	0.948	0.183	0.138	1.201	0.100	0.154	1.105
强社会关系强度	0.070	0.157	1.072	0.197*	0.111	1.218	-0.270*	0.140	0.764
弱社会关系强度	0.557***	0.172	1.745	-0.114	0.125	0.892	0.065	0.138	1.068
相对收入	0.961***	0.233	2.615	0.709***	0.193	2.033	0.477	0.307	1.611
受教育水平	0.166	0.175	1.181	0.072	0.131	1.074	-0.125	0.159	0.882
技术水平	-0.230*	0.127	0.795	-0.119	0.100	0.888	-0.045	0.128	0.956
健康水平	0.092	0.176	1.097	0.102	0.142	1.108	-0.022	0.144	0.978
市民的态度	-0.018	0.147	0.982	0.137	0.113	1.147	-0.293**	0.143	0.746
共事市民数	-0.078	0.148	0.925	-0.038	0.118	0.963	-0.047	0.125	0.954
熟人市民数	0.080	0.113	1.084	-0.014	0.083	0.986	-0.032	0.099	0.968
性别	-0.571*	0.307	0.565	0.105	0.230	1.111	0.266	0.258	1.304
务工模式	0.714*	0.394	2.042	1.399***	0.393	4.049	0.963***	0.343	2.619
家庭人口数	-0.230**	0.095	0.795	0.087	0.061	1.090	0.082	0.083	1.085

续表

职业转换意愿

变量	"80前"			"80后"			"90后"		
	系数值	标准误	Exp（B）	系数值	标准误	Exp（B）	系数值	标准误	Exp（B）
土地经济化	0.894***	0.327	2.445	0.561*	0.286	1.753	0.285	0.319	1.330
加入工会组织	1.713***	0.477	5.544	1.322***	0.432	3.752	0.333	0.488	1.396
政府行政管理	-0.264	0.171	0.768	0.428***	0.128	1.534	0.443***	0.160	1.557
-2LL	331.301			537.195			423.924		
Cox and Snell R²	0.278			0.194			0.100		
Nagelkerke R²	0.372			0.260			0.144		
样本量	316			466			392		

注：*、**、*** 分别表示在10%、5%和1%水平上显著。

表5-8

身份认同意愿的代际异质性估计

变量	"80前"			"80后"			"90后"		
	系数值	标准误	Exp (B)	系数值	标准误	Exp (B)	系数值	标准误	Exp (B)
强社会关系规模	0.023	0.191	1.023	0.283**	0.135	1.327	-0.036	0.135	0.965
弱社会关系规模	0.212	0.190	1.237	0.155	0.156	1.168	0.128	0.149	1.137
强社会关系强度	0.126	0.177	1.135	-0.286**	0.129	0.751	-0.037	0.137	0.963
弱社会关系强度	0.007	0.199	1.007	0.202	0.143	1.223	0.174	0.134	1.190
相对收入	0.366*	0.198	1.443	0.853***	0.209	2.347	0.518*	0.271	1.679
受教育水平	0.518**	0.203	1.679	1.133***	0.170	3.105	0.732***	0.156	2.079
技术水平	0.313**	0.141	1.367	0.335***	0.123	1.398	0.187	0.127	1.206
健康水平	0.242	0.207	1.274	0.105	0.169	1.111	-0.236*	0.143	0.790
市民的态度	0.233	0.168	1.262	-0.031	0.129	0.970	0.188	0.139	1.206
共事市民数	-0.191	0.168	0.826	0.040	0.140	1.040	-0.065	0.121	0.937
熟人市民数	0.113	0.125	1.120	0.063	0.095	1.065	0.094	0.097	1.099
性别	-0.534	0.360	0.586	-0.460*	0.262	0.631	-0.449*	0.253	0.639
就业行业	0.707**	0.342	2.028	0.547**	0.270	1.728	0.477*	0.255	1.612
务工模式	2.880***	1.068	17.809	1.081*	0.557	2.949	0.957**	0.393	2.604

变量	身份认同意愿								
	"80前"			"80后"			"90后"		
	系数值	标准误	Exp（B）	系数值	标准误	Exp（B）	系数值	标准误	Exp（B）
劳动合同	0.149	0.349	0.024	0.312	1.024	1.154	0.633**	0.294	1.884
基本住房保障	0.412**	0.198	0.147	0.154	1.159	1.024	0.090	0.158	1.094
-2LL	262.720			424.318			437.326		
Cox and Snell R^2	0.227			0.338			0.230		
Nagelkerke R^2	0.342			0.461			0.308		
样本量	316			466			392		

注：*、**、*** 分别表示在10%、5%和1%水平上显著。

相对收入水平，对不同代际人口的户籍转换意愿影响不显著。但本书也发现，相对收入对"80前"和"80后"的户籍转换意愿有负向影响，对"90后"户籍转换意愿有正向影响。年长转移人口收入越高，越不想在城市落户；年青转移人口收入越高，越想在城市落户。年长转移人口，受教育水平越高，越想在城市落户；年青转移人口，受教育水平越高，越不倾向于落户城市。即个体收入及教育水平对转移人口落户城镇意愿的影响在不同代际间呈现明显差异性。市民的态度对不同代际转移人口户籍转换都具有非常显著的正向影响。归纳而言之：个体人力资本禀赋对"80前"和"80后"转移人口户籍转换意愿有比较明显影响，但对"90后"转移人口户籍转换意愿影响不明显，"90后"转移人口户籍转换意愿主要受社会制度因素影响。年长代际（"80前"）转移人口非常看重劳动保障、医疗保障、住房保障和政府行政效率；年轻代际（"80后"及"90后"）转移人口则非常看重公共教育、住房保障和政府行政效率。所以，政府在基本住房方面的保障力度和政府自身行政能力，是有力促进转移人口市民化意愿的"政府赋能"。

（2）职业转换意愿的代际异质性。从表5-7可知，弱社会关系强度、个人相对收入、务工模式、土地经济化和加入工会组织等变量，对"80前"转移人口职业转换意愿有显著正向影响；强社会关系强度、个人相对收入、务工模式、加入工会组织和政府行政管理，对"80后"职业转换意愿有显著正向影响；强社会关系规模、务工模式和政府行政管理对"90后"有显著正向影响。由此可知，要促进年长转移人口（"80前"和"80后"）放弃农业生产意愿，全身心投入到非农生产，重在提升其综合收入（包括非农收入和土地经济化收入）、就业正规性和政府行政管理能力；而要促进"90后"转移人口职业转换意愿，重在提升其非农就业持续性和城市政府行政管理能力。也可以这样说，相比年长转移人口，年轻代际转移人口愈发重视自身在城市的未来发展。

（3）身份认同意愿代际异质性。从表5-8可知，社交媒体上弱社会关系规模和强度对转移人口身份认同意愿有正向影响。强社会关系规模和强度会强化"80前"转移人口市民身份认同，但会强化"90后"对农民工或农民身份的认同，即强社会关系可能会导致"90后"转移人口初始身份的"内卷化"。强社会关系规模会显著弱化"80后"转移人口市民身份认同，但强社会关系强度会显著强化"80后"市民身份认同意愿；受教育水平对转移人口身份认同意愿也具有显著正向影响，并都在5%和1%水平上显著；技术水平对转移人口身份认同意愿同样具有正向影响，且对"80前"和"80后"其影响通过显著性检验。由表5-8估计结果可知，本书发现：转移人口经济资本和人力资本（知识和技能）对转移人口身份认同意愿的影响多呈现倒"U"型，对"80后"的影响高于对"80前"和"90后"的影响。这可能诠释出一种可能，即人力资本对身份认同存在"最佳窗口期"。

另外，就业特征变量对不同代际转移人口的身份认同意愿有显著正向影响，且转移人口年龄越大，就业特征对其身份认同意愿影响也越大。引导农业转移人口从兼农务工向专职务工转变，对身份认同意愿提升有显著影响。但要改变农业转移人口的兼农务工习惯，既要在劳动力市场提供充足的就业机会，也要完善农村土地市场建设，更要改变人们的生活理念和弱化对土地的依恋。基本住房保障对转移人口市民身份认同有正向影响，且对"80前"转移人口影响具有显著性。

2. 不同人力资本禀赋转移人口市民化意愿的异质性分析

本书将受教育水平在大专及以上者或技术水平在4级以上者定为高人力资本群体，余者定为低人力资本群体。另外，本书着重讨论那些使用了社交媒体的转移人口群体，讨论其社交媒体上强、弱社会关系对转移人口市民化意愿的影响。为了简便，本书只展示显著性变量的估计结果。估计结果如表5-9、表5-10和表5-11所示。

表5-9　　　　　不同人力资本禀赋转移人口户籍转换意愿估计结果

变量	户籍转换意愿					
	高人力资本			低人力资本		
	系数值	标准误	Exp（B）	系数值	标准误	Exp（B）
市民的态度	0.869***	0.132	2.384	1.161***	0.136	3.195
公共教育保障	0.567***	0.140	1.763	0.497***	0.140	1.644

续表

变量	户籍转换意愿					
	高人力资本			低人力资本		
	系数值	标准误	Exp（B）	系数值	标准误	Exp（B）
公共医疗保障	0.337**	0.159	1.400	0.265*	0.149	1.304
基本住房保障	0.574***	0.144	1.776	0.294**	0.140	1.342
政府行政管理	0.703***	0.137	2.020	0.458***	0.135	1.580
迁移距离（省内迁移=0）	0.687**	0.345	1.987	0.060	0.370	1.061
移入城市（中部=0）	-1.183***	0.369	0.306	-0.217	0.387	0.805
其他变量	Y（控制）			Y（控制）		
-2LL	497.037			532.029		
Cox and Snell R²	0.413			0.359		
Nagelkerke R²	0.551			0.485		
样本量	587			587		

注：*、**、***分别表示在10%、5%和1%水平上显著。

表5-10　　　不同人力资本禀赋转移人口职业转换意愿估计结果

变量	职业转换意愿					
	高人力资本			低人力资本		
	系数值	标准误	Exp（B）	系数值	标准误	Exp（B）
强社会关系强度	-0.023	0.089	0.978	0.158*	0.086	1.172
弱社会关系强度	0.099	0.098	1.104	0.230**	0.100	1.259
收入水平	0.544***	0.148	1.724	0.902***	0.210	2.464
务工模式	0.958***	0.314	2.606	0.977***	0.261	2.657
劳动合同	0.007	0.221	1.007	0.569***	0.217	1.766
加入工会	0.988***	0.319	2.685	1.606***	0.449	4.981
土地经济化	0.501**	0.234	1.651	0.657***	0.235	1.928
政府行政管理	0.204*	0.112	1.226	0.285**	0.114	1.329

续表

变量	职业转换意愿					
	高人力资本			低人力资本		
	系数值	标准误	Exp（B）	系数值	标准误	Exp（B）
迁移距离（省内迁移=0）	−0.660**	0.306	0.517	0.076	0.322	1.079
其他变量	Y（控制）			Y（控制）		
−2LL	693.277			685.144		
Cox and Snell R²	0.138			0.188		
Nagelkerke R²	0.188			0.252		
样本量	587			587		

注：*、**、***分别表示在10%、5%和1%水平上显著。

表5–11 不同人力资本禀赋转移人口身份认同意愿估计结果

变量	身份认同意愿					
	高人力资本			低人力资本		
	系数值	标准误	Exp（B）	系数值	标准误	Exp（B）
弱社会关系强度	0.117	0.098	1.124	0.375***	0.111	1.455
收入水平	0.772***	0.151	2.164	0.810***	0.202	2.249
市民的态度	0.191*	0.101	1.21	0.011	0.118	1.011
就业行业	0.591***	0.199	1.806	0.647***	0.244	1.909
务工模式	1.151***	0.380	3.163	1.515***	0.412	4.549
劳动合同	0.624***	0.228	1.866	0.548**	0.255	1.729
加入工会	0.622**	0.294	1.862	0.117	0.427	1.124
其他变量	Y（控制）			Y（控制）		
−2LL	539.845			679.358		
Cox and Snell R²	0.143			0.205		
Nagelkerke R²	0.218			0.273		
样本量	587			587		

注：*、**、***分别表示系数值在10%、5%和1%水平上具有显著性。

（1）不同人力资本禀赋转移人口户籍转换意愿的异质性。影响转移人口户籍转换意愿以社会制度因素为主。公共服务（产品）保障和政府行政能力和效率对转移人口户籍转换意愿有显著正向影响，而且对高人力资本群体的影响系数要高于低人力资本群体，说明公共服务（产品）保障对高人力资本群体的吸引力高于对低人力资本群体的吸引力。市民的态度对两群体都具有显著正向影响，但对低人力资本的影响更为明显；这说明低人力资本群体更加看重市民对自身的态度，这也许是低人力资本群体对城市异质性群体态度更加敏感和看重。迁移特征对高人力资本群体具有显著作用，但对低人力资本群体影响不具有显著性，说明高人力资本群体异地市民化意愿更高且更为显著，但低人力资本群体异地市民化和就近市民化意愿没有显著区别。

（2）不同人力资本禀赋转移人口职业转换意愿的异质性。社交媒体使用下的社会关系对高人力资本群体职业转换意愿影响不明显，但对低人力资本群体职业转换意愿的正向影响显著。这说明社交媒体对低人力资本群体获取在城市就业机会和提升就业概率非常重要，低人力资本可以从强社会关系和弱社会关系两方面获取就业支持。收入水平对转移人口职业转换意愿有显著正向影响，尤其对低人力资本群体作用更为明显。劳动合同能显著提升低人力资本职业转换意愿，这可能是低人力资本群体职业流动能力差，更重视劳动合同对自身就业稳定性的保障。加入工会对转移人口职业转换意愿有显著正向影响，但低人力资本群体影响更为明显，这还是说明低人力资本群体更需要制度和正式组织来保障自身就业的稳定性、持续性和正规性。土地经济化和政府行政能力和效率对转移人口职业转换意愿有显著正向影响。省内流动能显著提升高人力资本职业转换意愿，但对低人力资本群体职业转换意愿影响不显著。

（3）不同人力资本禀赋转移人口身份认同意愿的异质性。社交媒体上弱社会关系强度对低人力资本群体身份认同意愿具有显著正向影响。说明低人力资本群体与弱社会关系间的互动及建立起来的信任关系，对其身份认同有显著影响，这同时也表明低人力资本对自身身份认同意愿更容易受弱社会关系影响。个体收入水平对两个群体身份认同皆有显著正向影响。市民的态度对高人力资本群体有显著影响。就业特征对转移人口身份认同意愿有显著正向影响，但对低人力资本群体影响更明显。而劳动保障对高人力资本群体的影响更为显著，也更明显。

5.4 本 章 小 结

本章主要讨论农业转移人口非财富资本禀赋对其市民化意愿的影响，结合微观调查数据就非财富资本禀赋对转移人口市民化意愿进行了实证分析。基于市民化意愿影响因素的文献与理论回顾，本书认为市民化意愿的内涵具有多维度性。基于市民化意愿的多维度性，本书将农业转移人口市民化意愿分为户籍转换意愿、职业转换意愿和身份认同意愿三个维度。户籍转换意愿指转移人口放弃农村户口而变更为城市居民户口的意愿，实现由农村户口向城市户口的转变；职业转换意愿指农业转移人口完全脱离农业生产转为非农生产的意愿，实现由农民向工人或商人的转变；身份认同意愿指农业转移人口对自身市民身份的心理认同意愿，实现内心对身份定位的转变。在实证部分，本书做了以下工作。首先，本书构建了基准回归模型，并借助微观调研数据，就非财富资本禀赋对转移人口三个维度的市民化意愿的影响进行了实证检验；其次，本书用"完全农地退出意愿"作为被解释变量的替换变量，对基准回归结果进行了稳健性检验；最后，本书就使用社交媒体与社会关系互动对转移人口市民化意愿的影响进行了讨论与检验，并就转移人口市民化意愿的群体异质性进行了分析与检验。主要结论有以下几点：

第一，社交媒体使用对农业转移人口市民化意愿具有显著影响，但影响具有双重性。社交媒体使用拓展了农业转移人口的信息来源渠道，增强了农业转移人口与外部的信息交互强度，开阔了视野，充实了业余生活，使农业转移人口有更强走出农村落户城市的欲望。社交媒体使用可以增强农业转移人口对于经济机会的把握和降低就业的时间与经济成本，提升了职业转换意愿。但社交媒体使用也可能导致农业转移人口心理上对"外来人群"身份的强化，弱化了身份认同意愿，特别是"90后"转移人口表现得更为突出。通过进一步分析发现：社交媒体使用形成的社会关系结构、规模和强度对转移人口市民化意愿的影响存在群体异质性差异。

第二，农业转移人口市民化意愿的重要影响因素在维度上存在差异。以公共服务供给为代表的社会因素是影响户籍转换意愿的关键，以个人相对收入和就业为代表的经济因素是影响职业转换意愿的关键，而身份认同意愿更多受个体非财富资本禀赋的影响。即提升农业转移人口户籍转换意愿，社会因素是关键；提升农业转移人口职业转换意愿，经济因素是关键；提升农业转移人口身份认同意愿，个体自身非财富资本禀赋是关键。因此要重视农业转移人口与城市居民、政府与社区的关系，要大力提升公共服务产品向农业转移人口均等化供给力度，特别要将对代际年轻转移人口公共教育的均等供给和针对代际年长转移人口的公共住房保障摆在优先位置。

第三，农业转移人口的相对收入对户籍转换意愿有抑制作用，高收入群体更不愿意户籍转换。通过稳健性检验也证实了农业转移人口的相对收入对农地完全退出有显著抑制作用，农业转移人口中的高收入群体对农地未来价值更加乐观。农业转移人口既希望获取城镇户籍，但又不愿意完全退出农村土地，农业转移人口对于以放弃农地作为城镇落户条件可能会表现出非常消极的态度。

第6章

农业转移人口市民化匹配
和市民化进程分析

6.1 市民化匹配的内涵与匹配结果的群体差异

6.1.1 市民化能力与市民化意愿匹配的内涵及类型

《辞海》将匹配解释为相配,表明男女间婚嫁的合适性,讲的是"门当户对",以双方家族地位与出身、男女才貌与智慧等因素,来评判男女双方结合是否合适。本书认为匹配的内涵应含有三个方面内容。第一,匹配应包含两个及两个以上要素,如能力与意愿的匹配,能力、意愿及岗位的匹配。第二,匹配应是有相关准则或同一目标作为约束,这种约束可以提升匹配的效率。第三,匹配既是一种结果,也是一种过程:匹配的结果往往以低要素一方决定,匹配过程则多以高要素作为低要素追赶目标,故匹配结果存在多样性。据此,本书将匹配埋解为根据相关准则或目的一致性而形成的要素搭配。市民化匹配可以理解为基于农业转移人口在城市实现合意生活目的,农业转移人口市民化能力和市民化意愿两要素组合的均衡性及组合结果转变过程。完全市民化就是市民化能力和市民化意愿两者高度均衡匹配的结果。

市民化能力与意愿的匹配,既是一种结果,也是一种过程。在时间维度上,匹配是单时点的结果状态,也是多时点的连续变化过程。过程以体现其动态性，结果以显示其静态性。农业转移人口市民化能力与意愿的匹配，在横向和纵向上都表现出动态性。横向上，同一对象在不同区域、不同城市，其市民化能力与意愿匹配结果是不同的。纵向上，同一对象的匹配结果会随时间而发生改变。根据市民化能力与市民化意愿的均衡性差异，个体的市民化匹配可以分为四类："市民化匹配""能力欠缺型不匹配""意愿欠缺型不匹配"以及"非市民化匹配"（见图 6-1）。"非市民化匹配"是一种要素低水平上的均衡，这种均衡无法实现转移人口在城市合意生活，无法实现完全市民化，"非市民化匹配"转移人口是最有可能返乡的群体。"能力欠缺型不匹配"表明市民化意愿强，但市民化能力弱。转移人口对融入城市成为市民具有很强的意愿，对城市合意生活非常向往，愿意从农村与农业中脱身出来成为非农产业就业者，对落户城市具有明显的向往，但因自身能力偏弱，常心有余而力不足。"能力欠缺型不匹配"限制了转移人口的适应性和向上流动性，该类转移人口既可能通过资本投资和积累在流入地实现市民化，也可能通过城际流动在能力能胜任的其他城市实现市民化，还可能向下流动沦落到城市底层，成为城市新的困难和问题群体。"意愿欠缺型不匹配"转移人口是较为特殊的群体，他们具有融入城市实现合意生活和市民化的能力，但他们市民化的意愿却较为薄弱。他们多在城市具有稳定适当的收入，甚至在城市已购有住房，甚至可能部分已落户城镇，但他们并不愿意放弃农业户籍，内心对农地和农村生活具有强烈的向往，可能在适当时机和条件下，他们会回归农村。"意愿欠缺型不匹配"转移人口对融入城市缺乏兴趣，既可能源于对城市的不适应或在城市遭遇不公平对待的一种刺激反应，也可能是个人能力能通过市场来弥补非城市户籍而带来的损失，并对农村和农业持有更为积极的预期。"市民化匹配"转移人口是城市的准市民化群体，这一群体最有可能融入城市成为市民。所以，要提升农业转移人口市民化程度，就是要增强"能力欠缺型不匹配"以及"意愿欠缺型不匹配"转移人口向"市民化匹配"转化。其中"能力欠缺型"和"意愿欠缺型"转移人口，可以统称"不匹配"转移人口，他们是成为准市民群体的潜在人群。

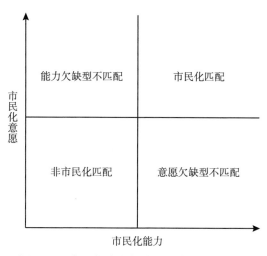

图6-1 市民化能力与市民化意愿匹配类型

6.1.2 市民化能力与市民化意愿匹配结果及群体特征差异

1. 农业转移人口市民化匹配结果

借助武汉大学经济发展研究中心微观调查数据进行市民化能力与意愿的匹配比较，分析不同群体间匹配状态结构以及是否存在群体间匹配的异质性。转移人口的市民化能力用转移人口相对收入来衡量，转移人口的相对收入等于转移人口年劳动收入与流入地城镇职工年收入之比。当相对收入越大时，转移人口的市民化能力越强；相对收入越小，市民化能力越弱，转移人口越难在城市体面地生活。将相对收入大于或等于1的转移人口标识有市民化能力；将相对收入小于1的转移人口标识为市民化能力欠缺。将具有明确落户城镇意愿和明确转换职业身份意愿以及身份认同为"市民"的转移人口，标识为有市民化意愿；将不愿意落户城镇或不愿意转换职业身份或身份认同不为"市民"的转移人口，标识为缺乏市民化意愿。这种划分虽然生硬简单，但便于比较。经统计，转移人口"非市民化匹配"比重为60.2%，"能力缺乏型不匹配"比重为4.8%，"意愿缺乏型不匹配"比重为29.0%，"市民化匹配"样本占比为6.0%；"非市民化匹配"群体比重最大，"能力欠缺型不匹配"群体比例最小。上述说

明我国农业转移人口完全市民化水平很低。有可能实现市民化的准群体和
潜在群体为39.8%，大部分农业转移人口既缺乏市民化意愿，而市民化
能力又明显不足，我国农业转移人口市民化问题依然严峻。此外，若将市
民化意愿和市民化能力高度均衡匹配的"市民化匹配"比例视为农业转
移人口市民化进程，则我国农业转移人口市民化进程严重低于部分现有研
究的测度结果。"市民化匹配"群体所占比例如此之低，而"意愿欠缺型
不匹配"群体所占比例如此之高，这一现象应该引起重视。

农村外出务工人员是一个具有异质性的群体（刘传江，2008），对转
移人口市民化能力与市民化意愿匹配的群体差异分析，有助于后续提出有
针对性的政策。本书着重从性别、代际、婚姻、教育水平等方面，来分析
市民化能力与意愿匹配的群体性差异（见表6-1）。

表6-1　　　　农业转移人口市民化能力与意愿匹配结果及检验

类别		"非市民化匹配"	不匹配		"市民化匹配"	F 值
			能力欠缺型	意愿欠缺型		
性别	女性	65.3%	7.4%	22.2%	5.1%	16.516 (0.000)
	男性	56.6%	3.1%	33.9%	6.4%	
代际	"80前"	72.3%	2.2%	23.4%	2.0%	24.471 (0.000)
	"80后"	52.4%	3.9%	35.8%	7.9%	
	"90后"	54.8%	9.3%	27.9%	8.0%	
婚姻	未婚	56.3%	7.7%	29.7%	6.3%	1.000 (0.318)
	在婚	61.2%	4.1%	29.0%	5.7%	
教育水平	小学及以下	76.7%	1.0%	22.3%	0.0%	46.174 (0.000)
	中学	69.2%	2.6%	24.7%	3.4%	
	高中及中专	61.0%	5.7%	28.7%	4.7%	
	大专及以上	34.2%	9.8%	41.0%	15.0%	
总比例		60.1%	4.8%	29.1%	6.0%	

从表6-1可知，在性别、代际、教育水平三个类别上，农业转移人
口市民化意愿与能力匹配的方差分析都通过了1%的显著性检验，但婚姻

类别没有通过显著性检验，这说明市民化能力与意愿的匹配在不同婚姻状态转移人口间不存在显著差别，而不同性别、代际、教育水平的转移人口，却在群体间存在差异性。

从性别上看。男性转移人口"市民化匹配"比例比女性转移人口高1.3%；男性转移人口"能力欠缺型不匹配"比例比女性转移人口低4.3%；男性"非市民化匹配"更低，而"意愿欠缺型不匹配"比例更高。这说明，男性转移人口市民化能力与意愿匹配结果比女性要好，男性转移人口具有更好的市民化预期；同时也说明对女性市民化进程推进要提高重视程度。

从代际上看。"80后"和"90后"转移人口市民化匹配结果好于"80前"，"80前"转移人口的"不匹配"比例最高；"90后"转移人口"市民化匹配"和"能力欠缺型不匹配"比例最大，"80后"的"意愿欠缺型不匹配"比例最高。上述说明："80前"转移人口是市民化匹配最弱群体，"80后"的"草根精英"回乡意愿相对更强，"90后"转移人口能力与意愿最不均等，遭受"低能力、高意愿"挤压最为严重。

从婚姻上看。未婚和在婚转移人口的"市民化匹配"比例相近，"意愿欠缺型不匹配"比例也相近；但未婚群体的"能力欠缺型不匹配"比例更高，其"非市民化匹配"比例则相对要更低一些。但经方差分析，不同婚姻状态转移人口间的匹配没有通过F值检验，说明样本间差异不显著。

从教育水平上看。教育水平越高，"非市民化匹配"的比重越低，而"能力欠缺型不匹配""意愿欠缺型不匹配"和"市民化匹配"的比重越高。

综上所述，农业转移人口市民化能力与意愿"有效匹配（市民化匹配）"程度不高，"非市民化匹配"比例偏高，"意愿欠缺型不匹配"转移人口远高于"能力欠缺型不匹配"转移人口。"80前"转移人口的有效匹配度最低，"90后"转移人口有效匹配度最高，但"90后"受"高意愿，低能力"的挤压最为严重，"80后""草根精英"最具有回归农村的意愿。女性转移人口完全市民化匹配弱于男性，且两者间匹配结果存在显著差异，不同婚姻状态转移人口市民化匹配不具有显著性差异。教育能有效提升"市民化匹配"和"非市民化匹配"的比率,但也会提升高人力资本群体对城市的排斥和对农村的向往。

2. 农业转移人口市民化匹配结果的群体特征

(1) 非市民化匹配转移人口的特征。该群体市民化能力和市民化意愿都偏弱,个体非财富资本禀赋偏弱。该群体个体受教育程度2.36,低于总样本平均水平2.59,其父母受教育程度也低于总体样本父母受教育均值,不匹配转移人口技术水平和健康水平都低于总样本均值。非市民化匹配转移人口跨越型社会资本缺乏,10人中熟人数为2.09,低于总样本的均值2.24。该群体年龄偏大,年龄均值为36.43岁,与总样本均值的34.99岁相比偏高。该群体职业层级较低,多在第二产业就业,劳动保护较为缺乏,自主创业样本较少;该群体多处于行政级别高的城市,在一般省会城市完全不匹配概率小于副省级城市和直辖市。总体而言,非市民化匹配转移人口非财富资本禀赋缺乏,学历低、技能弱、年龄偏大且身体健康问题较为普遍,该群体从事的职业多缺乏技术含量,并难以获得劳动保护。

(2) 能力欠缺型不匹配转移人口的特征。该群体女性出现的概率多于男性,未婚者出现的概率大于已婚者,群体的平均年龄为29.03岁,低于总样本年龄均值34.99岁。该群体的非财富资本禀赋要高于总样本均值,但非财富资本禀赋投资额小于样本均值。该样本受教育年限均值3.19,比总样本均值2.59要高,且技术水平和个人健康水平都要高于总样本均值。从在后文表6-2模型基础上加入人力资本与迁移特征和劳动保护交互项得知:相同人力资本禀赋转移人口,在市内迁移比市外迁移发生能力欠缺型不匹配的概率更低,有签订劳动合同比未签订劳动合同发生能力欠缺型不匹配的概率更低。能力欠缺型不匹配转移人口多为接受过一定文化教育(高中或中专教育)、人力资本回报率较低、缺乏资本禀赋投资所需财力资本且多长距离迁移的年轻群体。

(3) 意愿欠缺型不匹配转移人口的特征。该群体男性出现的概率大于女性,未婚和已婚者出现概率相当,该群体年龄均值为33.85,低于样本年龄均值34.99。该群体非财富资本禀赋要高于样本均值。非财富资本禀赋投资要高于样本均值。该群体平均受教育程度为 2.80，略高于样本均值 2.59，且技术水平和身体健康水平都要好于总样本均值，该群体更偏向与原始社会关系交往。该群体更偏向于跨市迁移，但市内迁移发生意愿欠缺型不匹配概率更低，在第三产业就业发生意愿欠缺型不匹配概率更高。该群体多为具有一定非农务工经验，具有相当的非农收入积蓄，属于农业转移人口中的"草根精英"。他们依靠自身努力在城市实现了稳定就业，有人力资本投资和异质性社会资本投资的动力，但个人行为和思维受自身文化水平影响较大。

（4）市民化匹配转移人口的特征。该群体男性出现的概率大于女性，且该群体的年龄均值为 31.05 岁。该群体非财富资本禀赋较高，非财富资本禀赋的投资要比其他三个群体要高。群体的受教育水平 3.36，明显高于其他三个群体，技术水平也要好于其他三个群体。该群体熟人中市民数较高，群体跨越型社会资本较为丰富。该群体在自主创业的比例也高于其他三个群体，职业层级也好于其他三个群体，且相同人力资本禀赋下，签订正式劳动合同能显著提示转移人口完全匹配概率。所以，市民化匹配转移人口年龄较轻，具有较高非财富资本禀赋，且非财富资本禀赋投资积极，多在正规劳动力市场上就业，工作中多签订正式劳动合同，劳动保护较为周全，自主创业的比例较高。该群体多为高学历转移人口和创业成功转移人口，拥有稳定就业、稳定收入和较好的劳动保障。

6.2　非财富资本对农业转移人口市民化匹配影响的实证分析

在前文中，单独分析了人口特征、就业特征、家庭特征、迁移特征以及公共服务均等化等因素对转移人口的市民化能力和市民化意愿的影响。本章节就相关因素对转移人口市民化匹配结果的影响进行实证检验，通过对一些变量进行降维处理来集中突出某些综合因素的影响。

6.2.1 变量选择与描述

被解释变量。被解释变量为转移人口市民化能力与意愿的匹配结果，匹配结果分为四类："非市民化匹配""能力欠缺型不匹配""意愿欠缺型不匹配"和"市民化匹配"。

解释变量。核心解释变量包括人力资本综合因子、社会资本综合因子、社会福利综合因子、资本禀赋投资、利用社交媒体与社会关系交互强度。控制变量包括性别、代际、就业行业、就业身份、迁移距离、劳动合同和城市行政级别。

人力资本综合因子。对转移人口受教育水平、技术水平、健康水平经过降维处理，得到一个特征根大于 1 的公因子，将该公因子命名为人力资本综合因子；其 KMO 值为 0.53，Bartlett 球形检验 P < 0.001，解释力为59.3%；经测算，人力资本综合因子均值为 0.14。

社会资本综合因子。对"同事中老乡数量""同事中城市居民数""最为熟悉 10 人中老乡数""最为熟悉 10 人中城市居民数""市民的态度"五个变量进行降维处理，得到三个特征根大于 1 的公因子，再将三个公因子综合成一个社会资本综合因子；其 KMO 值为 0.51，Bartlett 球形检验 P < 0.001，该社会资本综合因子的解释力为 67.2%；经测算，社会资本综合因子均值为 0.02。

社会福利综合因子。对"公共教育保障""公共医疗保障""基本住房保障""政府行政管理"四个变量进行降维，其 KMO 值为 0.70，Bartlett 球形检验 P < 0.001，提取到一个特征根大于 1 的公因子，将该公因子名为社会福利综合因子，该综合因子的解释力为 68.3%；经测算，社会福利综合因子均值为 - 0.02。

资本禀赋投资增量。资本禀赋投资增量用农业转移人口在城市与农村间资本禀赋投资额的差值除以 1000 来表示。两者差值越大，说明农业转移人口流入城市后用于资本禀赋积累的投资越大。经统计，总样本资本禀赋投资增额均值约为 1.6，有 61.1% 的样本进城后增加了资本禀赋投资，有 5.8% 的人可能会减少资本禀赋投资，有 33.1% 的转移人口城乡资本禀赋投资基本上无差异。

性别分为男性和女性，女性是参照项。按出生年份，将转移人口分为"80 前""80 后"和"90 后"，"80 前"是参照项。就业行业分为第二产业和第三产业，第二产业为参照项；就业身份分为雇主和雇员，雇员为参照项；劳动合同分为是否签订正式劳动合同两类，其中没有签订正式劳动合同为参照项；为更好地分析就近流动与异地流动对农业转移人口市民化匹配的影响，本章将迁移距离分为市内流动和跨市流动，市内流动为参照项。市内流动可表示为就近流动和就业，跨市流动则可以表示为异地流动。经统计，12.7% 的样本为市内迁移，均值为 0.130，标准偏差为 0.333。其他控制变量在前文已作交代，此处不多复述。

城市行政级别。我国的城市具有不同行政级别，级别越高，政府拥有的行政权力和行政决策权越高。本书将一般省会城市南昌和郑州表示为 1，将副省级城市广州和武汉标识为 2，将直辖市北京和上海标识为 3。城市行政级别越高，赋值也越高。从一定意义上来讲，城市行政级别越高，城市对农业转移人口吸引力可能越大，城市的户籍管制力度也可能越强。核心解释变量统计性描述如表 6 - 2 所示。

表 6 - 2   核心解释变量统计性描述

变量	最小值	最大值	均值	标准差
人力资本综合因子	− 2.87	2.81	0.14	0.94
社会资本综合因子	− 1.71	2.14	0.02	0.58
社会福利综合因子	− 2.07	2.69	− 0.02	1.00
资本投资增量	− 6.50	53.00	1.60	3.44
与强社会关系交互	1.00	5.00	2.91	1.15
与弱社会关系交互	1.00	5.00	2.39	1.13
个人特征				
性别	0	1	0.59	0.49
代际	1	3	1.93	0.80
婚姻	0	1	0.78	0.41
就业与迁移特征				
就业行业	0	1	0.59	0.49

变量	最小值	最大值	均值	标准差
就业身份	0	1	0.21	0.41
迁移距离	0	1	0.62	0.49
迁入城市行政级别	1	3	2.26	0.77
签订劳动合同	0	1	0.58	0.49

6.2.2　模型设计

本书先将转移人口按是否高度均衡的"完全匹配"分为两类：一部分为"完全匹配"群体和"非完全匹配"群体，"非完全匹配"群体包含"非市民化匹配""能力欠缺型不匹配"和"意愿欠缺型不匹配"三类转移人口。故被解释变量可以转变成二元结构，即"完全匹配"与"非完全匹配"，"完全匹配"为1，表示肯定；"非完全匹配"为0，表示否定。利用二元Logistic模型来分析解释变量对"完全匹配"与"非完全匹配"两者优势比的影响。其模型如下。

$$\text{Logit}(p) = \alpha_1 + \alpha_1 1hc + \alpha_{12}sc + \alpha_{13}sw + \alpha_{14}smi + \alpha_{15}ci + \sum_{i=1}^{n} \varphi_{1i}x_i$$

$$(6-1)$$

此后，基于原匹配结果有四种不同类型，且各类型间不具有次序特征，本书采用无序多分类Logit模型来分析"非市民化匹配""能力欠缺型不匹配"及"意愿欠缺型不匹配"和"市民化匹配"之间优势比的影响。无序多分类Logit模型会先定义被解释变量某一情形为参照水平，其他情形分别来与之对比。模型如下所示。

$$\text{Logit}(p_1/p_4) = \beta_1 + \beta_{11}hc + \beta_{12}sc + \beta_{13}sw + \beta_{14}smi + \beta_{15}ci + \sum_{i=1}^{n} \gamma_{1i}x_i$$

$$(6-2)$$

$$\text{Logit}(p_2/p_4) = \beta_2 + \beta_{21}hc + \beta_{22}sc + \beta_{23}sw + \beta_{24}smi + \beta_{25}ci + \sum_{i=1}^{n} \gamma_{2i}x_i$$

$$(6-3)$$

$$\text{Logit}(p_3/p_4) = \beta_3 + \beta_{31}hc + \beta_{32}sc + \beta_{33}sw + \beta_{34}smi + \beta_{35}ci + \sum_{i=1}^{n}\gamma_{3i}x_i$$

$$(6-4)$$

其中，p_m 为第 m 种情形的概率，m = 1，2，3，4；hc 是人力资本综合因子，sc 是社会资本综合因子，sw 是社会福利综合因子，smi 是利用社交媒体与社会关系互动强度，ci 是资本禀赋投资变量，x_i 是性别、代际、婚姻、就业行业、就业身份、劳动合同、迁移距离、户籍管控力度等控制变量。α_1 和 β_j 是截距项，α_{1i} 和 β_{ji} 是核心解释变量偏回归系数，φ_{1i} 和 γ_{ji} 是控制变量的偏回归系数值，i 是控制变量的个数，j = m − 1。

实现农业转移人口市民化能力与市民化意愿高度均衡"市民化匹配"，是推进农业转移人口市民化最终目的。为了显示简洁，本书只列出了"市民化匹配"与分别以其他三类匹配状态作为参照项的估计结果（见表 6 – 3）。

表 6 – 3　农业转移人口市民化匹配二元和无序多分类 Logit 模型估计结果

变量	p1 = "非市民化匹配"；p2 = "能力欠缺型不匹配"；p3 = "意愿欠缺型不匹配"；p4 = "市民化匹配"							
	Logit[p4/(1 − p4)]		Logit(p4/p1)		Logit(p4/p2)		Logit(p4/p3)	
	系数值	标准误	系数值	标准误	系数值	标准误	系数值	标准误
性别	0.352	0.270	0.523*	0.282	1.037***	0.376	− 0.060	0.286
婚姻	0.256	0.330	0.287	0.343	0.344	0.442	0.096	0.347
代际（80 前 = 0）	—							
"80 后"	0.923**	0.412	1.051**	0.425	1.219**	0.589	0.704	0.428
"90 后"	0.800*	0.446	0.888*	0.458	0.404	0.599	0.823*	0.465
就业行业	0.252	0.279	0.464	0.292	− 0.966**	0.454	0.401	0.295
就业身份	0.998***	0.327	0.917***	0.337	1.703***	0.541	0.666*	0.342
市内迁移	0.752*	0.426	0.828*	0.359	0.296	0.617	0.809*	0.465
劳动合同	0.745**	0.341	0.649*	0.350	0.401	0.474	0.894**	0.352
城市行政级别	− 0.322*	0.190	− 0.496**	0.199	− 0.228	0.264	− 0.131	0.200
人力资本综合因子	0.572***	0.155	0.890***	0.164	− 0.083	0.226	0.414*	0.164

续表

变量	p1 = "非市民化匹配"; p2 = "能力欠缺型不匹配"; p3 = "意愿欠缺型不匹配"; p4 = "市民化匹配"							
	Logit[p4/(1－p4)]		Logit(p4/p1)		Logit(p4/p2)		Logit(p4/p3)	
	系数值	标准误	系数值	标准误	系数值	标准误	系数值	标准误
社会资本综合因子	0.450*	0.238	0.602**	0.255	－0.533	0.337	0.605**	0.257
社会福利综合因子	0.815***	0.142	0.932***	0.149	0.059	0.202	0.870***	0.150
资本禀赋投资	0.075**	0.031	0.165***	0.037	0.200**	0.084	0.022	0.031
与强社会关系交互	－0.138	0.120	－0.092	0.126	0.018	0.173	－0.219*	0.127
与弱社会关系交互	0.243**	0.121	0.267**	0.127	0.141	0.169	0.226*	0.128
Chi－Square	453.125		413.022					
Cox and Snell R²	0.102		0.297					
Nagelkerke R²	0.261		0.340					
McFadden R²	—		0.171					
样本量	1174		1174					

注：*、**、***分别表示在10%、5%和1%水平上显著。

6.2.3 实证结果与分析

1. 二元 Logit 模型回归分析

表6－3的Logit(p4/1－p4)回归结果描述的是"完全匹配"与"非完全匹配"的估计结果。从中可以看出：农业转移人口人力资本、社会资本、资本禀赋投资、弱社会关系强度和社会福利供给都能显著正向提升"完全匹配"与"非完全匹配"的优势比，即增加转移人口个体资本禀赋积累、个体资本禀赋投资和社会福利供给，能有效地提升转移人口市民化"完全匹配"的概率。

"80后"和"90后"农业转移人口"完全匹配"概率更高，且具有显著性。转移人口自主创业能显著提升"完全匹配"的概率。转移人口在市内就近流动就业能显著提升其"完全匹配"概率，这说明转移人口就近市民化"完全匹配"概率要高于异地市民化"完全匹配"概率，即农业转移人口就近市民化比异地市民化更为容易实现。农业转移人口能与企业签订正式劳动合同，对其实现市民化"完全匹配"有显著正向影响。农业转移人口能签订正式的劳动合同，就表明其工作稳定性具有保障，而且表明其就业具有正规性。劳动就业的稳定性和正规性，既可以为转移人口提供稳定收入，还对转移人口带来积极的未来预期，缓解精神压力，能更好地去享受城市生活。城市级别对转移人口完全匹配有负向显著影响，这说明农业转移人口向行政级别低的城市转移，可能对其实现完全市民化有帮助。

总而言之，个体非财富资本禀赋及非财富资本禀赋增值、国家"制度赋能"下的社会福利和劳动保障增加、个体自主创业、就近市民化和向行政级别低城市转移，都能很好地提升转移人口"完全市民化"的可能。

2. 多元无序 Logit 回归结果分析

前文是将"非市民化匹配"和"不匹配"作为"非完全匹配"群体来分析，那么个体非财富资本禀赋和国家"制度赋能"下的社会福利供给、劳动保障房和自主创业等因素对"非市民化匹配""意愿欠缺型不匹配""能力欠缺型不匹配"与"市民化匹配"发生比有何影响？本书结合表 6 – 3 中 Logit（p4/p1）、Logit（p4/p2）和 Logit（p4/p3）回归结果来进行分析。

截距模型和最终模型的 – 2LL 差值为 413.022，且统计检验显著，说明模型具有较好解释能力。自变量的概似比表明，除了婚姻、劳动合同外，大部分自变量对因变量有较显著解释能力。所以，模型具有较强的解释能力，各相关变量设置较为合理，估计结果具有现实意义。

（1）"市民化匹配"和"非市民化匹配"Logit（p4/p1）发生比的影响估计。除了婚姻、就业行业、利用社交媒体与强关系互动强度变量外，其他变量的对"市民化匹配"和"非市民化匹配"发生比皆具有显著影响。性别上，男性的"市民化匹配"与"非市民化匹配"发生比，比女性高出 68.7%。代际上，"80 后"比"80 前"的"市民化匹配"优势比高出 186.1%，"90 后"比"80 前"高出 142.9%。婚姻的影响为正，但不显著。在第三产业就业，能使转移人口"市民化匹配"相对于"非市民化匹配"优势比上升 59.0%。自主创业可以使两种结果的优势比增加 212.2%，雇主比雇员更有可能实现"市民化匹配"。转移人口市内流动比跨市流动具有更高的优势比，且通过 10% 水平显著检验。这也说明，那些"非市民化匹配"转移人口，不能简单归为完全回流农村的群体，这类群体可以通过回流到自己家乡附近的城镇就业，采取就近或就地市民化方式来提升完全市民化可能。本书通过估计得知，市民化"非市民化匹配"农业转移人口市内流动，可以使"市民化匹配"优势比提升 128.8%，使"意愿欠缺型不匹配"优势比提升 124.5%，且都具有显著性；使"能力欠缺型不匹配"优势比提升 34.4%，但不具有显著性。城市行政级别对"市民化匹配"和"非市民化匹配"的优势比影响为负，且通过 5% 的显著性检验。那些没有市民化能力又缺乏市民化意愿的转移人口，可以选择向一些行政级别低的城市流动来实现完全市民化。人力资本禀赋的影响显著为正，且通过了 1% 水平显著性检验。人力资本禀赋提升 1 个单位，可以使"市民化匹配"和"非市民化匹配"优势比提升 143.6%，说明人力资本禀赋对转移人口实现完全市民化非常重要。社会资本禀赋提升 1 个单位，可以使优势比增长 82.6%，在 5% 水平上显著；社会福利提升 1 个单位，可以使优势比增加 150.1%，在 1% 水平上显著；资本禀赋投资每增加 1000 元，可使优势比提升 17.9%，在 1% 水平上显著。利用社交媒体与强社会关系互动强度提升 1 个层级，可以使优势比下降 8.8%；而利用社交媒体与弱社会关系互动强度提升 1 个层级，可以使优势比上升 30.6%，且在 5% 水平上显著。以上数据说明：提升市民化"非市民化匹配"农业转移人口人力资本积累、社会资本积累、资本禀赋投资、网络弱社会关系强度、社会福利供给水平以及鼓励其自主创业等，都可以提升"非市民化匹配"转移人口更好实现完全市民化。还可以引导"非市民化匹配"群体向行政级别低城市流动来实现完全市民化，或引导该群体在市内流动和就近就业，通过"就近或就地市民化"来提升"完全市民化"可能。

（2）"市民化匹配"和"能力欠缺型不匹配"Logit（P4/P2）优势比影响估计。男性转移人口两种结果优势比女性高 182.1%，在 1% 水平上显著。"80 后"比"80 前"优势比高 238.3%，在 5% 水平上显著。第三产业就业比第二产业就业的优势比低 62.0%，在 5% 水平上显著。雇主比雇员的优势比高 448.9%，在 1% 水平上显著。人力资本禀赋对两种结果发生比有负向影响，但不显著。社会资本禀赋对其有负向影响，但不显著；社会福利对其具有正向影响，但同样不具有显著性。利用社交媒体与社会关系互动强度，对其优势比影响不显著。资本禀赋投资对两种结果优势比有显著正向影响，资本禀赋投资增加 1000 元，可以使优势比增加 22.2%，且在 5% 水平上显著。上述结果说明，增加转移人口资本禀赋投资，提升其非财富资本禀赋积累，能有效减少"能力欠缺型不匹配"群体比率，能显著提升"市民化匹配"比率。所以，针对"能力欠缺型不匹配"群体，重在提升人力资本禀赋积累和引导自主创业。

（3）"市民化匹配"和"意愿欠缺型不匹配"Logit（P4/P3）优势比的影响估计。性别和婚姻对两种结果优势比影响不具有显著性。"80 后"和"90 后"两种结果优势比相比于"80 前"转移人口分别要高出 102.2% 和 107.7%，且"90 后"在 10% 水平上显著，"80 后"也接近在 10% 水平上显著。市内迁移和签订劳动合同对"意愿欠缺型"群体有显著正向影响。人力资本与社会资本对其有正向影响，且皆在 5% 水平上显著。人力资本禀赋每提升 1 个单位，可以使优势比增加 51.3%；社会资本禀赋提升 1 个单位，可以使发生比增加 81.2%。社会福利增加 1 个单位，可以使优势比增加 138.7%，在 1% 水平上显著。资本禀赋投资增加对其优势比影响不显著。利用社交媒体与强社会关系互动强度，对其优势比有显著负向作用；利用社交媒体与弱社会关系互动强度，对其优势比有显著正向作用。上述结果说明，对于"意愿欠缺型不匹配"农业转移人口，重在提升其非财富型资本禀赋，重在加强其与弱社会关系群体间的交互强度和信任程度，重在加强其对社会福利（服务）的获得感和劳动保障程度，重在引导该群体就近市民化和鼓励该群体中适当人群自主创业。

总而言之，转移人口匹配状态不同，其实现市民化的推进路径也存在不同。"市民化匹配"转移人口是城市"准市民"，是城市化当前优先吸纳对象。"能力欠缺型"转移人口是城市"主动市民化群体"，也是城市化未来吸纳主体，其市民化实现重在提升资本禀赋投资力度，提升自身人力资本积累和对他人的互利性。"意愿欠缺型"转移人口是城市的"回避市民化群体",其市民化实现重在提升城市社会福利的获得感和满意度,重在加强与城市政府、社区与居民间的交互强度与信任程度。"非市民化匹配"转移人口属于市民化的"困难群体",但也是具有市民化后发优势的人群。但从市民化能力和市民化意愿匹配来看,有序推进转移人口市民化应该:先是"市民化匹配"转移人口,然后是"能力欠缺型"转移人口,之后是"意愿欠缺型"转移人口,最后是"非市民化匹配"转移人口。

6.2.4 农业转移人口市民化匹配群体异质性分析

1. 不同代际群体间市民化匹配的异质性分析

社会福利和人力资本对不同代际转移人口皆有正向影响作用,且多具有显著性。人力资本对"90后"的 t 值接近 1.65。社会资本对"80后"具有显著正向作用,但对"80前"和"90后"影响不显著;但资本禀赋投资对"80前"和"90后"具有显著正向影响,对"80后"不具显著性。上述情形的可能解释是:"90后"转移人口务工时间较短,需要大量支出来提升自己资本禀赋积累,以适应城市工作和生活节奏,其投入边际效应很高;而"80后"的投入边际效应则相对较弱,这源于"80后"资本禀赋积累本身生产效率很高。个体资本禀赋带来的生产率会随着年龄增长而下降,所以"80前"需要通过资本禀赋投资来维持自身生产率不下降。即个体具有的资本禀赋所带来的生产率会随着年龄呈现先增后减态势,所以年轻代际转移人口通过资本禀赋投资获得高边际收益,而年长者则需要通过资本禀赋投资来维持生产率不下降。此外,自主创业能有效提升"80后"和"90后"的"市民化匹配"概率,劳动合同对"90后"转移人口具有显著正向影响。利用社交媒体与弱社会关系的交互频率能显著促进"80前"和"80后"转移人口"市民化匹配"概率(见表6-4)。

表6-4　不同代际间市民化匹配异质性回归估计

变量	"80前"			"80后"			"90后"		
	系数值	标准误	Exp (B)	系数值	标准误	Exp (B)	系数值	标准误	Exp (B)
就业身份	0.103	0.923	1.108	1.111**	0.528	3.037	1.638***	0.553	5.146
劳动合同	-0.275	0.940	0.759	0.598	0.525	1.819	1.727**	0.696	5.622
社会福利	0.813*	0.455	2.254	0.784***	0.210	2.191	1.219***	0.282	3.383
人力资本禀赋	0.808"	0.448	2.243	0.564**	0.247	1.757	0.448	0.277	1.565
社会资本禀赋	-1.006	0.871	0.366	0.960***	0.369	2.611	-0.030	0.432	0.971
资本禀赋投资	0.153**	0.073	1.165	0.021	0.052	1.021	0.097*	0.058	1.102
网络强社会关系强度	-0.181	0.377	0.835	-0.331*	0.181	0.719	0.002	0.217	1.002
网络弱社会关系强度	0.973**	0.416	2.647	0.401**	0.191	1.493	-0.089	0.204	0.915
-2LL	53.95			197.130			160.389		
Cox and Snell R²	0.079			0.141			0.134		
Nagelkerke R²	0.344			0.323			0.315		
样本量	316			466			392		

注：*、**、***分别表示在10%、5%和1%水平上显著。

总而言之，"80前"转移人口的"市民化匹配"更多依赖于自身文化素养、自身资本禀赋投资、与异质性群体的信任度以及国家的社会福利激励。"80后"则依赖个体资本禀赋丰度、与异质性群体的信任程度、国家的社会福利激励以及自身自主创业行为。"90后"转移人口则更多依赖于个体自身文化素养、资本禀赋投资与国家"制度赋能"下的社会福利供给、劳动保障与自主创业行为。国家"制度赋能"对年轻转移人口实现"完全市民化"显得格外重要，特别是就业保障和自主创业表现明显。在当前"双创"大环境下，引导年轻代际转移人口自主创业，是促进年轻代际转移人口实现"完全市民化"的一种可靠途径。

2. 不同人力资本群体间市民化匹配的异质性分析

从表6-5可以看出：社会福利和自主创业对不同人力资本群体都具有显著正向影响，但其他因素对两者影响具有明显差异。签订劳动合同、社会资本积累、资本禀赋投资、弱社会关系强度都对高人力资本转移人口市民化"市民化匹配"有显著正向关系。在第三产业就业、市内就近流动就业、加入工会对低人力资本转移人口市民化"市民化匹配"有显著正向影响。所以要提升低人力资本转移人口群体的"市民化匹配"概率，在提升国家"制度赋能"激励以外，还应该积极引导这部分群体，在职业上向第三产业流动，在地理空间上向家乡流动，以就近流动就业来提升"完全市民化"可能。另外，也可以看出，资本禀赋投资和社会关系具有明显的"锦上添花"作用。

表6-5　不同人力资本禀赋转移人口市民化匹配异质性回归估计

变量	高人力资本			低人力资本		
	系数值	标准误	Exp（B）	系数值	标准误	Exp（B）
就业行业	0.087	0.318	1.091	1.809 **	0.782	6.106
就业身份	1.123 ***	0.412	3.073	1.361 **	0.644	3.900
市内迁移	0.766	0.526	2.151	1.609 **	0.734	4.999
劳动合同	1.503 ***	0.461	4.496	-0.481	0.629	0.618

续表

变量	高人力资本			低人力资本		
	系数值	标准误	Exp（B）	系数值	标准误	Exp（B）
加入工会	0.477	0.417	1.612	1.636 **	0.767	5.133
家庭人口数	−0.007	0.077	0.993	−0.510 **	0.234	0.600
社会福利	0.819 ***	0.164	2.269	0.876 ***	0.309	2.402
社会资本禀赋	0.483 *	0.281	1.621	0.375	0.545	1.456
资本禀赋投资	0.072 **	0.034	1.075	0.079	0.054	1.082
网络强社会关系强度	−0.153	0.142	0.859	−0.065	0.247	0.937
网络弱社会关系强度	0.322 **	0.147	1.380	0.175	0.247	1.191
−2LL	316.931			117.153		
Cox and Snell R^2	0.126			0.061		
Nagelkerke R^2	0.257			0.263		
样本量	587			587		

注：*、**、*** 分别表示在10%、5%和1%水平上显著。

6.3 农业转移人口市民化进程测度与实证再检验

为了更好地估测农业转移人口市民化水平，以及检验非财富资本禀赋对农业转移人口市民化水平的影响，本书拟构建农业转移人口市民化的综合评价指标体系，对农业转移人口市民化水平进行测度，并实证检验非财富资本禀赋对市民化水平的影响。

6.3.1 市民化进程测度指标体系构建原则

市民化的多维性与指标选取的简约性偏向。因为市民化内涵的宽泛性，社会同化、文化适应、身份认同、空间同化、与流入地宿主通婚、城市融入等都被视为市民化弹性概念。学者在研究转移人口市民化中，对市民化维度选择普遍比较宽泛。就如学者所言，转移人口融入新社会是一个多维度的过程（张文宏和雷开春，2008；Candelo et al.，2017）。设置多维度可以对市民化的内涵概括更加全面，便于人们从多个角度来审视和理解市民化的内涵。市民化的维度过于单一，则难以对市民化内涵进行有效诠释，也无法明确市民化的短板所在，对问题解决难以起到指引作用。刘传江（2007；2009）认为，市民化由"市民"和"化"两部分构成，"市民"的内涵决定市民化的内涵，"化"既是过程，也是结果，体现为从转移人口向城镇居民转化的具体且漫长的过程，该过程需要经历农村退出、城市进入和城市融合三个阶段，最终在生存职业、社会身份、自身素质和意识行为四个层面实现与市民的无差异性。杨菊华（2018）认为，市民化既是农业转移人口向城市居民逐步转化的过程，也是获得城镇市民身份，享受市民待遇，并养成与市民身份相匹配的其他特质，具体在公民身份、市民权利、行为模式、价值取向四个层面上与市民的一致性。所以，市民化的内涵是多维的。同时，市民化的评价指标也不宜设置过多。首先，评价指标过多，容易形成指标间的多重共线性，指标容易在评价内容上形成交叉与重叠，从而产生严重的共线性，最终使测度结果有偏（余江和叶林，2018）；其次，指标设置过多，对样本量需求相应增大，数据获取变得困难；最后，指标设置过多，导致对最终测度结果进行解释时多有不便，高关联度指标间作用大小难以明确。所以，市民化维度设置与指标选择，应在尽量完整概括转移人口市民化内涵前提下，追求维度与指标的简明化。同一维度下的指标应具有较好的一致性与排他性，尽量避免指标间的交叉与重叠，减少存在因果关系的指标。指标应简约，理解上不存在歧义，具有较好的概括性。指标反映的相应数据应该容易获取与便于处理，有利于后续分析与结果评价。

指标选取的结果性偏向。指标选择时多选择结果性指标，少用间接性指标。结果性指标指直接描述或反映测度样本真实状态的指标，间接性指标指对样本测度结果有间接影响的指标。指标构建时选择结果性指标而不用间接性指标，主要是间接性影响可能存在不确定性（余江和叶林，2018）。比如，在测度转移人口社会关系市民化时，熟人圈中城市居民数就是一个结果性指标，而与城镇居民的交互强度则是一个间接性指标。一一般而言，与城镇居民的交互强度越高，两者间就越发了解与信任，城市居民对乡城转移人口就越倾向于接纳。但现实中也可能存在随着两者交互强度增强，发生在两者间的经济机会竞争、社会文化地位侵蚀和社会支配与资源分配的零和竞争，将加强群体间的偏见，城市主导群体将基于提升自身群体竞争力，削弱外来群体竞争力，而排斥与拒绝为外来群体提供资源（Leong，2014）。

指标选取的异质性偏向。在具体指标选择时，应多选用反映农村转移人口与城市主流阶层两者间差异的对比性指标。农业转移人口市民化的实质是缩小和消融与城市主流阶层（中产阶层）在生活水平、公民权利、意识行为、社会关系以及身份认同上存在的差异与隔阂，使两者融为一体。所以，测度指标选取时，应尽量选择那些能反映出两者差异程度大小的指标。通过多方面指标的对比，清晰反映转移人口与城市主流阶层在各维度上存在的距离大小。比如，转移人口与城市职工个人相对收入比，相对于转移人口个体绝对收入，前者更能反映两者就业收入的差异程度。

指标选取的定量化偏向。多选用定量指标，少使用定性指标。定量指标数值明确，便于测度，也利于进行社会分化下不同群体间的比较。定性指标能很好对指标进行诠释、界定，但因量化程度差，不便于测度。转移人口市民化不单单是一个经济问题，同时也是一个社会性问题。对某些问题带有价值判断色彩，而且某些问题也难以做出定量的回答，将定性指标带入城市融入指标体系中，可以起到一定的补充作用；并且对定性指标可以通过一定的转化而变为定量指标。如以"1"和"0"表示对事物的肯定与否定，用1~5来表示对事物的五种不同评价程度等。

6.3.2 市民化进程测度指标的选取和测量方法

1. 指标选取和指标体系构建

依据马斯洛需要层次理论，将完全市民化看成农业转移人口实现个体人生需要的满足。转移人口市民化具有多维性，需要层次理论具有多层次性和逐次推进的特征，可以将转移人口市民化多维性与个体需要层次进行对应关联。马斯洛需要层次理论认为人具有社会性，个人不但有生理和安全的自然需要，还有群体及情感归属和精神满足的社会需要。生理和安全的需要是个体的自然需要，属于低层次的外在需要；社会需要是个体情感和群体归属的需要，是一种中间层次的需要；尊重和自我实现的需要是一种内在高层次的精神需要。生理需要指满足人作为一个自然体的生存和延续之必要，它包括吃饭、穿衣、住宿、通行和性的需要，这是最原始、最基础和最为重要的需要。安全需要指人需要一个相对稳定、有保障的生存环境，这种环境为人们维持生活质量、身体健康以及工作安全提供保障，使人们能平心静气地开展生产和享受生活。社会需要将人作为社会人看待，指人不但需要稳定的生活和工作环境，更需要有人与人之间的关怀与信任，需要通过人际间的交往来交互信息和增进感情。尊重需要和自我实现需要突出人内心在意识形态、价值取向上的自我满足。据此，本书将农业转移人口市民化划分为生活水准市民化、劳动就业市民化、公民权利市民化、社会关系市民化、意识行为市民化、价值取向市民化6个维度，再由这6个二级指标算术平均形成转移人口市民化的综合指标，如表6-6所示。

表6-6 农业转移人口市民化测度指标体系

一级指标	二级指标	三级指标	最小值	最大值	平均值	标准差
农业转移人口市民化水平	生活水准市民化	相对消费水平	7.74	659.41	63.38	52.55
		食品消费占支出比	1.37	86.73	30.95	16.82
		居住消费占支出比	0.00	78.43	17.38	17.31
	劳动就业市民化	相对收入水平	11.78	588.92	99.71	67.88
		劳动合同签订	0.00	100.00	43.72	33.15
		务工模式	50.00	100.00	85.00	35.90
		职位层级	0.00	100.00	33.64	26.65
	公民权利市民化	城市医疗保险	0.00	100.00	71.47	45.17
		城市养老保险	0.00	100.00	39.90	48.99
		住房公积金	0.00	100.00	18.32	38.70
		加入工会	0.00	100.00	8.62	28.07

一级指标	二级指标	三级指标	最小值	最大值	平均值	标准差
农业转移人口市民化水平	社会关系市民化	共事市民数量	0.00	100.00	48.98	23.75
		熟人市民数量	0.00	100.00	40.13	33.85
	意识行为市民化	城市婚姻习俗认同	0.00	100.00	56.39	26.24
		城市饮食习惯认同	0.00	100.00	65.35	25.64
		采用当地方言交流	0.00	100.00	60.97	32.61
		维权方式选择	0.00	100.00	51.81	32.48
	价值取向市民化	城镇落户意愿	0.00	100.00	42.80	49.50
		农地退出意愿	0.00	100.00	25.24	30.77
		身份认同意愿	0.00	100.00	27.08	44.45

（1）生活水准市民化。生活水准市民化涵盖总体消费水平、食品支出占消费支出比重、居住支出占消费支出比重三个具体测度指标。总体消费水平反映转移人口与流入地市民在生活消费支出上的差距，这也反映转移人口相对于市民的具体生活水平，该指标用转移人口消费支出与流入地市民消费支出之比来表示。该值越大，表示转移人口消费水平越高。居民在食品上的支出，也是反映其生活水准的一个重要指标。食品支出占消费支出比就是恩格尔系数，是一个反映居民生存贫富状况的国际通用性指标。住房支出比例，也是一个反映居民现实生活水平的指标。农业转移人口在流入地的居住方式有多种，有自我购房居住、租房居住、单位公房居住以及部分在工作地简易工棚居住，居住支出越高代表居住条件和环境越好。

（2）劳动就业市民化。劳动就业是转移人口并入城市以实现安身立命的基础，是转移人口在城市进一步发展以达到嵌入城市终极目的的关键。劳动就业市民化是测度转移人口的就业方式、就业质量和就业保障水平，测度转移人口的就业安全和就业质量，具体体现在劳动报酬的相近性、劳动就业的正规性、劳动就业的持续性和劳动职位的流动性四个指标上。用转移人口年劳动收入与城镇职工年收入比来衡量劳动报酬的相近性，这一指标也就是市民化能力的代理指标。劳动就业的正规性，用是否与工作单位签订正规的劳动合同表示。在正规劳动力市场就业和在正规企业就业，都需要签订劳动合同，而且劳动合同期限越长，工作的稳定性越好。劳动就业的持续性，指转移人口在城市劳动力市场就业的稳定性，用务工模式（专职务工、兼职务工）来表示。转移人口专注于城市就业，表明其劳动就业具有持续性，而不是在务工与务农上来回往复。就业流动性，指转移人口在职位上的纵向流动性，转移人口的职位越高，表明其在职业纵向流动能力越强，而纵向流动能力往往是横向流动的基础。

（3）公民权利市民化。公民权利的获取对于转移人口是一种安全需要，是一种应付风险和能力不及的现实需要。本书公民权利主要涵盖社会保障权利和政治权利。社会保障权利选取是否拥有城市医疗保险、养老保险和住房公积金来衡量，这些保障都是城市居民所拥有的基础保障。政治权利采取"是否加入工会"来衡量。工会是国家的政治组织，转移人口进入城市务工就在职业身份上实现了从农民向工人的转变，作为实质性的生产工人应有加入工会的权利。

（4）社会关系市民化。杨菊华（2018）认为农业转移人口市民化，要经历"脱域""并入"和"嵌入"三个阶段。转移人口嵌入城市不单是经济关系的嵌入，更是社会关系和价值取向的嵌入。转移人口脱离农村而并入城镇之时，其社会关系网络将由初级向次级转变，由同质性向异质性转变，由静态向动态转变。在次级关系社会网络中，以业缘、趣缘等形成的弱社会关系，在转移人口就业与生活中将扮演主要作用。农业转移人口市民化程度越高，其社会关系网络的异质性会越高。转移人口次级关系网络中，城市居民规模增大，且所处层级向中心靠拢。本书采取"同事中城市居民数量"和"最熟悉十人中城市居民数量"，分别来反映转移人口社会关系网络中弱社会关系的密度和层级。

（5）意识行为市民化。豪格和阿布拉姆斯（Hogg & Abrams，2011）提出，人类是历史、文化和社会的产物，社会由单独的个体汇集而成，但社会却分割成诸多异质性的群体，并塑形出各自不同的群体范畴；个体从所属群体获得观点、视角和实践①。来自农村社会的转移人口，其看待问

---

① 迈克尔·A. 豪格，多米尼克·阿布拉姆斯. 社会认同过程（第1版）[M]. 高明华，译. 北京：中国人民大学出版社，2011：2-4.

题视角、观点和价值判断有别于城市居民群体；转移人口要实现从农村群体向城市群体的转变，就需要在视角、观点、价值、行动以及沟通手段上有所改变，需要向城市居民群体所具有的特质转化，获得一种城市居民群体的集体表征。本书采取"是否认同城市的婚嫁习俗""是否适应城市饮食习惯""是否适应用城市语言交流"和"是否会采取适当方式维权"。

（6）价值取向市民化。价值取向市民化是转移人口对"我是谁""我希望成为谁"的价值端偏向。本书采取转移人口市民化意愿表示价值取向市民化，涵盖"城镇落户意愿""农地完全退出意愿""市民化身份认同"三个具体测度指标，三个指标反映转移人口在地域空间、职业身份、生存方式以及心理上的判断取舍。

由此，农业转移人口市民化进程测度指标体系由 6 个二级指标和 20个三级具体测度指标构成。

2. 指标权重确定和测度方法

本书借鉴刘传江（2008）、张斐（2011）与苏丽峰（2017）等值赋权方法，选择算术平均加权法作为"农业转移人口市民化综合指数"的合成方法，采取算术平均分配法来确定各三级指标权重，其计算方法为：

$$\text{Citizenizationindex}_i = \sum_{i=1}^{n} \text{Weight}_i \times \text{Score}_i \qquad (6-5)$$

Citizenizationindex 是由 20 个三级指标汇成的 6 个二级指标指数，再由 6 个二级指标平均综合成 1 个综合指标；Weight_i 是 i 指标的权重，Score_i 是 i 指标的得分。为此，本书将每个指标进行百分制处理。对于五级量表分别用 0、25、50、75 和 100 来对应表示。对于二分类变量采取 0 和 100 表示。"劳动合同"指标的赋值为：签订无固定期限劳动合同，赋值 100；签订固定期限劳动合同，则赋值 60；未签订劳动合同，则赋值 0。"维权方式"指标赋权为：当需要维权 s 时，如果找工会、政府、媒体、律师，赋值 100；如果找老板或熟人一起争取，赋值 50；如果采取默默忍受，赋值 0。务工模式的赋值为：专职务工赋值 100，兼农务工赋值 50。食品消费支出比与生活水准存在反向关系，消费支出比越大，生活水准越低；基于恩格尔系数在 0.3 以下为富有，0.3～0.4 为小康，0.4～0.5 为温饱，

0.5～0.6 为贫困，0.6 以上为极度贫困；将 0.3 以下赋值 100，0.3～0.4 赋值 75，0.4～0.5 赋值 50，0.5～0.6 赋值 25，0.6 以上赋值 0。每个阶段值包括下限。

本书将市民化进程按得分分为四个层次：0～25 分为非常低，26～50 分为较低，51～75 分为较高，76 分以上为非常高。

6.3.3 农业转移人口市民化进程及群体异质性比较

农业转移人口市民化进程测度结果及群体性差异如表 6-7 所示。

表 6-7　　农业转移人口市民化进程测度结果及群体性差异

	项目	总市民化	生活水准	劳动就业	公民权利	社会关系	意识行为	价值取向
	总计	42.97	52.39	35.96	34.58	44.55	58.63	31.70
性别	女	43.90	52.46	35.82	33.89	46.85	59.54	34.86
	男	42.32	52.34	36.07	35.06	42.95	58.00	29.50
代际	"80 前"	39.65	45.79	32.32	32.08	40.29	58.50	28.95
	"80 后"	45.13	58.58	38.37	39.28	45.55	58.68	30.30
	"90 后"	44.39	52.88	37.49	31.85	48.59	58.73	36.83
婚姻	未婚	42.98	51.38	36.37	30.00	47.17	58.81	34.14
	在婚	42.97	52.67	35.85	35.85	43.83	58.58	31.03
教育水平	小学及以下	35.32	41.35	27.45	26.42	37.41	56.31	22.97
	中学	40.27	49.30	33.92	27.38	42.45	58.62	29.98
	高中与中专	43.51	51.71	37.25	36.18	45.43	59.21	31.27
	大专及以上	51.44	65.16	42.99	49.27	51.34	59.39	40.53
城市	北京	41.10	43.94	37.42	23.41	34.68	67.41	39.75
	上海	42.24	53.61	38.00	35.26	39.41	56.21	30.95
	广州	45.33	55.07	39.71	46.70	44.49	56.86	29.19
	郑州	42.93	44.89	30.41	33.54	48.67	62.92	37.15
	武汉	44.80	52.63	33.76	34.62	56.44	58.47	32.89
	南昌	41.38	55.96	31.09	26.42	49.22	58.84	26.73
	内陆城市	43.10	52.08	32.00	31.33	51.98	59.63	31.59
	沿海城市	42.89	52.57	38.37	36.54	40.06	58.02	31.77

1. 转移人口市民化水平

转移人口市民化水平为 42.97，总体水平不高，转移人口"半市民化"状态依然严峻。分维度来看：转移人口意识行为和生活水准两个维度的市民化水平最高，分别为 58.63 和 52.39；社会关系、劳动就业和公民权利三个维度市民化次之，分别为 44.55、35.96 和 34.58；价值取向维度市民化水平最低，仅有 31.70。意识行为和生活水准两个维度市民化水平相对较高，说明转移人口能积极地调整自我，跳出原农村群体范畴，以较积极心态和行为去认可和接纳市民群体的生活方式和行为规范。转移人口在意识行为维度的突进，可能是为了更好地构建弱社会关系网络，为了更好地劳动就业和提高生活水准。转移人口也愿意将更多城市居民请进自己的社会关系中，从而增进社会关系网络的异质性和增强弱社会关系对自我的帮助。转移人口的价值取向，还是偏向"农村群体范畴"，转移人口城镇落户意愿弱，不愿意放弃农村土地，对自身"农村群体"身份的高度认同。总体而言，农业转移人口市民化水平不高，"半市民化"现象依然明显。基于劳动就业质量不高、生活水准一般和公平权利保障缺乏，转移人口力图从社会关系和意识行为上实现与城市居民的嵌入和趋同，以提升劳动就业质量和生活水准。要提升农业转移人口市民化进程，现阶段的关键还是提升其劳动就业质量和公民权利获取，提高转移人口劳动就业流动性、正规性、持续性和公平性，增强公民权利对转移人口覆盖面和保障力度。

2. 转移人口市民化进程的群体异质性

（1）性别上的差异。女性转移人口的劳动就业市民化和公平权利市民化低于男性，但女性在生活水准、社会关系、意识行为和价值取向等四个维度的市民化水平高于男性；女性转移人口市民化水平，总体高于男性。经方差检验，生活水准、劳动就业和公民权利的 F 值，没有通过显著性检验；而社会关系通过 1% 显著性检验，意识行为通过 10% 显著性检验，价值取向通过 1% 显著性检验，市民化水平通过 5% 显著性检验。这说明：男女转移人口市民化进程存在显著性差异，且主要是由两者在社会

非财富资本

与农业转移人口市民化

关系、意识行为和价值取向上的显著差异性所致。在推进转移人口市民化进程中，要重视女性对劳动就业和公民权利的获取，要重视男性严重的"农村群体"认同。

（2）代际上的差异。市民化水平与代际间成倒"U"型关系，"80后"转移人口市民化水平最高，"80前"的市民化水平最低。从分维度上看："90后"在社会关系、意识行为和价值取向三个维度的市民化水平最高，"80后"次之，"80前"最低；"80后"在生活水准、劳动就业和公民权利维度的市民化水平最高，"80前"生活水准和劳动就业维度的市民化最弱，"90后"公民权利市民化最弱。在方差分析中，社会关系、价值取向和市民化水平的 F 值，都通过了 5% 的显著性检验。说明不同代际间的社会关系市民化、价值取向市民化和综合市民化水平存在显著性差异。

（3）婚姻上的差异。不同婚姻状态转移人口的综合市民化水平极其接近，未婚群体在生活水平、意识行为和价值取向三个维度上的市民化水平更高。经方差检验，公民权利市民化、社会关系市民化的 F 值，都通过了 5% 显著性检验，在价值取向上通过 10% 显著性检验。这说明不同婚姻状态转移人口的公民权利、社会关系和价值取向的市民化水平，存在显著差异。据此可知，婚姻可以显著提升转移人口对于公民权利的获取，但却弱化了其社会关系向城市居民间的嵌入，强化了已婚转移人口对于"农村群体"的自我认同。

（4）教育水平上的差异。转移人口综合市民化水平和分维度的市民化水平，与其受教育水平具有正相关性；转移人口受教育水平越高，其市民化水平也越高。经方差检验，除了转移人口意识行为市民化 F 值的 P = 0.198，大于 10%，其他维度的市民化水平和市民化总体水平都通过了 1% 显著性检验。这说明，提升受教育水平能有效提高转移人口的市民化水平。

（5）城市间的差异。从单个城市来看：广州和武汉市民化水平最高，北京和南昌两地市民化水平最低，上海与郑州市民化水平接近；生活水准市民化上，南方城市（上海、武汉、南昌、广州）比北方城市（北京、郑州）高；劳动就业市民化与城市规模呈现正关系，沿海城市高于内陆城市。沿海地区，公民权利市民化水平与户籍管制程度成反比。在内陆城

市，公民权利市民化水平与城市规模和经济发展水平成正向关系，城市规
模越大且经济发展越好，公民权利市民化水平越高。内陆城市社会关系市
民化水平高于沿海城市。意识行为市民化水平上，北方城市（北京、郑
州）高于南方城市（上海、武汉、南昌、广州），这可能源于南方城市语
言繁复，难以掌握。沿海城市行政级别越高，转移人口价值取向市民化水
平越高；内陆城市的城市规模偏小和行政级别偏低会弱化转移人口价值取
向市民化水平。这说明，城市所在区域、城市规模、城市行政级别、城市
经济水平等都会影响转移人口市民化水平。

6.3.4 农业转移人口市民化进程基准模型回归估计

将农业转移人口综合市民化以及各维度市民化作为被解释变量，将转
移人口个人信息化因子、人力资本公因子作为核心解释变量，另外将人口
学特征变量（性别、年龄和婚姻）、迁移特征变量以及家庭特征变量作为
控制变量。因为因变量是连续变量，故采用最小二乘法（OLS）模型进行
估计。模型如下所示：

$$Citizenitation_i = \alpha_0 + \alpha_1 Socialmedia_i + \alpha_2 Humancapital_i$$

$$+ \alpha_3 Capitalinvest_i + \sum_{j=1}^{n} \beta_j x_{ij} + \varepsilon_i \qquad (6-6)$$

Citizenitation 是被解释变量，包含 6 个维度的市民化以及综合市民化
进程，被解释变量都是连续型变量。Socialmedia 是社交媒体使用，Human-
capital 是人力资本综合因子，Capitalinvest 是资本禀赋投资，x_j 是一系列控
制变量。α_0 是截距项，α_1 是社交媒体使用系数值，α_2 是人力资本系数
值，α_3 是资本禀赋投资系数值，β_j 是控制变量系数值，ε 是扰动项，扰
动项服从正态分布。

因为被解释变量与人力资本综合因子解释变量可能存在双向因果关
系，即人力资本积累越高，转移人口市民化水平越高；但同时也可能存在
转移人口市民化水平越高，其越可能通过多种方式去促进自身人力资本积
累。所以，本书将转移人口父亲和母亲的受教育年限作为工具变量，代替
人力资本综合因子进行两阶段最小二乘法（2SLS）估计。经估计，综合

市民化水平、生活水准、劳动就业的 F 值都大于临界值 16.38（Stock & Motohiro，2005），表明不存在弱工具。但社会关系、公民权利、意识行为和价值取向的 F 值小于临界值，表明存在弱工具，无法使用 2SLS 进行估计，故使用 OLS 进行估计。估计结果如表 6-8 所示。

表 6-8 　　　　　农业转移人口市民化进程实证检验估计结果

变量	综合市民化（2SLS）	生活水准（2SLS）	劳动就业（2SLS）	公民权利（OLS）	社会关系（OLS）	意识行为（OLS）	价值取向（OLS）
性别（女性=0）	-3.048 *** (0.640)	-1.098 (1.245)	-1.663 ** (0.725)	0.429 (1.461)	-2.750 ** (1.291)	-2.112 ** (0.914)	-6.761 *** (1.448)
年龄	0.101 (0.176)	0.483 (0.374)	0.264 (0.218)	1.098 ** (0.452)	-0.859 ** (0.399)	0.335 (0.282)	-1.448 *** (0.448)
年龄平方/100	-0.026 (0.227)	-0.593 (0.499)	-0.286 (0.290)	-1.182 ** (0.582)	0.970 * (0.514)	-0.364 (0.364)	1.724 *** (0.577)
婚姻（未婚=0）	3.391 *** (0.834)	3.976 ** (1.623)	2.407 ** (0.945)	6.799 *** (1.960)	1.606 (1.731)	0.376 (1.226)	1.691 (1.942)
迁移距离（省内迁移=0）	-2.982 *** (0.678)	-1.682 (1.319)	1.852 ** (0.768)	-2.166 (1.619)	-10.105 *** (1.430)	-6.244 *** (1.012)	0.090 (1.604)
家庭人口数	-0.340 ** (0.166)	-0.014 (0.322)	-0.165 (0.188)	-0.812 ** (0.396)	-0.227 (0.349)	-0.141 (0.247)	-0.619 (0.392)
土地经济化（无流转或征收=0）	-0.019 (0.710)	0.647 (1.383)	0.028 (0.805)	0.784 (1.694)	0.536 (1.496)	-0.728 (1.059)	-2.516 (1.678)
人力资本禀赋	9.391 *** (0.984)	5.713 *** (1.915)	8.840 *** (1.115)	7.686 *** (0.789)	3.228 *** (0.696)	3.181 *** (0.493)	6.378 *** (0.781)
社交媒体使用（不使用=0）	2.119 * (1.099)	11.052 *** (2.140)	1.735 (1.246)	1.712 (2.556)	7.227 *** (2.258)	-0.367 (1.598)	-2.763 (2.533)
资本禀赋投资	0.668 *** (0.100)	3.546 *** (0.194)	0.196 * (0.113)	0.714 *** (0.222)	0.448 ** (0.196)	-0.211 (0.139)	0.157 (0.220)
常数项	40.841 *** (3.568)	28.094 *** (6.944)	23.254 *** (4.044)	11.167 (8.489)	65.142 *** (7.498)	49.303 *** (5.308)	60.265 *** (8.411)

变量	综合市民化 （2SLS）	生活水准 （2SLS）	劳动就业 （2SLS）	公民权利 （OLS）	社会关系 （OLS）	意识行为 （OLS）	价值取向 （OLS）
R^2	0.211	0.319	0.154	0.111	0.113	0.080	0.087
Adj R^2	0.204	0.313	0.147	0.104	0.105	0.073	0.079
F 值	33.241	58.226	22.596	15.503	15.780	10.860	11.816

注：样本量为 1381 份；*、**、*** 分别表示在 1%、5% 和 10% 水平上显著；（）内为标准误差。

人口特征变量对市民化的影响。性别对市民化有负向影响，女性市民化水平比男性显著更高，且性别对劳动就业、社会关系、意识行为和价值取向以及市民化综合水平的影响通过了 5% 或 1% 的显著性检验。年龄对转移人口市民化综合水平不具有显著性影响。年龄与公民权利市民化成倒"U"型关系，与社会关系和价值取向市民化成"U"型关系，且都具有显著性。婚姻对转移人口生活水准、劳动就业、公民权利以及综合市民化水平有正向影响，且通过 5% 或 1% 显著性检验。由以上估计结果可知：人口特征对转移人口市民化进程有显著性影响，女性市民化进程要好于男性，已婚群体好于未婚群体。性别对高层次维度市民化影响更为显著，婚姻对低层次维度市民化影响更为显著。补齐年轻转移人口群体在劳动就业和公民权利获取上的短板，以及引导个人视角、观点、习俗、行为向城市支配群体转化，避免中年转移人口群体出现自我"农村群体身份"认同的内卷和固化。"80 后"转移人口是最有能力，也是最有可能实现市民化的群体，是市民化潜在群体，但"80 前"转移人口应是政府推进城镇化中最应关注的群体，该群体自我市民化能力不足，且市民化黄金窗口期已逐渐关闭，如果置之不顾，其最可能返回农村或滑入城市底层。

迁移特征对转移人口市民化的影响。跨省迁移对转移人口劳动就业市民化正向影响且 5% 水平上显著，对社会关系和意识行为市民化负向影响且 1% 水平上显著，对综合市民化水平负向影响且 1% 水平上显著。跨省迁移对生活水准和公民权利市民化有负向影响，对价值取向市民化有正向影响，但都没通过显著性检验。相比省内迁移，跨省迁移的转移人口更难得到来自初级社会关系网络的支持，人在他乡的孤独感也会更强，基于省域界定的公民权利则更难以享有。但跨省迁移并没有带来转移人口在生活水准上的显著下降，随着在流入地就业质量和生活水准相对下降，或随转移人口流出地就业质量和生活水准相对上升，转移人口就会向家乡回流。

家庭特征对转移人口市民化的影响。家庭人口数对转移人口综合市民化有负向影响，在5%水平上显著；家庭人口数对公民权利市民化有负向影响，在5%水平上显著。农地征收或流转等经济性行为对转移人口市民化影响不显著。转移人口家庭人口规模既是一种资源，也是一种负担。家庭规模越大，个人从家庭其他成员那里可能获得的资源支持和情感支持的可能也越多。但基于农村家庭大多资源稀缺，家庭规模越大，个人可以获得的资源越少，最终影响个人人力资本的积累，导致转移人口流动性和适应性不足。另外，家庭规模越大，可能对那些处于家庭核心的成员带来的负担也越大。处于核心处的成员往往是资源净输出者，家庭中其他成员往往会拖累其个人发展。土地经济化会强化转移人口对农地价值的期望，农地价值的经济实现与农地价值增长的未来预期可能会强化转移人口对"农村群体"的身份认同。

6.3.5 农业转移人口市民化进程分位数回归估计

为了进一步探究个人信息化和人力资本对不同分位点市民化的影响，本书构建了个人信息化综合因子。信息化综合因子主要用来衡量转移人口利用信息化手段的频率，频率越高则代表个人信息化程度越高。用"你用手机与老乡联系的频率""你用手机与市民联系的频率""你用QQ或微信与老乡联系的频率""你用QQ或微信与市民联系的频率"进行降维，KMO值为0.50，Bartlett球形检验P<0.001。经因子分析可以提取一个特征根大于1的公因子，对其名为个人信息化综合因子，该因子的解释力为51.2%。本书在市民化水平0.1、0.25、0.5、0.75和0.9等五个分位点上进行分位数回归，回归结果如表6-9所示。

表 6 – 9 农业转移人口市民化分位数回归估计结果

变量	综合市民化水平				
	q = 0.1	q = 0.25	q = 0.5	q = 0.75	q = 0.9
个人信息综合因子	2.310 *** (0.531)	3.384 *** (0.310)	3.348 *** (0.263)	3.344 *** (0.425)	3.132 *** (0.662)
人力资本综合因子	4.001 *** (0.407)	4.221 *** (0.281)	5.043 *** (0.354)	5.230 *** (0.373)	5.409 *** (0.546)
控制变量	Y	Y	Y	Y	Y
Pseudo R²	0.146	0.148	0.163	0.172	0.181

变量	生活水准市民化				
	q = 0.1	q = 0.25	q = 0.5	q = 0.75	q = 0.9
个人信息化综合因子	3.499 *** (0.674)	4.922 *** (0.652)	3.963 *** (0.844)	3.659 *** (0.773)	6.217 *** (1.343)
人力资本综合因子	2.613 *** (0.724)	2.713 *** (0.847)	4.463 *** (1.036)	6.952 *** (0.986)	8.420 *** (0.989)
控制变量	Y	Y	Y	Y	Y
Pseudo R²	0.086	0.077	0.052	0.070	0.088

变量	劳动就业市民化				
	q = 0.1	q = 0.25	q = 0.5	q = 0.75	q = 0.9
个人信息化综合因子	1.539 ** (0.641)	1.347 ** (0.541)	1.466 *** (0.466)	1.544 *** (0.421)	1.374 ** (0.700)
人力资本综合因子	5.588 *** (0.569)	5.683 *** (0.648)	5.902 *** (0.588)	5.661 *** (0.453)	5.585 (0.519)
控制变量	Y	Y	Y	Y	Y
Pseudo R²	0.172	0.158	0.119	0.104	0.101

变量	公民权利市民化				
	q = 0.1	q = 0.25	q = 0.5	q = 0.75	q = 0.9
个人信息化综合因子		4.114 *** (1.398)	2.541 * (1.251)	0.300 (1.327)	0.599 (0.839)
人力资本综合因子		7.284 *** (1.035)	8.173 *** (1.009)	11.956 *** (0.996)	8.081 *** (1.693)

续表

变量	公民权利市民化				
	q = 0.1	q = 0.25	q = 0.5	q = 0.75	q = 0.9
控制变量	Y	Y	Y	Y	Y
Pseudo R^2		0.063	0.017	0.057	0.026

变量	社会关系市民化				
	q = 0.1	q = 0.25	q = 0.5	q = 0.75	q = 0.9
个人信息化综合因子	5.826 *** (0.734)	8.041 *** (0.411)	8.314 *** (0.716)	8.351 *** (1.025)	5.408 *** (1.443)
人力资本综合因子	2.027 *** (0.746)	1.905 ** (1.091)	1.708 * (0.735)	2.713 ** (1.103)	2.467 ** (1.201)
控制变量	Y	Y	Y	Y	Y
Pseudo R^2	0.093	0.135	0.111	0.072	0.070

变量	意识行为市民化				
	q = 0.1	q = 0.25	q = 0.5	q = 0.75	q = 0.9
个人信息化综合因子	3.052 *** (0.734)	2.987 *** (0.615)	2.394 *** (0.716)	1.233 * (0.666)	1.446 (0.746)
人力资本综合因子	2.763 *** (0.721)	1.676 ** (0.865)	2.907 *** (0.689)	2.359 *** (0.658)	2.205 *** (0.695)
控制变量	Y	Y	Y	Y	Y
Pseudo R^2	0.046	0.035	0.046	0.065	0.036

变量	价值取向市民化				
	q = 0.1	q = 0.25	q = 0.5	q = 0.75	q = 0.9
个人信息化综合因子		1.036 (0.948)	1.917 ** (0.947)	3.215 *** (0.927)	2.464 *** (0.831)
人力资本综合因子		3.362 *** (1.196)	4.950 *** (0.963)	8.046 *** (1.230)	7.912 *** (1.417)
控制变量	Y	Y	Y	Y	Y
Pseudo R^2		0.038	0.023	0.053	0.079

注：*、**、*** 分别表示在1%、5%和10%水平上显著；（ ）内为标准误差。

个人信息综合因子对市民化水平不同分位的影响。个人信息化综合因子对转移人口综合市民化水平的影响，成"先增后减"态势；对中间阶层的影响，要好于两端的群体。从生活水准市民化来看，个人信息化对不同分位点的转移人口都具有显著正向效应，但对高分位点的转移人口影响要更大。劳动就业市民化上，个人信息化对提升各分位点转移人口劳动就业质量，都有显著促进作用。对低分位点群体影响较大，随着分位点提升，信息化对转移人口的促进作用在下降。公民权利市民化上，信息化对转移人口公民权利获取有正向作用，而且高分位点的群体获益更大，也更显著。社会关系市民化上，信息化对转移人口与城市关系嵌入的影响呈倒"U"型，处于中间分位点群体获益更大。信息化对意识行为市民化的影响随分位点提升而减弱。对价值取向市民化的影响，在高分位点上更为明显。这说明信息化能有效弥合转移人口间意识行为市民化的差距，而能拉开转移人口价值取向市民化差距。

人力资本综合因子对市民化水平在不同分位上的影响。人力资本对综合市民化和生活水准市民化的影响，随分位点提升而增加，说明人力资本积累对转移人口有递增推进作用。综合市民化水平越高，人力资本积累带来的边际效应越大；分位点越高的转移人口，人力资本积累对其生活质量提升越高。人力资本积累对劳动就业市民化和公民权利市民化的影响，随分位点提升呈倒"U"型，说明人力资本积累对转移人口的边际效应，成"先增后减"态势。处于劳动就业和公平权利市民化中段分位点的转移人口，在人力资本积累推进劳动就业质量和公民权利获取中得益更多。人力资本积累对转移人口社会关系市民化的影响，随分位点提升呈"U"型；转移人口人力资本积累，对处于分位数两端的转移人口嵌入城市社会关系作用更加明显。人力资本积累对转移人口意识行为市民化的影响，在各分位点上都具有正向显著影响，但在高分位段（0.5 以上）呈现递减态势。人力资本积累对转移人口价值取向市民化的影响，随分位点提升呈现倒"U"型，人力资本积累对于中间层级转移人口的"城市居民群体"身份认同转化作用更为显著。

总体而言，能熟练利用信息技术和信息手段来与外界进行交流互动和学习，可以有效提升转移人口市民化水平，但处于分位数中段群体的收益更大。人力资本积累可以提高转移人口的知识丰度、技能水平和健康水平，人力资本积累对转移人口市民化有递增推进作用。另外，信息化和人力资本积累对转移人口在不同维度市民化、不同分位点上的影响是存在差异性的。

6.3.6 农业转移人口市民化进程的泰尔指数分解

为了更好地了解产生农村转移人口市民化不平等的来源，本书采用泰尔指数分解来自出生队列、性别、婚姻、受教育程度、行业、流入城市、迁移距离和社交媒体使用等因素造成的市民化水平差异，比较各个指标对整体市民化水平差异的份额，以判断各因素所引起的市民化差异是否重要。本书泰尔指数参考罗楚亮、李实（2007）的计算公式。

$$T = \frac{1}{n} \sum_{i=1}^{n} \left[\frac{y_i}{y^*} \cdot \log\left(\frac{y_i}{y^*}\right) \right] \qquad (6-7)$$

其中，T 是泰尔指数，n 是样本数，y_i 是第 i 个样本的市民化综合指数，y^* 是全部样本的市民化水平综合指数的均值。

如果本书将总样本分为 K 个群组，记为 g_k，k 群组的样本量为 n_k，$\sum_{k=1}^{k} n_k = n$。设 y_i 是第 i 个样本市民化水平所占份额，y_k 是第 k 群组市民化水平所占份额，则泰尔指数可以分解为组内差距与组间差距。分解公式如下：

$$T = \sum_{k=1}^{k} \left[y_k \cdot \log\left(\frac{y_k}{n_k/n}\right) \right] + \sum_{k=1}^{k} \left\{ y_k \left[\sum_{i \in g_k} \frac{y_i}{y_k} \cdot \log\left(\frac{y_i/y_k}{1/n_k}\right) \right] \right\} \quad (6-8)$$

即 $T = T_b + T_w$，T_b 是组间差距，T_w 是组内差距。结算结果如表 6-10 所示。

表 6-10 转移人口市民化的泰尔指数分解

变量	泰尔指数	组内差距	组间差距	组内比例	组间比例
受教育水平	0.01728	0.01451	0.00277	83.958	16.042
个人信息水平	0.01728	0.01568	0.00161	90.697	9.303

变量	泰尔指数	组内差距	组间差距	组内比例	组间比例
代际	0.01728	0.01655	0.00073	95.768	4.232
流入区域	0.01728	0.01693	0.00035	97.953	2.047
行业	0.01728	0.01696	0.00032	98.139	1.861
迁移距离	0.01728	0.01717	0.00011	99.341	0.659
性别	0.01728	0.01721	0.00007	99.586	0.414
婚姻	0.01728	0.01728	0.00000	100.000	0.000

从表6-10可知，受教育水平能解释的组间差距是16.04%，说明转移人口受教育水平的不同对市民化差异的影响大；转移人口社交媒体使用能解释组间差距的9.30%，说明转移人口能够娴熟使用现代信息化技术与手段，对其市民化水平有积极作用；不同代际能解释组间差距的4.23%，流入城市能解释组间差距的2.05%，转移人口就业行业能解释组间差距的1.86%；而迁移距离、性别对组间差距的解释力度较弱，婚姻对组间差距缺乏解释力。以上泰尔指数分解结果充分表明：转移人口的人力资本积累、个体信息化以及年龄因素对其市民化的影响非常重要。

6.4 本章小结

本章主要探讨农业转移人口市民化能力与市民化意愿的匹配，并实证检验转移人口非财富资本禀赋对市民化进程的影响。本书从匹配的内涵出发，认为市民化匹配，就是基于融入城市的目的，农业转移人口市民化能力和市民化意愿两要素间形成的有效搭配。市民化匹配既是一种结果，也是一种过程；在市民化能力与市民化意愿匹配过程中存在"非市民化匹配""能力欠缺型不匹配""意愿欠缺型不匹配"和"市民化匹配（完全市民化）"四种结果，而市民化最终目标就是实现大多数转移人口的"完全市民化"。基于微观调查数据，对转移人口的匹配状况进行分类统计发现：转移人口"完全市民化"比例只有6.0%，多数转移人口属于"意愿欠缺型不匹配"和"非市民化匹配"状态。所以，按照市民化能力和市民化意愿匹配所得结果表明：我国完全市民化水平远低于其他学者的研究结果，农业转移人口市民化任务繁巨。为了探讨资本禀赋、公共服务供给对"非市民化匹配""不匹配"向"市民化匹配"转变的作用，并分析不同代际间、不同人力资本群体间的市民化匹配的异质性，本书通过实证分析得出以下结论：（1）人力资本、社会资本、公共福利、资本禀赋投资和利用社交媒体与弱社会关系活动都能显著提升"市民化匹配"与"非市民化匹配"的发生比，本书既可以通过提升资本禀赋积累来实现匹配提升，还可以通过制度供给来加强"非市民化匹配"转移人口的社会福利获得、通过提升"非市民化匹配"群体的与弱社会关系交互程度、提升"非市民化匹配"群体的创业行为等，引导转移人口市内流动就业和向行政级别低城市流动，对其实现"市民化匹配"有非常积极的作用；（2）"意愿欠缺型不匹配"向"市民化匹配"的转化，人力资本、社会资本、社会福利和利用社交媒体与弱社会关系互动对其优势比具有显著性正向影响，利用社交媒体与强社会关系互动对其有显著负向影响；所以要让那些具备市民化能力但缺乏市民化意愿的"草根精英"放弃回归农村的愿望，只有让其获得更多城市社会福利，加强他们与城市居民和政府的交往，增强"意愿欠缺型"转移人口对城市生活的愿景和与城市居民间的信任；（3）"能力欠缺型不匹配"向"市民化匹配"的转化中，人力资本、社会资本和社会福利的影响不显著，但增加资本禀赋投资对其有显著正向作用。所以，实现"能力欠缺型不匹配"转移人口的"完全市民化"，重在提高其资本禀赋投资和积极引导该群体适当人群自主创业；（4）有序推进转移人口市民化的路径为："市民化匹配"转移人口＞"能力欠缺型"转移人口＞"意愿欠缺型"转移人口＞"非市民化匹配"转移人口；（5）农业转移人口资本禀赋对市民化匹配在不同代际和不同人力资本群体间的影响存在明显差异。

为了进一步检验非财富资本禀赋对转移人口市民化的影响，构建了转移人口市民化水平测度指标体系，重新测度了农业转移人口市民化水平，并利用最小二乘法（OLS）、两阶段二乘法（2SLS）等方法进行实证检验。市民化水平综合指标体系由 6 个二级指标和 20 个三级具体测度指标构成，其中二级指标为生活水准市民化、劳动就业市民化、公民权利市民化、社会关系市民化、意识行为市民化、价值取向市民化。本书采取平均赋权方式，对农业转移人口市民化水平进行了测度，测度结果显示：转移人口市民化水平为42.97，"半市民化"状态依然严峻；从维度上看，转移人口意识行为和生活水准两个维度的市民化水平最高，社会关系市民化、劳动就业市民化和公民权利市民化次之，价值取向市民化水平最低。基于实证分析，本书认为，基于劳动就业质量不高、生活水准一般和公平权利保障缺乏，转移人口力图从社会关系和意识行为上实现与城市居民的嵌入和趋同，以提高获取更好劳动就业和更高生活水准。而要提升农业转移人口市民化进程，现阶段的关键还是提升其劳动就业质量和公民权利获取，以提高转移人口受教育水平和个体信息化水平等手段，来确保和增强转移人口在城市劳动就业的持续性、流动性、正规性和公平性。此外，本章还通过分位数回归（QR）方法，实证分析了个人信息化综合因子和人力资本因子对市民化各分位点的具体影响；利用泰尔指数，分解了各因素对市民化进程组间差距的作用大小，证实转移人口的人力资本积累、个体信息化以及年龄因素对其市民化的影响非常明显。

第 7 章

促进农业转移人口市民化的相关建议

本书主要探讨转移人口非资本禀赋对其市民化能力、市民化意愿和市民化匹配与进程的影响，经证实提升农业转移人口非财富资本禀赋有利于农业转移人口完全市民化的推进。所以，本章着重从转移人口人力资本禀赋积累、社会资本禀赋积累、信息获取渠道和获取能力建设、非财富资本禀赋积累和价值实现外部有利环境构建等方面提出相应对策与建议。

7.1 积极促进农业转移人口一般人力资本禀赋的积累

此处一般人力资本禀赋指个体所具有的教育水平、技能水平和健康水平。农业转移人口受教育程度对其初始工资水平有决定性作用，农业转移人口的非农生产经验和技能培训对其与市民经济同化有重要意义，即学历影响转移人口初始工资，而技能培训和积累则是实现经济同化的关键（陈珣和徐舒，2014）。个体健康水平是转移人口稳定而持续获取知识和技能回报的基础。此外，提升转移人口一般人力资本禀赋水平，也就是提升自身对他人和社会的价值，有利于提高自身在社会关系网络中的位置和重要性，这为农业转移人口拓展跨越性社会资本和获取更多资源支持提供可能。

7.1.1 大力提升未来农业转移人口的受教育水平

农业转移人口受教育水平对其市民化能力和市民化意愿有正向影响，而通过社会教育资源均享对提升农业转移人口受教育水平是关键。我国教育资源严重倾斜于城市，农村无论是教育资源数量，还是教育质量，都存在相对不足。农村学龄学生的失学率明显高于城市，农村学生进入高中与大学的比例明显低于城市。我国1986年颁布《中华人民共和国义务教育法》，要求对适龄人口实施九年义务教育，接着于2006年实现农村义务教育全免费，于2008年实行城市义务教育全免费。九年义务教育制度对我国人口素质提升和经济发展功不可没，但九年义务教育制度已实施30余年，且当前国情国力与30余年前不可同日而语，政府完全有能力承担高中义务教育所增成本。按当年价格计算，2018年我国国内生产总值达到90.03万亿元，是1986年国内生产总值的86.8倍。2018年我国高中在校生为2375.4万人，1986年高中在校生数为773.4万人，前者是后者的3.1倍。加快实行农村高中义务教育，以法律保障农村学生的教育权利，全面提高农村子女高中入学率与毕业率。此外，还应关注农村学生高考录取率。为了发展与支持农村教育，我国从2012年开始实施农村高考专项计划，对来自农村的高考生特别是贫困地区的高考生，实施高考优惠政策。农村高考专线计划包括国家专项计划、地方专项计划与高校专项计划。国家专项计划指"985"与"211"高校向特定贫困地区的定向招生计划，招生名额为数万名。地方专项计划指地方所属重点高校面向农村考生的招生计划，招生名额不低于当年预录本科生的3%。高校专项计划指教育部直属与自主招生院校面向边远地区、贫困地区、民族地区农村的招生计划，招生名额不低于当年预录本科生的3%。国家专项计划应从覆盖局部地区向全区域覆盖转变，地方专项计划与高校专项计划应提升招生名额比例。农村高考专项计划旨在提升农村优秀考生进入重点大学的机会，但对于广大农村考生而言，政府更应做的是提升农村高考录取率和减低在高校的学习成本。所以，政府应针对农村高考生出台更多更好的招生与学费优惠政策，让更多的农村学生能够进入高校，而且愿意进入高校学习。

7.1.2 积极提升农业转移人口的职业技能和个人素养

能通过高考进入大学获取高学历的农村学生毕竟是少数，大量农村学子在完成九年义务教育或高考失利后就匆匆步入社会，成为一无学历、二无技能、三无经验的城市就业"三无"人员。他们既无法获得较高初始工资，又无法提升工资增长率来实现与城市职工经济同化。所以，低工资、低工资增长率、低人力资本禀赋，既影响其市民化能力，又抑制了其市民化意愿。所以，加大职业培训和城市型素养培育是提升转移人口人力资本禀赋的重要举措。

1. 加强对农业转移人口职业技术培训

职业技术培训能显著提升转移人口市民化意愿（王晓峰和温馨，2017；张晓恒等，2017），对年轻转移人口市民化作用更为明显。通过职业技能培训，可以在短期内快速提升农业转移人口的技术水平。农业转移人口职业技能培训应注意以下几个问题。一是接受职业技能培训的主体要明确。农业转移人口中的"80后"及"90后"已成为城市外来劳动力的主体。所以，参加技能培训的主体应以"80后"和"90后"转移人口为主。该群体相对年轻、有朝气，易于接受新鲜事物，且文化程度普遍高于"80前"转移人口，且该群体市民化能力和市民化意愿都强于"80前"转移人口。二是职业技能培训管理制度要形成系统化，要形成从中央、省、市、县、镇（社区）的纵向上下联动管理体系，和横向上"政府主导""社区（镇）管理""部门协助""社会参与"的网络培训结构，社区（镇）是职业技能培训的组织者和落实者。三是职业技能培训内容要综合且实用。技能培训上，要结合转移人口自身能力和实际需要，分行业、分工种、分层次进行培训，突出培训的针对性，应突出对技术、工艺、设备使用的传授，突出对具体操作技能的掌握，培训重在实用和重在满足现实需求。四是职业技能培训的时间安排要紧凑且灵活。农业转移人口劳动时间普遍偏长且不规律，时间安排上应尽量紧凑，让转移人口能在较为集中时间内完成培训。另外，鼓励企业与转移人口流出地政府合作，让农业转移人口在流出前就近就地接受职业培训，培训完后直接进城进厂工作，实现培训和就业的有力结合。五是职业技能培训应结合线上与线下两种方式。线上培训主要是构建农业转移人口技能培训网络平台，通过网络授课方式完成技能培训的学习。转移人口可以通过登录平台，通过授权账号参与培训，并可以通过信息平台参与讨论和互动，网络线上培训将会成为职业技能培训的主要形式。线下培训是由社区组织的现场培训，农业转移人口免费报名参加，社区所在人力资源社会保障局提供师资与资金支持，社区居委会实行现场管理。六是职业技能培训需要建立长效激励机制。建议将转移人口参与职业技能培训作为社区工作考核的一项指标，促进社区对此项工作的投入和重视。建议对企业开展和增加转移人口职业培训给予资助，对完成转移人口职业培训一定规模的企业给予减税或发放补贴；对培训认真且效果较好的企业，政府可以为其提供信用担保。鼓励企业将工资及奖金与转移人口再教育挂钩，充分突出人力资本禀赋对转移人口收入的正向回报率。鼓励社区在开展转移人口职业技能培训中充当更加重要的角色，鼓励和资金支持社区针对转移人口开展丰富多样的职业培训，这样不但可以提升该群体的文化素质与技术水平，还有利于增进社区和政府与转移人口之间的相互了解与信任。

2. 加强对农业转移人口个人城市素养的培育

素养对一个人突破群体界限进入另一个群体很重要。通过教育和培训，培植出适应于城市生活、工作和人际交往的城市素养，对农业转移人口实现完全市民化的意义非凡。第一，加大农业转移人口对城市历史的了解，可以增强农业转移人口对城市文化的接纳，只有了解这个城市，才能产生对城市的喜爱，催生在城市居留和融入城市的意愿和动力。第二，加大对农业转移人口开展有关城市法律和法规教育，增强农业转移人口法律意识和契约精神，减少因法律知识缺失而带来的经济与人身损失。第三，加大对农业转移人口城市生活常识教育和生活技能培训，实现转移人口与城市居民在生活方式、生活理念上的同化，消弭两群体间的心理距离和心理排斥。

7.1.3　积极维护农业转移人口的身心健康权

农业转移人口不但要面对城市陌生的工作环境与工作方式以及城市居民的偏见与歧视，还要面临家庭与亲情的缺失以及社会网络资源支持缺位等诸多不利因素。转移人口在巨大工作压力与生活压力下，还要去接受流入地的文化与价值观念，学习流入地不熟悉的语言和社会习俗等。一切都是陌生的，一切都要转移人口去被动适应与接受，这必然影响转移人口的心理健康。现有研究表明，农业转移人口心理健康程度显著低于全国正常人平均水平（蒋善等，2007）。另外，农业转移人口，特别是低人力资本群体长期在次级劳动力市场就业，从事着脏、苦、累、险的工作，生活条件差，身体长期处于高压状态，身体机能下降快。所以，关心转移人口身心健康对其市民化具有重要意义，同时也可以为城市获得更为持久的人口红利。一是政府应要求企业保证转移人口劳动者享有《劳动法》赋予的权利，比如安全的工作环境、必要的休息时间。二是政府应鼓励企业给转移人口劳动者定期安排体检，对于体检所发生的费用政府按一定比例给予补贴。在转移人口聚集社区，增修健身娱乐设施与休闲场所，面向转移人口开放更多的公共体育服务设施，积极引导转移人口健康生活、快乐生活的生活理念。三是建立转移人口社会工作组织，加强对转移人口的心理健康教育。高度关注转移人口的精神需要与心理健康，结合转移人口群体原文化特征、流动性及低人力资本特征，开展一些易学、易记、易懂的心理健康教育。

总而言之，人力资本不足是农业转移人口市民化难以推进的重要因素，人力资本更是提升农业转移人口市民化能力的关键。从长远来看，全面提升转移人口受教育程度，将有助于未来转移人口实现更高的人力资本积累，有助于农业转移人口在未来更好融入城市；从短期来看，实行职业技能培训对提升已进入城市转移人口经济同化能力和完全市民化更具有实效性。培育农业转移人口城市型个人素养，有利于转移人口更好融入工作，更好开展与市民的交流和互动。关注转移人口的精神需求与身心健康，将有助于延长转移人口的"人口红利效应"。

7.2 大力提升农业转移人口信息
人力资本获取渠道和能力

在当今社会，信息对于个体就业和生活的重要性愈发凸显，个体间信息人力资本禀赋的差异，正成为个体未来发展的重要决定因素（郭江影等，2016）。农业转移人口获取流入地的市场和城市信息，减少市场交易与个人决策时的信息不对称，可以有效提高农业转移人口就业效率和就业质量。农业转移人口将基于信息技术而构建的信息交互平台嵌入到个人工作和生活中，并能熟练加以利用，能使个体工作效率和生活质量得以提升。信息交互平台使用对转移人口而言，既成为个人资本禀赋的组成部分，也是实现个体资本禀赋积累的有效手段。充分有效地利用社交媒体，提升个体信息人力资本禀赋对农业转移人口的市民化能力和市民化意愿的提升皆有积极影响。为此，应充分借助社交媒体这种信息平台去促进农业转移人口更好地完全市民化。而信息人力资本是基于传统人力资本上的互联网交互平台和信息获取能力的有机结合。所以，提升转移人口信息人力资本禀赋，就需要从提升互联网对农业转移人口的覆盖，提升转移人口对网络信息的获取和利用能力。

7.2.1 加强网络通信设施建设来提升转移人口外部信息获取渠道

我国信息化取得了快速而长足的发展，互联网和智能手机使用已趋于普遍化，但同时城乡之间信息化差异依然存在，具体体现在以下两个方面：第一，城市互联网和智能手机普及率高于农村，城市信息化水平要好于农村；第二，城市信息资源获取成本低于农村。以前有句话为"农村要想富，先修路"，而今本书认为，"农村要想强，先通网"。在我国农村诸多地方，网络通信基础设施薄弱，网络通信质量还不稳定，网络信息传递多有不畅，信息传递成本较高。信息传递渠道的不通畅和较高的信息获取成本，致使农业转移人口获取外部有效信息较少，缺乏信息支撑而导致转移人口流动带有一定盲目性。通过农村信息基础化设施建设，对农业转移人口资本禀赋积累有以下几点影响。第一，农村信息化建设，可以有效增加农户收入，进而为农户家庭人力资本积累提供财力支持。充足有效的信息来源，可以减低农户种植风险，减低农业生产损失，提升农产品销售的市场效益，增加农户农业生产效益。农户家庭增收了，才能有更多财力资本用于家庭成员的教育和技能培训支出。第二，农村信息化建设，可以为农业转移人口流入城市提供时效更高的信息来源，减低信息不对称带来的时间和经济成本。农业转移人口可以利用信息化平台，在流动前就收集和获取充分的市场和城市信息，这有助于减少其流动的盲目性，即"先谋而后动"。第三，农村信息化建设有助于农业转移人口社会资本积累。基于信息化建设，农业转移人口可以借助社交媒体与外界开展社会交往，拓展个人社会关系网络规模和网络质量。原始社会资本（也称为整合性社会资本、初级社会资本、强关系社会资本或农村型社会资本等）有助于农业转移人口向城市流入，有助于其在城市的初始就业。次级社会资本（也称为跨越型社会资本、城市型社会资本和弱关系社会资本等）则有利于农业转移人口实现在城市向上的流动。为此，农村信息化建设需要做好以下几个方面的工作。第一，完善农村信息化设施建设，提升农村信息网络的覆盖面和信息网络的质量。第二，政府应出台相关支持农村信息化建设财政补贴政策，从国家层面支持和促进农村信息化建设水平，全力减低农户信息获取、传递和利用的成本。第三，在农村开展信息化平台适用培训，提升农户利用信息网络获取、传递、处理和利用信息的能力。总之，加强农村信息化建设，不但使有利于乡村振兴，更有利于农业转移人口更好地了解外面的世界，更好地走进城市和快速融入城市。

另外，城中村和城乡接合部是诸多农业转移人口聚集的地区，加强这类地区的网络通信设施建设和优化布局，有利于农业转移人口对网络信息平台的接入和使用。鼓励通信公司针对农业转移人口开发出有针对性的产品和服务，切实提高转移人口智能移动终端覆盖率，减低转移人口智能移动终端使用而产生的流量费用。

7.2.2 增强农业转移人口对市场和城市信息获取和利用能力

虽然农业转移人口，特别是新生代转移人口，智能手机的使用率和接入互联网的普及率较高，但农业转移人口利用信息平台去主动获取有用信息的行为则不多。据相关调查表明，新生代农民工大多将手机作为娱乐工具（晏齐宏，2018）。大多转移人口利用手机来打发闲暇时间，利用手机玩游戏、看娱乐性新闻、看娱乐性视频、给朋友圈点赞，而较少主动去搜寻和获取关于市场及流入城市的直接有益信息。造成这种情形可能源于两个方面。第一，农业转移人口缺乏主动获取信息的文化传统。在农村熟人社会里，信息多是"听来的"，而不是"问来的"，所以培养转移人口主动获取信息的习惯非常必要。第二，信息平台缺乏良好的网络氛围。现代互联网平台过多强调市场经济逻辑而漠视公共服务价值（朱文哲，2019），信息交互平台上被大量娱乐因素所包围。缺乏自制力的转移人口，特别是代际年轻的转移人口，则很容易深陷其中。为此，本书认为可从以下几个方面开展工作。第一，提高农业转移人口对社交媒体的使用能力。诸多传统人力资本缺乏转移人口，特别是年长代际转移人口对社交媒体的使用存在困难。所以，通过相关培训提高转移人口对新媒体使用能力很有必要。第二，培育转移人口从社交媒体获取信息的习惯。农业转移人口应重视利用网络手段获取市场与城市信息的重要性，充分认识到社交媒体所具有的两面性，培养合理利用好社交媒体来获取信息的习惯，充分利用好社交媒体来改善工作与生活的质量，避免自身陷入网络娱乐平台的汪洋大海中。第三，政府和企业也要营造良好的信息平台参与氛围，让社交媒体真正成为促进转移人口信息获取和个体资本禀赋枳累的有力工具。鼓励政府及各部门通过官方信息平台来发布市场和城市信息，鼓励和引导农业转移人口通过社交媒体来连入政府官方信息平台。鼓励政府和社会组织通过这类平台向转移人口推送免费且有现实价值的信息，进而让农业转移人口可以获得最新、最全的市场和城市信息。鼓励企业构建正式或非正式的网络信息交互平台，提升农业转移人口对企业信息的获取渠道和能力，并通过信息平台内交互强度来提升社会资本积累。第四，应大力减低网络信息的使用成本，进而提升农业转移人口通过社交媒体传递、获取和利用信息的强度。总而言之，农业转移人口还缺乏对市场和城市信息获取的渠道和能力。政府应积极地构建有利于转移人口获取时效强、价值高的信息渠道并鼓励社会组织和企业参与其中，引导农业转移人口认识到社交媒体对其获取市场和城市信息与拓展个人社会资本禀赋的重要性，引导农业转移人口利用社会信息平台来开展自我学习和自我培养，利用社交媒体的学习功能来提升个人人力资本积累，以便实现市民化能力的全面提升。另外，提升转移人口知识和素养，是提升转移人口获取信息和利用信息价值的关键。

7.3 积极促进农业转移人口的
社会资本禀赋积累

社会资本中蕴含的社会关系网络和信任，对农业转移人口市民化具有显著性影响。农业转移人口与流入城市居民间的相互信任，是转移人口拓展在流入城市社会关系网络的前提；双方之间没有充分的互动，就不会产生相互信任，没有信任，社会关系网络就难以拓展。信任是建立在充分互动基础之上的，而对转移人口的刻板印象则会影响双方互动的开展和降低互动效果。所以，提升个体跨越型社会关系规模和异质性群体信任程度，是促进农业转移人口社会资本禀赋积累的主要举措。而改变群体间双方的刻板印象应该是建立群体间信任的先决条件，然后在相互尊重的基础上通过互动而建立信任和拓展跨越型社会关系并逐步扩展其规模。

7.3.1 应积极通过农业转移人口的"去污名化"来消除群体隔阂

"污名化"是指一个群体将一些负面人性特征强加给另一个群体并不断加以强化和维持的过程，该过程造成社会其他群体对"被污名"群体形成刻板印象。农业转移人口"污名化"是"身体区隔""话语构建"和

"权利运作"的结果（文军和田珺，2017）。虽然农业转移人口的生存状况得到一定程度的改善，发展权利得到一定的尊重，但依然是不属于城市市民的"外来群体"。城市大众传媒对农业转移人口的特有叙事逻辑让其深陷污名之中：农业转移人口总是遭遇不公正对待，总是缺乏应有生存和发展的机遇，是缺乏制度保护和无力改变自身状况的社会底层（文军和田珺，2017）。在某些城市居民心目中，农民工总与"愚昧无知""野蛮无礼""不讲卫生""不讲秩序""爱贪便宜"等带有贬义的词相关联。农业转移人口的"乡村身体"意味着低素质，转移人口"次劳动力市场就业"被视为低能力；甚至转移人口中的一些朴素和可爱的品格，也被视为懦弱和无能的表现。对农业转移人口的"污名化"，严重拉低了城市居民对其评价，进而影响相互间的互动和信任。为此，为了转移人口更好与城市居民增进了解和开展互动，本书认为应首先对农民工群体"去污名化"。

第一，政府和大众传媒应正视农业转移人口对城市发展的贡献。我国城市的发展与农民的贡献是分不开的。改革开放以前，我国采取工农产品价格"剪刀差"，实行"以农补工"的形式支持工业与城市发展；改革开放以后，我国充足而廉价的农村劳动力供给所形成的"人口红利"又促进了经济和城市的腾飞。本书认为，应正视农业转移人口对城市发展作出的贡献，应正视农业转移人口所具有的优良品质——诚实、耐劳和向上的拼搏精神。政府应大力宣扬农业转移人口对城市的贡献和意义，应在转移人口中多树立一些具有代表性且富有正能量的人物典型。社会媒体应以积极而客观的态度，来讲好城市中转移人口的故事，给农业转移人口树立一个正面而积极的外在形象，让城市居民更加客观和全面地了解转移人口，并形成接纳转移人口的外部友好氛围。

第二，增强农业转移人口在城市的话语权。农业转移人口是缺失话语权的，他们是城市里的"沉默群体"，是唯一没有城市话语权的群体。所以，社会应为农业转移人口提供更多的发声机会和话语渠道，进而改变城市居民对农业转移人口的刻板印象，增进对该群体的了解和信任。而基于互联网技术而出现的社交媒体，在农业转移人口话语渠道拓展上可大有作为。政府与社会应重视转移人口利用社交媒体来行使自身的话语权，鼓励转移人口利用社交媒体来表达、倾诉对于外在事物的意见和态度。

第三，承认城乡文化的差异与各自存在的价值。转移人口和市民这两个群体往往多关注到对方的不足，而缺乏对彼此文化中有益部分的关注。政府和社会应强调城乡文化中的共性部分，弱化彼此文化中的对立性，强调城乡文化中各自包含的有益成分。农村文化讲求顺应自然，讲求守望相助；城市文化讲求时间价值，讲求效率与效益至上，讲求契约精神。充分认同和尊重对方的文化价值观，而这需要政府和社会组织花费时间和精力，去营造一种良好且有利于文化交融的社会氛围。

7.3.2 应加强农业转移人口与城市组织及市民的交流互动

大规模农业转移人口涌入城市，对城市原有资源分配格局形成冲击，城市优势资源变得更加稀缺。转移人口对城市居民带来一种深层次的不安全感，优势资源相对匮乏感和零和竞争信念（Leong，2014），城市居民对转移人口依然抱有排斥的社会心理。郭星华与姜华（2009）认为，城市居民与农民工的对立是传统—现代二元对立模式，农民工代表传统一极，城市居民代表现代一极，虽然两者不是完全不可融合，但两者在制度安排、行为表现、社会交往与心理感知上都存在明显区隔。城市居民从最初隐形的心理排斥转化为现行的行为排斥，从被动型隔离排斥到主动拒绝型排斥，排斥可能导致污名标签的形成和社会资源的制度性垄断。前面也提到，提升个体社会关系网络质量对转移人口工资收入具有显著正向影响（章元和陆铭，2009；王春超等，2017），转移人口加强与城市居民的社会交往强度对其市民化有积极促进作用。阿兰·斯密德在其著作《制度与行为经济学》中提到，消除偏见需要有意识的学习和集体行动。亚当·斯密在《道德情操论》中也提到，与人相处和交谈是使人内心回归平静的两剂良药。两群体间的社会交往可以消除彼此间的偏见与误解，增强彼此间的了解与信任。

第一，城市政府和社区应多组织转移人口和市民皆可参与的活动。积极吸引转移人口参与社区与城市的相关群众组织，鼓励转移人口与城市居民参加公益性的志愿活动；政府与社区应多组织一些公益性文化娱乐活动，通过日常间的相互关心、相互协作、相互支持来增强两者间的互助意识与依赖感。市民和转移人口相互间的不理解、不信任和相互排斥，有相当大一部分来自相互间的不了解。两群体间缺乏有效沟通和互动的平台，缺乏因互动而增强了解和情谊的机会和渠道。所以，构建更多有利于城市政府、社会组织和市民与农业转移人口交互渠道，是促进农业转移人口获取市场和城市信息、拓展跨越型社会资本的重要因素。当然，要让政府、社会组织和市民接纳农业转移人口，转变他们对农业转移人口"城市包袱"的看法很关键，同样，转变农业转移人口"城市过客"心理也很重要。

第二，鼓励企业多开展员工文化联谊活动，鼓励转移人口参与其中，推进转移人口职工和市民职工两群体的交往，拓展转移人口的异质性社会资本积累。企业是农业转移人口安身立命之处，是农业转移人口在城市的家，是农业转移人口实现自我价值的地方，是农业转移人口在城市最重要的"场域"。企业不仅要帮助个人实现劳动价值，更要去关怀个人的社会需要，帮助个人社会价值的实现。充满信任和人情味的组织氛围，将充分激发农业转移人口的学习热情和努力程度，促进个人资本禀赋的不断积累（马跃如和黄快生，2014）。

第三，通过农业转移人口互利性提升来增强与市民的交互效率。本书在前章已证实，农业转移人口自身具有的互利性是其获得跨越型社会资本的重要因素。高人力资本禀赋农业转移人口更容易获得城市居民的接纳，也更能在与弱社会关系交往中获得资源支持，人才型转移人口利用社交媒体与弱社会关系交互强度对其市民化能力和市民化意愿完全匹配有显著正向作用。所以，农业转移人口应重视对自身互利性的提升，而自身所具有的人力资本禀赋是互利性的重要因素。所以，农业转移人口应重视通过人力资本积累来提升个体的跨越型社会资本的规模和质量，重视个体对自身非财富资本禀赋的投资，重视对个人学历和知识存量的提升，重视技能培训的参与，重视异质性社会资本的构建和维护。

总之，农业转移人口通过与城市居民频繁而友好的互动以及非财富资本禀赋的持续投资，可以增强自身信心、归属感和互利性；农业转移人口会以更加健康、积极的心态面对融入城市遇到的困难，也会以更加高效的工作效率回报企业与所在城市。

7.4 营造有利于农业转移人口非财富资本积累和价值实现的外部环境

农业转移人口人力资本与社会资本等非财富资本禀赋积累和价值实现，需要一个积极而有利的外部环境。个体及家庭拥有的物质与经济财富，是农业转移人口非财富资本禀赋投资的基础。个人及家庭收入增长，农业转移人口可以用于知识与技能的教育及培训支出也会相应增加。城市劳动力市场发展越充分和完善，农业转移人口人力资本的回报率就会与城市职工趋同，进而激发转移人口进一步提升人力资本禀赋投资的动力，并形成良性循环。所以，营造出有利于农业转移人口资本禀赋积累和价值实现的外部环境，有利于实现农业转移人口自我增能，推进农业转移人口市民化能力与市民化意愿的匹配及完全市民化进程。

7.4.1 建设有利于农业转移人口人力资本价值实现的劳动力市场

吸引和保持一个具有创造力的阶层是区域经济活力的基础，大量人口流动与人口聚集促进了城市经济发展与社会进步（蔡昉和张车伟，2016）。城市管理者往往将高人力资本转移人口视为人才，制定一系列优惠政策吸引和引进，低人力资本转移人口往往被视为城市管理的负担。实际上，出于职业分层与产业发展需要，高人力资本与低人力资本都是城市经济与社会发展不可或缺的一部分。在一个完善成熟的劳动力市场中，不同的人力资本定价共同存在，两者相互补充。城市如果只是注重对高档设施的投资，以吸引高学历与高收入劳动力群体，而忽略了城市社会与经济的分化，忽略了低人力资本群体对城市经济与社会发展的作用，最终可能会导致社会分化更加明显（Storper & Scott, 2009）。所以，让更多高人力资本转移人口能进入城市主要劳动力市场就业，是形成城市创造力的关键；而让更多低人力资本转移人口能在次要劳动力市场得到工作机会，是形成城市人口聚集的关键。城市应积极向高人力资本转移人口开放主要劳动力市场，限制单位与企业在员工招聘时设置户籍门槛。另外，要允许次要劳动力市场的存在，引导低人力资本转移人口在次要劳动力市场实现充分就业。同时，应注重对农业转移人口的劳动保护，充分解决好农业转移人口"薪酬拖欠""合同欺诈""劳动保护缺失"等一系列劳动纠纷问题；通过法律来保障农业转移人口与城市同等条件职工拥有平等的人力资本回报率，维护好农业转移人口的人力资本投资积极性。合理就业和充分就业以提升转移人口市民化能力，培育出转移人口对人力资本投资的热情和对流入城市积极融入的态度。

7.4.2　建设有利农业转移人口非财富资本投资的城市公共产品均等供给

提升农业转移人口在城市的未来预期，可以激发转移人口对个人及家庭成员资本禀赋的投资；而这其中重要的是拥有稳定的住房和子女充分受教育权利。提升面向转移人口的住房保障与给予随迁子女充分、公平的受教育权利，将转移人口纳入城市住房保障体系中，在邻近工业园和城乡接合部修建经济适用房和农民工公寓，以解决转移人口住房需要。引导城市教育资源向新开发区域和转移人口集聚区域延伸，以解决转移人口随迁子女的受教育需要。加快推行社区集体公共户口制度，将那些在城市（特别是中小城市）拥有稳定工作、稳定居住（含租赁）、生活有保障但无房屋产权的转移人口，落户到社区或镇的集体公共户口中（马晓河和胡拥军，2018），并给予集体公共户口群体供给与市民同等的财政投入型公共服务（产品）。均等化的公共服务供给，能提升转移人口户籍转化意愿，强化自身城市居民认同，降低城市生活的成本，让农业转移人口在城市工作安心、在城市生活舒心、对个人及家庭未来有信心，实现在城市有尊严、有自信、有未来的生活。

7.4.3 农村产权制度改革为农业转移人口非财富资本投资提供支持

通过农村产权制度改革，解决农业转移人口进城的后顾之忧，提升转移人口城市型人力资本和跨越型社会资本投资的意愿和积极性，实现农地对转移人口的经济价值，有利于转移人口"携资进城"，提升转移人口城市型人力资本和跨越型社会资本的投资能力。

根据一些典型调查案例发现，农业转移人口城市落户意愿低，即使城市愿意零门槛安排落户，农业转移人口还是多选择未来返回农村，这其中的重要原因就是在农村的产权权益无法真正实现（马晓河和胡拥军，2018）。虽然我国农村农地、宅基地和农房已实行"三权分置"，产权关系基本明确，但我国农村土地流转市场建设尚处于尝试阶段，土地流转市场建设与土地流转需要不匹配，通过市场化来实现产权权能却存在困难。通过完善农村土地流转市场的制度建设，让农户家庭将闲置的土地资源转变成经济资本，实现带资进城和安心进城，从而增强转移人口市民化的经济支持，使其安心从事非农生产。在农地流转中，政府既是土地流转制度的制定者，也是土地流转的见证者。政府应制定公正、公开、公平的土地流转政策与实施细则，使每笔土地流转业务合法、合情与合理，充分保障土地流转双方权益。

7.4.4 返乡创业为农业转移人口非财富积累和价值实现提供机会

农业转移人口返乡创业，既有助于增加转移人口的个体资本禀赋积累，又有利于个体市民化能力与市民化意愿的匹配和实现就近就地市民化。我国产业发展和人口流动在区域形成以下两个鲜明的特征：第一，发生在东部持续的产业升级，形成一股强大的转移人口回流推力。第二，因承接东部产业的转移，劳动力密集型产业开始向我国中西部聚集，故而发展出一股强大转移人口回流拉力。两股力量的合力，使中西部转移人口由沿海向内地的回流，成为不可逆转的态势。传统产业向中西部的转移，以及中西部地区产业的自我创新发展，催生了巨大的市场需求，进而形成转移人口返乡创业的黄金时期（刘传江和黄国华，2016）。

转移人口通过自主创业，不但可以促进个体及家庭的财富资本积累，还能提升个体非财富资本的积累。在前章也已证实，相比一般雇员身份的转移人口，自主创业转移人口具有更高的市民化能力，且自主创业有利于转移人口更好实现市民化能力与市民化意愿的匹配。第一，转移人口返乡创业能有利于人力资本禀赋积累和价值实现。自主创业对转移人口知识和技能有更高的要求。创业者不但需要懂一定生产技术，还需要创业者了解企业人事、财务、营销和售后管理等一系列内容，这会促使转移人口形成积极学习的心态，并不断增加个体在人力资本禀赋方面的投资，增强个体经营决策的质量。第二，转移人口返乡创业有利于个体社会资本禀赋的积累和价值实现。转移人口所具有的初始社会资本对其返乡创业有重要作用，不但可以为其提供资金上的支持，还可以为其产品或服务在市场的推广提供帮助。在家乡的熟人社会中，原始社会关系总可以通过信息支持、资金与物质支持、权力关系支持等为创业者减少创业中遇到的困难。转移人口返乡创业即使失败，但创业过程也提升了其个人素养和资本禀赋丰度，这对其在城市就业和再次创业也有莫大帮助。不过政府要对转移人口进行精准扶持，以减少返乡创业的风险。为此，要做到：第一，积极引导转移人口返乡创业，但不鼓励其盲目创业，所以，需要政府加强对创业者的培训，加强对创业项目的合理科学评估。第二，政府应出台有效的创业扶持政策，在技术、市场信息、资金、税费、管理等各方面给予创业者帮助。第三，政府还应针对创业失败者提供一定的救济制度，在一定程度上减少创业者的后顾之忧。

7.5 本章小结

本章主要依据前面章节的讨论和实证结果，从提升农业转移人口非财富资本禀赋视角，来提出有利于转移人口市民化的相关对策。具体的建议有四个方面：第一，通过"提升未来转移人口受教育水平""合理开展当前转移人口的职业培训""加强对转移人口健康管理和投资"等手段，来提升转移人口的人力资本积累。第二，通过"加强农村信息化建设""增强转移人口对市场和城市信息的获取渠道和能力"来提升转移人口信息人力资本的获取渠道和利用能力。第三，通过对转移人口的"去污名化""强化群体间交流互动"等手段，营造良好的群体交互氛围和交互渠道，以促进转移人口跨越型社会资本的积累。第四，通过"劳动力市场建设""公共服务供给制度建设""土地流转制度建设""自主创业扶持"等手段，为转移人口非财富资本积累和价值实现营造有利的外部环境和资本支持。

第 8 章

研究结论与展望

8.1 主要研究结论

本书从非财富资本禀赋的视角研究农业转移人口市民化问题，着重探讨非财富资本禀赋对农业转移人口市民化能力、市民化意愿和市民化进程的影响。本书的主要结论有以下几点：

（1）提高农业转移人口非财富资本禀赋能有效提升其市民化能力。第一，人力资本禀赋对农业转移人口市民化能力有显著正向影响。农业转移人口受教育年限每提升一年，个体市民化能力增加 3.6%；农业转移人口技术水平每提升一个层级，个体市民化能力增加 7.6%；转移人口健康水平每提升一个层级，个体市民化能力增加 4.3%。第二，跨越型社会资本能显著影响农业转移人口的市民化能力，但充分信任和自身具有互利性是农业转移人口从跨越型社会资本中获取资源支持的关键。第三，社交媒体成为农业转移人口获取市场和城市信息的主要渠道，是构建跨越型社会资本的主要方式，是一种信息人力资本。社交媒体能显著提升农业转移人口市民化能力，促进转移人口人力资本和社会资本的投资积累。农业转移人口使用社交媒体能显著使市民化能力增长 11% ~ 15%。第四，社交媒体使用对农业转移人口市民化能力的影响取决于社会关系的互动强度，与社会关系网络规模关联不大。第五，利用社交媒体来获取跨越型社会资本的支持依然取决于信任关系和互利性，只有那些高人力资本农业转移人口才能通过社交媒体和熟人网络获得跨越型社会资本支持。

（2）农业转移人口市民化意愿具有多维度性，个体非财富资本禀赋对农业转移人口市民化意愿存在维度性差异。农业转移人口市民化意愿包含将户口从农村迁移到城市的意愿、将职业从农业生产转变为非农生产的意愿、心理上从农民工或农民的自我认同转变为城市居民的自我认同。第一，城市公共服务供给与均等化是影响农业转移人口"户籍转换意愿"的关键；相对收入水平和就业特征是影响农业转移人口"职业转换意愿"的关键；非财富资本禀赋对转移人口"市民身份认同"影响尤其明显；同时说明，政府"制度赋能"对农业转移人口市民化有重要作用，但只有"制度赋能"是不够的，还需要依赖转移人口"自我增能"实现完全市民化。第二，农业转移人口相对收入对"户籍转换意愿"有显著的负向影响，这可能源于个体高收入可以通过市场购买弥补户籍所带来的损失，高学历、高技能和高收入农业转移人口对农地具有更加积极的未来预期。农业转移人口既想获得城市户籍，但又不想放弃农地权益，转移人口对于以放弃农地作为城镇落户条件可能会表现出非常谨慎的态度。第三，社交媒体使用对农业转移人口市民化意愿的影响具有双重性。社交媒体使用能增强转移人口户籍转换意愿和职业转移意愿，但会强化转移人口"城市过客"心理。

（3）农业转移人口市民化匹配既是一种结果，也是一个过程。市民化能力与市民化意愿匹配可以将农业转移人口分为四类：非市民化匹配、能力欠缺型不匹配、意愿欠缺型不匹配和市民化匹配，完全市民化就是市民化能力和市民化意愿高度均衡匹配的结果。分析结果表明，农业转移人口完全市民化群体只有6%，而市民化意愿缺乏是造成这一现象的主要原因。提升转移人口人力资本投资与积累、加强转移人口跨越型社会资本的构建与积累、加强政府"制度赋能"的供给力度、引导转移人口就近流动和就近市民化等，都能较好地推动"不匹配"和"非市民化匹配"群体向完全市民化转变。另外，构建农业转移人口市民化进程测度指标体系，该指标体系分为6个二级指标、20个测度指标，各维度采取平均赋权。经测度，我国农业转移人口市民化进程为42.97，远高于市民化能力与市民化意愿完全匹配的结果。经过泰尔指数分解表明，个体受教育水平和个体信息人力资本对转移人口市民化进程影响较大。

8.2 研究不足与展望

本书尚存在诸多不足，需要在后续研究中不断去补充和完善。

（1）样本数据的不足。本书所用数据为第一手调查数据，数据来自我国东部和中部的 6 个具有代表性城市。调查问卷涵盖了农业转移人口个人与家庭、劳动与就业、迁移与融入、土地与农业等多个方面内容，涉及农业转移人口市民化过程的一些关键性问题。总体而言，该调查数据能基本满足研究需要，但该数据样本量略显不足。在后续研究中，将结合农民工或流动人口的权威调查数据进行对比性分析。

（2）研究方法不足。本书采用数据为截面调查数据，故在实证时内生性问题较为明显。虽然采用了一些方法去加以克服，但内生性问题带来的影响，依然不可忽视。另外，在书中多使用二分类 Logit 回归，而有些问题使用 Ordered Logit 回归可能会更好。

（3）研究内容有待进一步加深。本书虽对不同代际农民工市民化能力、市民化意愿和市民化进程进行了对比分析，但缺少着力分析不同代际非财富资本积累差异原因，缺乏对不同代际就近市民化与异地市民化差异的分析，缺乏对新生代农业转移人口市民化意愿和市民化能力匹配路径的更加深入的分析。

农业转移人口市民化，依然是我国新型城镇化建设中的难点与重点，依然是当前学者研究的热点问题。对于农业转移人口市民化问题的未来研究，本书做如下展望：

（1）新生代农业转移人口非财富资本禀赋投资与激励机制研究。新生代农业转移人口已成为农民工的主体，新生代农业转移人口，特别是"90 后"新生代，是我国未来农业转移人口市民化需要解决的主要群体。新生代农业转移人口资本禀赋投资的激励与保障机制、新生代农业转移人口市民化能力和市民化意愿的提升路径、现行户籍制度改革对新生代农业转移人口市民化意愿和市民化能力的影响等，都需要进行更深层次的研究。

（2）老生代农业转移人口的流动、就业与城市退出。国家统计局农民工监测调查数据显示，我国50岁以上农民工比例从2009年的4.2%上升到2019年的24.6%。老生代农民工务工退出缓慢，务工生命周期明显延长。产生这一现象的可能原因包括：第一，生产经验积累和生产工艺改进降低了劳动强度，进而延长了老生代务工生命周期；第二，老生代通过区域流动就业和跨行就业来寻求工作与能力的新匹配，进而延长自身务工生命周期；第三，老生代通过再教育、再培训和生活改善，提升了自身人力资本禀赋积累，延长了自身务工生命周期。在未来可以研究老生代农民工务工生命周期延长，对新生代农民工就业和市民化会带来何种影响，新冠肺炎疫情和中美贸易摩擦是否会挤压老生代农民工务工生命周期。

（3）中西部地区城市群发展、农业转移人口回流和就近市民化。我国已基本形成"19+2"的城市群发展格局，区域经济、人口、资源将益发聚集和依赖于城市群。农民工检测调查数据显示：虽然东部地区农民工收入高于中西部地区，但中西部农民工省内流动比例越来越高，农民工回流和就近市民化已成为一种长期趋势。以武汉、郑州、重庆、成都、西安为中心的长江中游城市群、中原城市群、成渝城市群、关中城市群等，正成为中西部地区农民工聚集就业的中心。所以，城市群发展与农民工就近就业、就近市民化之间的关联和相互作用有待做深入的研究。

（4）乡村振兴下的农业转移人口智力回流与"农村城镇化"和"农民市民化"。将农民转变成市民不是新型城镇化的目的，实现农民的素养、能力、生活水准、生产效率等与市民的同化才是新型城镇化的目的，也是乡村振兴应有的初衷。所以，如果农村在生产、生活、公共服务（产品）供给上与城市实现同一化，农民在素养、生活水准、社会权益、劳动生产率等方面实现与市民同一化，农村与城镇、农民与市民的潜在差异和边界消失，我国新型城镇建设和农民工市民化问题才算终结。乡村失序和衰弱，归根到底是乡村人力资本流失的结果。在当前乡村振兴背景下，乡村秩序恢复和乡村产业振兴需要城市智力资本向农村输入与回流。所以，如何引导高人力资本农业转移人口智力回流农村值得研究。

参 考 文 献

[1] 阿兰·斯密德. 制度与行为经济学 [M]. 刘璨，吴水荣，译. 北京：中国人民大学出版社，2009.

[2] 阿玛蒂亚·森. 以自由看待发展（第1版）[M]. 任赜，于真，译. 北京：中国人民大学出版社，2013.

[3] 安海燕，钱文荣. 农民工人力资本、社会资本投资行为影响因素分析 [J]. 农业现代化研究，2015，36（2）：219-224.

[4] 白南生. 中国的城市化 [J]. 管理世界，2003（11）：78-86，97.

[5] C. 赖特·米尔斯. 权利精英（第1版）[M]. 尹宏毅，法磊，译. 北京：新华出版社，2016.

[6] 边燕杰. 城市居民社会资本的来源及作用：网络观点与调查发现 [J]. 中国社会科学，2004（3）：136-146，208.

[7] 蔡昉，张车伟. 中国人口与劳动问题报告（No.17）：迈向全面小康的共享发展 [M]. 北京：社会科学文献出版社，2016.

[8] 曹子玮. 农民工的再建构社会网与网内资源流向 [J]. 社会学研究，2003（3）：99-110.

[9] 陈丰. 从"虚城市化"到市民化：农民工城市化的现实路径 [J]. 社会科学，2007（2）：110-120.

[10] 陈浩，葛亚赛. 基于可行能力的失地农民市民化测度及其影响因素研究 [J]. 华中农业大学学报（社会科学版），2016（6）：17-25，142-143.

[11] 陈珣，徐舒. 农民工与城镇职工的工资差距及动态同化 [J]. 经济研究，2014，49（10）：74-88.

[12] 陈云松，张翼. 城镇化的不平等效应与社会融合 [J]. 中国社

会科学，2015（6）：78 – 95，206 – 207.

[13] 陈昭玖，胡雯. 人力资本、地缘特征与农业转移人口市民化意愿——基于结构方程模型的实证分析 [J]. 农业技术经济，2016（1）：37 – 47.

[14] 程名望，张家平. 互联网普及与城乡收入差距：理论与实证 [J/OL]. 中国农村经济，2019（2）：19 – 41.

[15] 道格拉斯·诺斯. 理解经济变迁过程 [M]. 钟正生，译. 北京：中国人民大学出版社，2013.

[16] 邓大松，胡宏伟. 流动、剥夺、排斥与融合：社会融合与保障权获得 [J]. 中国人口科学，2007（6）：14 – 24，95.

[17] 邓睿. 健康权益可及性与农民工城市劳动供给：来自流动人口动态监测的证据 [J]. 中国农村经济，2019（4）：92 – 110.

[18] 董莉，董玉整. 农业转移人口市民化进程的层次跃进 [J]. 学术研究，2017（6）：63 – 67.

[19] 杜鹏. 我国教育发展对收入差距影响的实证分析 [J]. 南开经济研究，2005（4）：47 – 52.

[20] 范红霞. 微信中的信息流动与新型社会关系的生产 [J]. 现代传播（中国传媒大学学报），2016，38（10）：53 – 59.

[21] 风笑天. "落地生根"——三峡农村移民的社会适应 [J]. 社会学研究，2004（5）：19 – 26.

[22] 冯伟林，李树茁. 人力资本还是社会资本——移民社会适应的影响因素研究 [J]. 人口与发展，2016，22（4）：2 – 9.

[23] 付志虎. 城乡二元户籍制度惯性与农民市民化行为选择 [J]. 农村经济，2019（1）：97 – 103.

[24] 郭江影，周密，张广胜等. 信息人力资本对农民工城市融合的影响：机理与实证——以辽宁省农民工为例 [J]. 南方人口，2016，31（2）：36 – 48.

[25] 郭星华，姜华. 农民工城市适应研究的几种理论视角 [J]. 探索与争鸣，2009（1）：61 – 65.

[26] 韩俊强. 农民工养老保险参保行为与城市融合 [J]. 中国人口·资

源与环境，2017，27（2）：135-142.

[27] 何晶. 从网络聊天透视农业转移人口子女的心理状态：基于与北京市青少年的比较 [J]. 当代传播，2010（1）：45-49.

[28] 何军. 代际差异视角下农民工城市融入的影响因素分析：基于分位数回归方法 [J]. 中国农村经济，2011（6）：15-25.

[29] 何雪松等. 城乡迁移与精神健康：基于上海的实证研究 [J]. 社会学研究，2010（1）：111-129，244-245.

[30] 贺雪峰. 城市后的中国道路 [M]. 北京：东方出版社，2014.

[31] 洪秋兰，唐雅琳. 文化资本视角下的入城新生代农民工信息缺失研究 [J]. 国家图书馆学刊，2017，26（5）：39-52.

[32] 侯慧丽. 城市公共服务的供给差异及其对人口流动的影响 [J]. 中国人口科学，2016（1）：118-125，128.

[33] 华昱. 互联网使用的收入增长效应：理论机理与实证检验 [J]. 江海学刊，2018（3）：219-224.

[34] 黄昊舒，何军. 新媒体、社会资本与农民工的工作搜寻：基于长三角四市的调查分析 [J]. 南京农业大学学报（社会科学版），2018，18（1）：54-63，161-162.

[35] 黄锟. 城乡二元制度对农民工市民化进程的影响与制度创新 [J]. 经济研究参考，2014（8）：30-41.

[36] 黄锟. 城乡二元制度对农民工市民化影响的实证分析 [J]. 中国人口·资源与环境，2011，21（3）：76-81.

[37] 黄善林，樊文静，孙怡平. 农地依赖性、农地处置方式与市民化意愿的内在关系研究：基于川鄂苏黑四省调研数据 [J]. 中国土地科学，2019，33（4）：25-33.

[38] 黄祖辉，顾益康，徐加. 农村工业化、城市化和农民市民化 [J]. 经济研究，1989（3）：61-63，60.

[39] 黄祖辉，朋文欢. 对"Easterlin悖论"的解读：基于农民工的视角 [J]. 浙江大学学报（人文社会科学版），2016，46（4）：158-173.

[40] 霍鹏，张冬，屈小博. 城镇化的迷思：户籍身份转换与居民幸福感 [J]. 农业经济问题，2018（1）：64-74.

［41］蒋善，张璐，王卫红．重庆市农民工心理健康状况调查［J］．心理科学，2007，30（1）：216-218.

［42］李宝值，朱奇彪，米松华等．农民工社会资本对其人力资本回报率的影响研究［J］．农业经济问题，2017，38（12）：43-54，111.

［43］李春玲．城乡移民与社会流动［J］．江苏社会科学，2007（2）：88-94.

［44］李丹，李玉凤．新生代农业转移人口市民化问题探析：基于生活满意度视角［J］．中国人口·资源与环境，2012，22（7）：151-155.

［45］李丽清，陈东有，周小刚．劳动力搜寻匹配视角下企业"招工难"和农业转移人口"就业难"悖论解读［J］．江西财经大学学报，2013（5）：94-100.

［46］李培林．流动民工的社会网络和社会地位［J］．社会学研究，1996（4）：42-52.

［47］李培林，田丰．中国农民工社会融入的代际比较［J］．社会，2012，32（5）：1-24.

［48］李瑞，刘超．城市规模与农民工市民化能力［J］．经济问题探索，2018（2）：75-84，120.

［49］李实，邢春冰．农民工与城镇流动人口经济状况分析［M］．北京：工人出版社，2016.

［50］李树茁，任义科，靳小怡等．中国农民工的社会融合及其影响因素研究：基于社会支持网络的分析［J］．人口与经济，2008（2）：1-8，70.

［51］李涛，任远．城市户籍制度改革与流动人口社会融合［J］．南方人口，2011，26（3）：17-24.

［52］李叶妍，王锐．中国城市包容度与流动人口的社会融合［J］．中国人口·资源与环境，2017，27（1）：146-154.

［53］李晔，刘华山．问卷调查过程中的常见问题与解决办法［J］．教育研究与实验，2006（2）：61-64.

［54］苏丽锋．中国流动人口市民化水平测算及影响因素研究［J］．中国人口科学，2017（2）：12-24，126.

［55］林磊. 人力资本与社会资本的转化机制研究［J］. 边疆经济与文化，2006（7）：89－90.

［56］刘爱玉，傅春晖，阿拉坦. 工会能在多大程度上维护农业转移人口的权益？［J］. 江苏行政学院学报，2014（1）：56－61.

［57］刘传江，程建林. 第二代农民工市民化现状分析与进程测度［J］. 人口研究，2008（5）：48－57.

［58］刘传江，程建林. 双重"户籍墙"对农民工市民化的影响［J］. 经济学家，2009（10）：66－72.

［59］刘传江. 当代中国农民发展及其面临的问题（二）：农民工生存状态的边缘化与市民化［J］. 人口与计划生育，2004（11）：44－47.

［60］刘传江，董延芳. 农民工的代际分化、行为选择与市民化［M］. 北京：科学出版社，2014.

［61］刘传江，黄国华. 农民工返乡创业的理论视角、现实机遇与发展挑战［J］. 经济界，2016（6）：83－87.

［62］刘传江. 迁徙条件、生存状态与农民工市民化的现实进路［J］. 改革，2013（4）：83－90.

［63］刘传江. 新生代农民工的特点、挑战与市民化［J］. 人口研究，2010，34（2）：34－39，55－56.

［64］刘传江，徐建玲. 第二代农民工及市民化研究［J］. 中国人口·资源与环境，2007（1）：6－10.

［65］刘传江，周玲. 社会资本与农民工的城市融合［J］. 人口研究，2004（5）：12－18.

［66］刘建娥. 乡—城移民（农民工）社会融入的实证研究：基于五大城市的调查［J］. 人口研究，2010，34（4）：62－75.

［67］刘立光，王金营. 流动人口城市长期居留意愿的理性选择：基于非线性分层模型的实证研究［J］. 人口学刊，2019，41（3）：100－112.

［68］刘善仕，孙博，葛淳棉等. 人力资本社会网络与企业创新：基于在线简历数据的实证研究［J］. 管理世界，2017（7）：88－98，119，188.

[69] 刘婷，白淑英. 双重边缘化中的人际支持：新生代农民工社交媒体使用研究 [J]. 南京邮电大学学报（社会科学版），2018，20（3）：69-76.

[70] 刘晓倩，韩青. 农村居民信息消费区域差异的动态变化研究 [J]. 北京航空航天大学学报（社会科学版），2019，32（2）：114-121.

[71] 柳建坤. 户籍歧视、人力资本差异与中国城镇收入不平等：基于劳动力市场分割的视角 [J]. 社会发展研究，2017，4（4）：66-84，238.

[72] 鲁强，徐翔. 我国农民工市民化进程测度：基于 TTandDTH 模型的分析 [J]. 江西社会科学，2016，36（2）：200-207.

[73] 陆铭. 玻璃幕墙下的劳动力流动：制度约束、社会互动与滞后的城市化 [J]. 南方经济，2011（6）：23-37.

[74] 陆学艺. 当代中国社会十大阶层分析 [J]. 学习与实践，2002（3）：55-63，1.

[75] 栾文敬等. 社会资本、人力资本与新生代农民工社会融入的研究综述 [J]. 江西农业大学学报（社会科学版），2012，11（2）：48-54.

[76] 罗必良. 农地保障和退出条件下的制度变革：福利功能让渡财产功能 [J]. 改革，2013（1）：66-75.

[77] 罗楚亮，李实. 人力资本、行业特征与收入差距：基于第一次全国经济普查资料的经验研究 [J]. 管理世界，2007（10）：19-30，171.

[78] 马俊龙，宁光杰. 互联网与中国农村劳动力非农就业 [J]. 财经科学，2017（7）：50-63.

[79] 马晓河，胡拥军. 一亿农业转移人口市民化的难题研究 [J]. 农业经济问题，2018（4）：4-14.

[80] 马跃如，黄快生. 城镇化对新生代农民工人力资本投资和积累的作用机理研究 [J]. 学术论坛，2014，37（7）：124-128.

[81] 梅建明，袁玉洁. 农业转移人口市民化意愿及其影响因素实证分析：基于全国31个省、直辖市和自治区的3375份农业转移人口调研数据 [J]. 江西财经大学学报，2016（1）：68-77.

［82］倪晓莉，邵潇怡.青少年网络社交媒体使用对主观幸福感的影响：自尊联结自我同一性的序列中介路径［J］.兰州大学学报（社会科学版），2019，47（1）：122－133.

［83］聂伟，风笑天.就业质量、社会交往与农业转移人口入户意愿：基于珠三角和长三角的农业转移人口调查［J］.农业经济问题，2016，37（6）：34－42，111.

［84］聂伟，风笑天.农民工的城市融入与精神健康：基于珠三角外来农民工的实证调查［J］.南京农业大学学报（社会科学版），2013，13（5）：32－40.

［85］宁光杰，孔艳芳.自我雇佣农民工市民化的影响因素研究：基于长三角和珠三角地区的比较分析［J］.中国经济问题，2017（5）：94－106.

［86］宁光杰，李瑞.城乡一体化进程中农民工流动范围与市民化差异［J］.中国人口科学，2016（4）：37－47，126－127.

［87］欧阳慧，胡杰成，刘保奎等.如何增强农民工在城镇的落户意愿？：基于对农民工分区域分群体的调查［J］.城市发展研究，2019，26（6）：52－60.

［88］潘宇，刘胜枝.社交媒体对少数民族青少年民族认同的影响［J］.当代青年研究，2019（3）：51－56.

［89］齐红倩，席旭文.分类市民化：破解农业转移人口市民化困境的关键［J］.经济学家，2016（6）：66－75.

［90］钱龙，钱文荣，郑思宁.市民化能力、法律认知与农村宅基地流转：基于温州试验区的调查与实证［J］.农业经济问题，2016，37（5）：59－68，111－112.

［91］屈小博，余文智.农民工教育与职业的匹配及其工资效应：基于城市规模视角［J］.中国农村经济，2020（1）：48－64.

［92］苏群，李潇.农民工市民化能力对定居意愿的影响及群体差异：基于中国劳动力动态调查数据的分析［J］.湖南农业大学学报（社会科学版），2019，20（5）：55－61.

［93］苏群，赵霞，陈杰.社会资本、非正规金融与农民工自我雇佣

[J]. 中国农业大学学报（社会科学版），2016，33（6）：85-95.

[94] 任远，乔楠. 城市流动人口社会融合的过程、测量及影响因素 [J]. 人口研究，2010，34（2）：11-20.

[95] 任远，陶力. 本地化的社会资本与促进流动人口的社会融合 [J]. 人口研究，2012，36（5）：47-57.

[96] 邵敏，武鹏. 出口贸易、人力资本与农民工的就业稳定性：兼议我国产业和贸易的升级 [J]. 管理世界，2019，35（3）：99-113.

[97] 盛亦男. 流动人口居留意愿的梯度变动与影响机制 [J]. 中国人口·资源与环境，2017（1）：128-136.

[98] 石智雷，彭慧. 工作时间、业余生活与农民工的市民化意愿 [J]. 中南财经政法大学学报，2015（4）：12-21.

[99] 宋国恺. 农民分化视角下的城市社会融合阶段划分研究 [J]. 福建论坛（人文社会科学版），2016（1）：145-151.

[100] 宋月萍，陶椰. 融入与接纳：互动视角下的流动人口社会融合实证研究 [J]. 人口研究，2012，36（3）：38-49.

[101] 孙一平. 社会公平感知与农业转移人口市民化：基于2015年CGSS数据的研究 [J]. 宏观经济研究，2019（3）：147-159.

[102] 谭燕芝，李云仲，胡万俊. 数字鸿沟还是信息红利：信息化对城乡收入回报率的差异研究 [J]. 现代经济探讨，2017（10）：88-95.

[103] 唐宗力. 农民进城务工的新趋势与落户意愿的新变化：来自安徽农村地区的调查 [J]. 中国人口科学，2015（5）：113-125，128.

[104] 田凯. 关于农民工的城市适应性的调查分析与思考 [J]. 社会科学研究，1995（5）：90-95.

[105] 田明，彭宇. 流动人口城市融入的空间差异：以东部沿海6个城市为例 [J]. 城市规划，2014，38（6）：9-16，31.

[106] 王春超，张玲，周先波. 社会关系网为什么能提升农民工工资 [J]. 统计研究，2017，34（2）：79-91.

[107] 王春光. 农村流动人口的"半城市化"问题研究 [J]. 社会学研究，2006（5）：107-122，244.

[108] 王春光. 新生代农村流动人口的社会认同与城乡融合的关系

[J]. 社会学研究, 2001 (3): 63 - 76, 83 - 87.

[109] 王春光. 新生代农民工城市融入进程及问题社会学分析 [J]. 青年探索, 2010 (3): 5 - 15.

[110] 王道勇, 郧彦辉. 农民市民化: 传统超越与社会资本转型 [J]. 甘肃社会科学, 2005 (4): 9 - 13.

[111] 王桂新, 陈冠春, 魏星. 城市农民工市民化意愿影响因素考察: 以上海市为例 [J]. 人口与发展, 2010, 16 (2): 2 - 11.

[112] 王桂新, 胡健. 城市农民工社会保障与市民化意愿 [J]. 社会科学文摘, 2016 (1): 73 - 74.

[113] 王桂新, 沈建法, 刘建波. 中国城市农民工市民化研究: 以上海为例 [J]. 人口与发展, 2008 (1): 3 - 23.

[114] 王佳. 社会化媒体对社会资本的影响: 基于城市弱势群体的实证研究 [J]. 东南传播, 2015 (5): 78 - 79.

[115] 王伶鑫, 周皓. 流动人口的健康选择性 [J]. 西北人口, 2018, 39 (6): 13 - 22, 31.

[116] 王胜今, 许世存. 流入人口社会融入感的结构与影响因素分析: 基于吉林省的调查数据 [J]. 人口学刊, 2013 (1): 5 - 14.

[117] 王晓峰, 温馨. 劳动权益对农民工市民化意愿的影响: 基于全国流动人口动态监测 8 城市融合数据的分析 [J]. 人口学刊, 2017, 39 (1): 38 - 49.

[118] 王晓峰, 张幸福. 流动范围、就业身份和户籍对东北地区流动人口城市融入的影响 [J]. 人口学刊, 2019, 41 (2): 43 - 53.

[119] 王晓丽. 从市民化角度修正中国城镇化水平 [J]. 中国人口科学, 2013 (5): 87 - 95, 128.

[120] 王孝莹, 王目文. 新生代农民工市民化的微观影响因素及其结构: 基于人力资本因素的中介效应分析 [J]. 人口与经济, 2020 (1): 113 - 126.

[121] 王兴周, 张文宏. 城市性: 农民工市民化的新方向 [J]. 社会科学战线, 2008 (12): 173 - 179.

[122] 王竹林, 范维. 人力资本视角下农民工市民化能力形成机理及

提升路径 [J]. 西北农林科技大学学报（社会科学版），2015，15（2）：51-55.

[123] 王竹林. 农民工市民化的资本困境及其缓解出路 [J]. 农业经济问题，2010，31（2）：28-32.

[124] 王子敏. 互联网、社会网络与农村流动人口就业收入 [J]. 大连理工大学学报（社会科学版），2019，40（3）：15-23.

[125] 魏后凯，苏红键. 中国农业转移人口市民化进程研究 [J]. 中国人口科学，2013（5）：21-29，126.

[126] 温兴祥. 本地非农就业对农村居民家庭消费的影响：基于CHIP农村住户调查数据的实证研究 [J]. 中国经济问题，2019（3）：95-107.

[127] 文军. 农民市民化：从农民到市民的角色转型 [J]. 华东师范大学学报（哲学社会科学版），2004（3）：55-61，123.

[128] 文军，田珺. 身体、话语和权力："农民工"群体的污名化建构过程分析 [J]. 学术界，2017（9）：154-166，327-328.

[129] 吴瑞君. 特大型城市人口"流动"的风险 [J]. 探索与争鸣，2015（3）：29-31.

[130] 武岩，胡必亮. 社会资本与中国农民工收入差距 [J]. 中国人口科学，2014（6）：50-61，127.

[131] 夏柱智，贺雪峰. 半工半耕与中国渐进城镇化模式 [J]. 中国社会科学，2017（12）：117-137，207-208.

[132] 项保华，刘丽珍. 社会资本与人力资本的互动机制研究 [J]. 科学管理研究，2007（3）：77-80.

[133] 谢桂华. 中国流动人口的人力资本回报与社会融合 [J]. 中国社会科学，2012（4）：103-124，207.

[134] 谢勇. 基本公共服务的获取对农民工城市融合意愿的影响：以江苏省为例 [J]. 城市问题，2017（4）：59-63，69.

[135] 徐戈，陆迁，姜雅莉. 社会资本、收入多样化与农户贫困脆弱性 [J]. 中国人口·资源与环境，2019，29（2）：123-133.

[136] 徐延辉，龚紫钰. 社会质量与农民工的市民化 [J]. 经济学家，2019（7）：90-100.

［137］许光. 新生代农民工城市融入的进程测度及政策创新研究
［M］. 北京：中国社会科学出版社，2017.

［138］晏齐宏. 互联网对新生代农民工意见表达意愿的影响机制：基
于赋权理论的分析［J］. 新闻与传播评论，2018，71（5）：92 - 107.

［139］杨聪敏. 新生代农民工的"六个融合"与市民化发展［J］.
浙江社会科学，2014（2）：71 - 77，157.

［140］杨舸. 留城务工或永久返乡：人力资本、社会资本对老年农民
工抉择的影响［J］. 江西社会科学，2020，40（2）：230 - 237.

［141］杨晶，丁士军，邓大松. 人力资本、社会资本对失地农民个体
收入不平等的影响研究［J］. 中国人口·资源与环境，2019，29（3）：
148 - 158.

［142］杨菊华. 流动人口在流入地社会融入的指标体系：基于社会融
入理论的进一步研究［J］. 人口与经济，2010（2）：64 - 70.

［143］杨菊华. 农业转移人口市民化的维度建构与模式探讨［J］. 江
苏行政学院学报，2018（4）：71 - 80.

［144］杨菊华，张娇娇. 人力资本与流动人口的社会融入［J］. 人口
研究，2016，40（3）：3 - 20.

［145］杨菊华. 中国流动人口的社会融入研究［J］. 中国社会科学，
2015（2）：61 - 79，203 - 204.

［146］杨菊华. 中国流动人口经济融入［M］. 北京：社会科学文献
出版社，2013.

［147］杨黎源. 外来人群社会融合进程中的八大问题探讨：基于对宁
波市1053位居民社会调查的分析［J］. 宁波大学学报（人文科学版），
2007（6）：65 - 70.

［148］杨雪，魏洪英. 流动人口长期居留意愿的新特征及影响机制
［J］. 人口研究，2017，41（5）：63 - 73.

［149］姚先国. 人力资本与劳动者地位［J］. 学术月刊，2006（2）：
93 - 97.

［150］叶俊焘，钱文荣. 不同规模城市农民工市民化意愿及新型城镇
化的路径选择［J］. 浙江社会科学，2016（5）：64 - 74，157.

[151] 叶俊焘，钱文荣，米松华. 农民工城市融合路径及影响因素研究：基于三阶段 Ordinal Logit 模型的实证 [J]. 浙江社会科学，2014（4）：86－97，158.

[152] 叶俊焘. 转型时期农民工留城意愿之再审视：一个可行能力和工具性自由的框架 [J]. 浙江社会科学，2017（8）：72－85.

[153] 叶玲. 社区教育服务新生代农民工市民化研究：以湖南省为例 [J]. 职教通讯，2016（1）：35－38.

[154] 余江，叶林. 中国新型城镇化发展水平的综合评价：构建、测度与比较 [J]. 武汉大学学报（哲学社会科学版），2018（2）：145－156.

[155] 郧彦辉. 农民市民化程度测量指标体系及评估方法探析 [J]. 学习与实践，2009（8）：109－112.

[156] 张斐. 新生代农民工市民化现状及影响因素分析 [J]. 人口研究，2011，35（6）：100－109.

[157] 张国胜. 基于社会成本考虑的农民工市民化：一个转轨中发展大国的视角与政策选择 [J]. 中国软科学，2009（4）：56－69，79.

[158] 张建丽，李雪铭，张力. 新生代农民工市民化进程与空间分异研究 [J]. 中国人口·资源与环境，2011，21（3）：82－88.

[159] 张文宏，雷开春. 城市新移民社会融合的结构、现状与影响因素分析 [J]. 社会学研究，2008（5）：117－141，244－245.

[160] 张文宏，周思伽. 迁移融合，还是本土融合：农民工社会融合的二重性分析 [J]. 湖南师范大学社会科学学报，2013，42（5）：81－90.

[161] 张小山，张应阳. 农民市民化意愿影响因素实证分析：基于非农收入比重和农民土地意识视角 [J]. 湖南农业大学学报（社会科学版），2017，18（4）：85－90.

[162] 张晓恒，朱战国，刘余等. 职业技能培训与新生代农民工收入增长：基于倾向得分匹配模型的分析 [J]. 统计与信息论坛，2017，32（3）：114－120.

[163] 张新，周绍杰，姚金伟. 居留决策、落户意愿与社会融合度：

基于城乡流动人口的实证研究 [J]. 人文杂志, 2018 (4): 39-48.

[164] 张学英, 李薇. 新生代农民工个人资本乡城转换与提升机制研究 [J]. 广东社会科学, 2013 (4): 27-34.

[165] 张益丰, 韩杰, 王晨. 土地流转、农业适度规模化及农户增收的多维度检视: 基于三省584户农业经营户调研数据的实证研究 [J]. 经济学家, 2019 (4): 89-102.

[166] 张玉利, 杨俊, 任兵. 社会资本、先前经验与创业机会: 一个交互效应模型及其启示 [J]. 管理世界, 2008 (7): 91-102.

[167] 章元, 陆铭. 社会网络是否有助于提高农民工工资水平 [J]. 管理世界, 2009 (3): 45-54.

[168] 赵建国, 周德水. 教育人力资本、互联网使用与新生代农民工职业选择 [J]. 农业经济问题, 2019 (6): 117-127.

[169] 赵建国, 周德水. 互联网使用对大学毕业生就业工资的影响 [J]. 中国人口科学, 2019 (1): 47-60, 127.

[170] 赵立新. 社会资本与农民工市民化 [J]. 社会主义研究, 2006 (4): 48-51.

[171] 赵延东, 王奋宇. 城乡流动人口的经济地位获得及决定因素 [J]. 中国人口科学, 2002 (4): 10-17.

[172] 郑杭生. 农民市民化: 当代中国社会学的重要研究主题 [J]. 甘肃社会科学, 2005 (4): 4-8.

[173] 周春芳, 苏群, 常雪. 自雇农民工的经济同化强于受雇农民工吗?: 农民工自我雇佣的决定因素与高质量经济同化 [J]. 西部论坛, 2020, 30 (1): 50-63.

[174] 周冬. 互联网覆盖驱动农村就业的效果研究 [J]. 世界经济文汇, 2016 (3): 76-90.

[175] 周皓. 流动人口社会融合的测量及理论思考 [J]. 人口研究, 2012, 36 (3): 27-37.

[176] 周密, 张广胜, 黄利. 新生代农民工市民化程度的测度 [J]. 农业技术经济, 2012 (1): 90-98.

[177] 周密, 张广胜, 杨肖丽等. 城市规模、人力资本积累与新生代

农民工城市融入决定 [J]. 农业技术经济, 2015 (1): 54 – 63.

[178] 周晔馨, 涂勤, 梁斌等. 农民工的社会资本如何形成: 基于社会网络的分析 [J]. 世界经济, 2019, 42 (2): 170 – 192.

[179] 朱文哲. 身份藩篱: 社交媒体使用与人际交往间的中介效应——基于京津深新生代农民工的社会调查 [J]. 新闻与传播评论, 2019, 72 (2): 24 – 36.

[180] Akerlof G. and R. Kranton, "Economics and Identity", *The Quarterly Journal of Economics*, 2000, 115 (3): 715 – 753.

[181] Alba R. and V. Nee, "Rethinking assimilation theory for a new era of immigration", *The International Migration Review*, 1997, 31 (4): 826 – 874.

[182] Altschul I., D. Oyserman and D. Bybee, "Racial-ethnic self-schemas and segmented assimilation: Identity and the academic achievement of Hispanic youth", *Social Psychology Quarterly*, 2008, 72 (3): 302 – 320.

[183] Autor D. H., L. F. Katz, M. S. and Kearney, "Trends in US wage Inequality: Reassessing the Revisionists", *Review of Economics and Statistics*, 2008 (90): 300 – 323.

[184] Bartolini S. and F. Scrracino, "Happy for how long? How social capital and economic growth relate to happiness over time", *Ecological Economics*, 2014 (108): 242 – 256.

[185] Barry R., Chiswisk and H. Christina, "Ethnic intermarriage among immigrant: Human capital and assortative mating", *Review of Economics Household*, 2011 (9): 149 – 180.

[186] Berry J. W. "Immigration, acculturation and adaptation", *Applied Psychology*, 1997 (46): 5 – 68.

[187] Berry J. W. "Acculturation, living successfully in two cultures", *International Journal of Intercultural Relations*, 2005 (29): 697 – 712.

[188] Berry J. W. and C. Sabatier, "Acculturation, discrimination, and adaption among the second generation immigrant youth in Montreal and Paris", *International Journal of Intercultural Relations*, 2010 (34): 197 – 207.

[189] Bourdieu P. , " The Forms of Capital ", In: Richardson J. Eds. *Handbook of Theory and Research for the Sociology of Education*, New York: Greenwood Press, 1986: 241 – 258.

[190] Burt R. S. , "The contingent value of social capital", *Adiministrative Science Quarterly*, 1997, 42 (2): 339 – 350.

[191] Bryant P. H. , S. Chen and C. M. Leung et al. , "Facilttating adaptation and intercultural contact: The role of integration and multicultural ideology in dominant and non-dominant groups", *International Journal of Intercultural Relations*, 2015 (45): 70 – 84.

[192] Chen X. , B. Yu et al. , "Social capital associated with quality of life mediated by employment experiences: Evidence from a random sample of rural-urban migrants in china", *Social Indicators Research*, 2018, 139 (1): 327 – 346.

[193] Cheng Z. h. M. , I. Niesen, and R. Smyth, "Access to social insurance in urban China: A comparative study of rural-rural and urban-urban migrants in Beijing", *Habitat International*, 2014 (41): 243 – 252.

[194] Coleman J. S. , "Social capital in the creation of human capital", *American Journal of Sociology*, 1988 (94): 95 – 121.

[195] Deming D. J. , "The growing importance of social skills in the labor market", *The Quarterly Journal of Economic*, 2017, 132 (4): 1593 – 1640.

[196] Dettling L. J. , "Broadband in the labor market: The impact of residential high speed internet on married women's labor force participation", *Industrial Labor Relations Review*, 2017, 70 (3): 451 – 482.

[197] Deumert A. , B. Inder and P. Maitra, " Language, Information networks and social protection: Evidence from a sample of migrants in Cape Town, South Africa", *Global Social Policy*, 2005, 5 (3): 303 – 328.

[198] Elliort J. R. , "Social isolation and labor market insulation", *The Sociological Quarterly*, 1999, 40 (2): 199 – 216.

[199] Eric F. and O. Emi, "The social consequences of participating in the ethnic economy", *International Immigrant Review*, 2002, 36 (1): 125 –

146.

［200］ Eric O. W. and C. H. Donmoon, "The relative peromeability of class boundaries to cross-class friendships: A comparative study of United Stated, Canada, Sweden and Norway", *American Sociology Review*, 1992 (57): 85 – 102.

［201］ Entzinger H. B. , "Return migration in Western Europe: Current policy trends and their implications in particular for the second generation", *International Migration Review*, 1985, 23 (2): 263 – 290.

［202］ Fan, C. Cindy, M. J. Sun, and S. Q. Zheng, "Migration and Split Households: A Comparison of Sole, Couple, and Family Migrants in Beijing, China", *Environment and Planning*, 2011, 43 (9): 2164 – 2185.

［203］ Fang T. , A. K. Sammani et al. , "Liability-of-foreignness effects on job success immigrant job seekers", *Journal of World Bussiness*, 2013 (48): 98 – 109.

［204］ Farley R. , and W. H. Frey, "Changes in the segregation of whites from blacks during the 1980s: Small steps towards a more integrated society", *American Sociological Review*, 1994, 59: 23 – 45.

［205］ Fountain C. , "Finding a job in the internet Age", *Social Forces*, 2005, 83 (3): 1235 – 1262.

［206］ Gans H. J. , "Symbolic ethnicity: The future of ethnic groups and cultures in America", *Ethnic and Racial Studies*, 1979 (2): 1 – 20.

［207］ Gans H. J. , "Second generation decline: scenarios for the economic and ethnic futures of the post – 1965 American immigration", *Ethnic and Racial Studies*, 1992, 15 (4): 173 – 191.

［208］ Gao Q. and S. Yang and S. Li, "Labor contracts and social insurance participation among migrant workers in China", *China Economic Review*, 2012 (23): 1195 – 1205.

［209］ Gordon M. M. , "Assimilation in American life: The role of race, religion, and national origins", New York: Oxford University Press, 1964.

［210］ Godoy R. , D. S. Karlan et al. , "Do modern forms of human capital matter in primitive economies? Comparative evidence from Bolivia", *Economics of Education Review*, 2005 (24): 45 – 53.

[211] Granovetter M. , "The Strength of weak ties", *American Journal of Sociology*, 1973, 78 (6): 1360 – 1380.

[212] Hall M. , and G. Farkas, "Do human capital raise earnings for immigrants in the low-skill labor market?", *Demography*, 2008, 45 (3): 619 – 639.

[213] Han J. and S. H. Li, "Internal migration and external benefit: The impact of labor migration on the wage structure in urban China", *China Economic Review*, 2017 (46): 67 – 86.

[214] Heckman J. J. , "China's capital investment", *China Economic Review*, 2015, 16 (1): 50 – 70.

[215] Heckman J. J. , J. E. Humphries and G. Veramendi, "The non-market benefit of education and ability", *Journal of Human Capital*, 2018, 12 (2): 282 – 304.

[216] Hendricks L. and T. Schoellman, "Human capital and development accounting new evidence from wage gains at migration", *Quarterly Journal Economics*, 2018, 133 (2): 665 – 700.

[217] Holman D. , "Types and quality in Europe", *Human Relations*, 2013, 66 (4): 475 – 502.

[218] Huggett M. , G. Ventura and A. Yaron, "Source of lifetime inequality", NBER Working Paper, No. 13224, Jury, 2007.

[219] Kaplan A. M. and M. Haenlein, "Users of the world, unite! The challenges and opportunities of Social Media", *Bussiness Horizons*, 2010, 53 (1): 59 – 68.

[220] Knack S. and P. Keefer, "Does social capital have an economic payoff? Across the country investigation", *The Quarterly Journal of Economics*, 1997, 112 (4): 1251 – 1288.

[221] Knight J. and R. Gunatilaka, "Great expectations? The subjective well-being of rural-urban migrants in China", *World Development*, 2010, 38

（8）：113 – 124.

［222］Kuhn P. and M. Skuterud，"Internet job search and unemployment duration"，*American Economics Review*，2004，94（1）：218 – 232.

［223］Lancee B. ，"Job search methods and immigrant earnings: A longitudinal analysis of the role of bridging social capital"，*Ethnicities*，2016，16（3）：349 – 367.

［224］Leong C. H. ，"Social markers of acculturation: A new research framework on intercultural adaption"，*International Journal of Intercultural Relations*，2014（38）：120 – 132.

［225］Lee S. and J. Kim，"Has the internet changed the wage structure too?"，*Labor Economics*，2004，11（1）：119 – 127.

［226］Matthews R. ，R. Pendakur and N. Young，"Social capital，labor markets，and Job – Finding in rural regions: Comparing to employment in prosperous cities and stressed rural communities in Canada"，*The Soc paths iological Revies*，2009，57（2）：306 – 330.

［227］Morgan D. L. ，" 'Ombining the strengths of social networks，social support and personal relationships '，in S. Duck and R. Cohen Silver（eds）"，*Personal Relationships and Social Support*，1990：190 – 215.

［228］Newbold K. B. ，"Chinese Assimilation across America Spatial and Cohort"，*Growth and Change*，2004，35（2）：198 – 219.

［229］Niu G. and G. Zhao，"Religion and trust in strangers among China's rural-urban migrants"，*China Economic Review*，2018（50）：265 – 272.

［230］Park R. E. and E. Burgess，"Introduction to the science of sociology"，2[nd]ed. University of Chicago，1969.

［231］Peng M. W. ，"Institutional transitions and strategic choices"，*Academy of Management Review*，2003（28）：275 – 296.

［232］Portes，A. ，"Social capital: Its origins and applications in modern sociology"，Annual Review of Sociology，1998（23）：1 – 24.

［233］Portes，A. ，and M. Zhou，"The new second generation: Segmented assimilation and its variants"，*The Annals of the American Academy of*

Political and Social Sciences, 1993 (530): 74 – 96.

[234] Portes, A., and M. Zhou, "Self-employment and the earnings of immigrants", *American Sociological Review*, 1996 (61): 219 – 230.

[235] Portes, A., and R. G. Rumbaut, "Legacies: The story of the immigrant second generation, Berkeley", University of California Press, 2001.

[236] Portes, A., A. Celaya, et al., "Who are we? Parental influences on self-identities and self-esteem of second generation youth in Spain", *Revista International DE Sociologia (RIS)*, 2012, 70 (1): 9 – 37.

[237] Putnam, R. D., "Tuning in, Tuning out: The strange disappearance of social capital in America", *Political Science and Politics*, 1995, 28 (4): 664 – 683.

[238] Putnam, R. D., " 'E Pluribus Unum': Diversity and community in the twenty-first century the 2006 Johan Skytte Prize Lecture", *Scandinavian Political Studies*, 2007, 30 (2): 137 – 74.

[239] Rianne, D., and E. Godfried, "How social media transform migrant networks and facilitate migration", *Global Network*, 2014: 113 – 124.

[240] Rohmann, A., A. Florack, and U. Piontkowski, "The role of discordant acculturation in perceived threat: An analysis of host and immigrant attitudes in Germany", *International Journal of Intercultural Relations*, 2006 (30): 683 – 702.

[241] Ruberg, J., and D. Grimshaw, "ICTs and employment: The problem of job quality", *International Labor Review*, 2011, 140 (2): 162 – 192.

[242] Rumbaut, R. G., "The crucible within: Ethnic identity, self-esteem and segmented assimilation among children of immigrants", *The International Migration Review*, 1994, 28 (4): 748 – 794.

[243] Rumbaut, R. G., "Ages, life stages and generational cohorts: Decomposing the immigrant first and second generations in the United States", *International Migration Review*, 2004, 38 (3): 1160 – 1205.

[244] Ryan, L., "Looking for weak ties: Using a mixed methods ap-

proach to capture elusive connection", *The Sociological Review*, 2016 (64): 951 – 969.

[245] Ryan, L., R. Sales, et al., "Social networks, social support and social capital: The experience of recent polish migrants", *Sociology*, 2008, 42 (4): 672 – 690.

[246] Sander, T., J. Pauzuoliene, and B. Slaka, "Human resources management use of social network sites to recruit employment", *New Challenges of Economic and Business Development*, 2016: 623 – 634.

[247] Sanders, J. M., and V. Nee, "Immigrant self-employment: The family as social capital and the value of human capital", *American Sociological Review*, 1996, 61 (2): 231 – 249.

[248] Shibutan, T., and K. Kwan, "Ethnic stratification", New York: Macmillan, 1965.

[249] Shieh, C. J., "The Impact of Social Network on operating performance in Micro – Enterprises", *Acta Oeconomica*, 2014 (64): 229 – 242.

[250] Soloner, G., "Old boy networks as screening mechanisms", *Journal of Labor Economics*, 1985 (3): 255 – 267.

[251] Steven, K., and M. P. Kidd, et al., "The healthy immigrant effect: Patterns and evidence from four counties", *Migration and Integration*, 2015 (16): 317 – 332.

[252] Stock, J. H., and Y. Motohiro, "Testing for weak instruments in Linear IV Regression in D. W. Andrews and J. H. Stock (ed.), Identification and Inference for Econometric Models: Essay in Honor of Thom as Rothenberg", *Cambridge University Press*, 2005: 80 – 118.

[253] Storper, M., and A. J. Scott, "Rethinking human capital: Creativity and urban growth", *Journal of Economic Geography*, 2009 (9): 147 – 167.

[254] Tijunaitis, K., D. Jeske, and K. Shultz, "Virtuality at work and social media use among dispersed workers: Promoting network ties, shared vision and trust", *Employee Relations*, 2019, 41 (3): 358 – 373.

［255］ Umberson, D., and J. K. Montez, "Social relationships and health: A flashpoint for health policy", *Journal of Health and Social Behavior*, 2010, 51 (S): S54 – S66.

［256］ Valenzuela, S., A. Arriagala, and A. Scherman A., "The social media basis of youth protest behavior: The case of Chile", *Journal of Communi-catio*, 2012, 62 (2): 299 – 314.

［257］ Valkenburg, P. M., and J. Peter, "Online communication among adolescents: An integrated model of its attraction opportunities and risks", *Journal of Adolescent Health Official Publication of the Society for Adolescent Medi-cine*, 2011 (2): 121 – 127.

［258］ Van, O. Y. M., and S. M. Breugelmans, "Perceived intergroup difference as an organizing principle of intercultural attitudes and acculturation at-titudes", *Journal of Cross Cultural Psychology*, 2012, 43 (5): 801 – 821.

［259］ Ward, C., and N. Geeraert, "Advancing acculturation theory and research: The acculturate Process in its ecological context", *Current Opinion in Psychology*, 2016 (8): 98 – 104.

［260］ Wang W. W. and Fan, C. Cindy, "Migrant Workers' Integration in Urban China: Experiences in Employment, Social Adaptation, and Self – Iden-tity", *Eurasian Geography and Economics*, 2012, 53 (6): 731 – 749.

［261］ Weiser E. B., "The function of internet use and their social and psy-chological consequences", *Cyberpsychology Behavior*, 2014 (6): 723 – 747.

［262］ Zhang Z. and X. G. Wu, "Occupational segregation and earnings inequality: Rural migrants and local workers in urban China", *Social Science Research*, 2017 (61): 57 – 74.

［263］ Zhou M. and C. L. Bankston, "Social capital and the adaptation of the second generation: The case of Vietnamese youth in New Orleans", *The In-ternational Migration Review*, 1994, 28 (4): 821 – 845.